西安交通大学人文社会科学学术著作出版基金
中央高校基本科研业务费专项资金 | 资助
Supported by "the Fundamental Research Funds for the Central Universities"

西安交通大学正卓法学系列

国际投资协定中的例外条款研究

杜娟 著

法律出版社
LAW PRESS · CHINA
—— 北京 ——

图书在版编目(CIP)数据

国际投资协定中的例外条款研究 / 杜娟著. -- 北京 : 法律出版社, 2023

(西安交通大学正卓法学系列)

ISBN 978-7-5197-7719-7

Ⅰ. ①国… Ⅱ. ①杜… Ⅲ. ①国际投资-经济协定-研究 Ⅳ. ①D996.4

中国国家版本馆 CIP 数据核字(2023)第 050456 号

国际投资协定中的例外条款研究
GUOJI TOUZI XIEDING ZHONG DE LIWAI TIAOKUAN YANJIU

杜 娟 著

策划编辑 黄倩倩
责任编辑 黄倩倩 王雅楠
装帧设计 李 瞻

出版发行 法律出版社
编辑统筹 学术·对外出版分社
责任校对 裴 黎
责任印制 陶 松
经 销 新华书店
开本 710 毫米×1000 毫米 1/16
印张 14 **字数** 196 千
版本 2023 年 6 月第 1 版
印次 2023 年 6 月第 1 次印刷
印刷 北京新生代彩印制版有限公司

地址:北京市丰台区莲花池西里 7 号(100073)
网址:www.lawpress.com.cn
投稿邮箱:info@lawpress.com.cn
举报盗版邮箱:jbwq@lawpress.com.cn
销售电话:010-83938349
客服电话:010-83938350
咨询电话:010-63939796

书号:ISBN 978-7-5197-7719-7
定价:78.00 元

总　序

一国的法学教育与该国的法律制度、教育制度之间存在极为紧密的内在关联。清朝末年开始的法律和教育的双重变革,导致近现代中国"法政"学堂的兴起。"法政"教育的主要目的在于提供一种现代性机制以替代传统的科举制,从而为身处大变革时代的中国社会培养兼具现代学识与法律专业技能的治国理政和经世济用人才。西安交通大学前身南洋公学于1901年开办的"政治特班",即属近现代中国最早开展的法政教育之一,它是南洋法脉的滥觞。特班设置宪法、国际公法、国际条约、行政纲要等课程,"专教中西政治、文学、法律、道德诸学,以储经济特科人才之用"。特班学生李叔同后来成为中国文化大师,他是《国际私法》和《法学门径书》最早的中译者。多年以后,从南洋公学走出去的著名学者王宠惠成为中国首任国际常设法院大法官,毕业于南洋公学的徐谟则是联合国国际法院首位中国籍大法官。惜因时势造化,社会变迁,南洋公学从最初着力培养"讲求古今中外治天下之道"的政商法律外交人才转向工科教育强国、实学育人,法学教育就此转轨。

赓续南洋法脉,西安交通大学的法律学科终于在1985年恢复——当年即招收经济法专业硕士研究生,这是我国最早的经济法学硕士点之一。2008 年,法学院正式成立,以建设“高起点、国际化、研究型”的国际一流法学院为目标。2011 年,法学学科成为西安交通大学“985 工程”三期重点建设学科之一,其中国际经济法与比较法学科被确定为拟建世界一流学科。2012 年,法学学科首批获得由教育部和中央政法委员会联合评审批准的两个国家级卓越法律人才教育培养基地——“应用型、复合型法律职业人才教育培养基地”和“涉外法律人才教育培养基地”。学院现已形成“法律治理学”(Law and Governance)交叉学科博士点、法学一级学科硕士点和法学本科的完整法学人才培养体系,并取得了法律硕士(J. M.)专业学位授予权,目前在校本科生、硕士生和博士生五百余人,是我国最重要的法学人才教育培养基地之一。2014 年,法学院又牵头成立“丝绸之路经济带研究协同创新中心”,倡建“丝绸之路学术带”和“丝绸之路能源带”,为中国特色新型高校智库和“一带一路”建设不懈努力。

法学院建院后发展迅速,迄今已有毕业于剑桥大学、牛津大学、宾夕法尼亚大学、密歇根大学、北京大学等国内外知名大学的教职工五十余人,包括“千人计划”国家特聘专家 1 人、教育部“长江学者”讲座教授 2 人、教育部“新世纪优秀人才计划”入选者 2 人、陕西省“百人计划”入选者 1 人、西安交通大学“领军人才”2 人、“腾飞人才”特聘教授 3 人、“青年骨干”3 人、博士生导师 10 人、教授 13 人、副教授 13 人。

法学院的教师们主编了由牛津大学出版社出版的国际学术期刊《中国比较法学刊》(*Chinese Journal of Comparative Law*)、由牛津哈特出版社出版的英文专著系列“中国与国际经济法专著系列”、由美国布里尔出版社出版的“丝绸之路国际经济法专著系列”等书刊系列,在牛津大学出版社、北京大学出版社等中外著名出版机构出版了著作、教材五十多部,并在《美国比较法杂志》(*American Journal of Comparative Law*)、《欧洲国际法杂志》(*European Journal of International Law*)、《现代法律评论》(*Modern Law Review*)、《中国社会科学》、《法学研究》、《中国法学》等中外权威专业期刊上发表学术论文百余篇,承担多项重要国际科研课题、两项国家重大项目攻关课题和数十项国家级和省部级社科基金项目课题。

法学院拥有一流的教学设施,包括一个亚太一流的国际法专业图书馆和一个达到国际先进水平的“法律坊”(由模拟法庭实验室、模拟仲裁庭实验室和计算机教学实验中心组成)。学院拥有十分优越的电子图书资料,包括Westlaw、LexisNexis、TDM/OGEL、IAReporter、InvestmentClaims 等法学专业数据库,正在努力建成一个国际一流的法学专业综合图书馆。法学院还与英国剑桥大学、英国国际法与比较法研究院、伦敦大学国王学院、德国马普国际私法研究所、欧洲大学研究院、美国印第安纳大学、澳大利亚莫纳什大学等国际一流院校和科研机构有密切的学术交流与合作关系,并已选派学生前往这些院所学习深造。

新一代交大法律人筚路蓝缕,殚精竭虑,在迈向“高起点、国际化、研究型”国际一流法学院的征途中孜孜以求。为开拓法治研究新气象,累积学术研究成果,在纪念西安交通大学法学学科复办 30 周年之际,我们得到法律出版社的热忱支持,得以创办“正卓”法学系列丛书。“正卓”源自法学院院训“正气、正道、正义、卓越”,意即做人讲正气,行事走正道,执业求正义,为学尚卓越。归根结底,冀望本院学生、学者能以正气立身,正道任事,追求正义,进而达致各自职业与人生诸面向之“卓越”。系列丛书既包括本院学人富于原创性的专著及其优秀论文集,也容纳本院学者研究推介外文法学经典的高质量中文译作,计若数十本数百万言,在在皆为一己之精思妙构,俾便为沟通中西学术,推动内外法治贡献绵薄之力。

借此“正卓”法学系列丛书的编辑出版,我们和学界同人一起瞻望中国法学和法治中国的辉煌未来!

西安交通大学“正卓”法学系列丛书编辑委员会　谨识

前 言

在国际投资协定体系改革中，如何平衡投资者利益保护与东道国外资规制权之间的关系问题越来越受到关注，主要表现在：首先，在国际投资仲裁实践中，近年来逐渐形成了关于东道国外资规制权的“监管寒流”现象。其次，在学术界，“监管寒流”的问题受到广泛关注，学者们纷纷在各种国际场合表达了他们对东道国外资规制权空间的普遍关切。最后，在国际投资协定实践中，国际社会已经开始对这种束缚东道国规制权的国际投资法制作出反应，开始探索投资者与东道国利益保护的平衡与协调机制，其中一种主要的做法就是在国际投资协定中纳入例外条款。然而，例外条款在条约实践和仲裁实践中能否充分发挥其条款设计的初衷，即维护东道国规则权空间与利益平衡的条款目的，这个问题就显得非常重要。

在国际投资协定实践中，美国等发达国家不断扩大“投资”定义的范围和提升投资者保护标准，同时又在其投资协定范本中精心设计例外条款，通过全面细致地设计这些条款，美国做到了在促进与保护投资的同时，还能留权在手，确保本国政府拥有灵活运用管制政策的空间。中国在过去的国际投资协定实践中往往忽视例外条款，以往没有发生许多国家被诉的情况，主要是因为中国在第一代和第二代双边投资协定时期,国内的投资市场和金融市场开放程度有限,协定文本也主要通过限制对外资授予国民待遇和限制提交国际投资争端解决中心仲裁的争端范围来保留对外资的规制权,这种方式缺乏透明度和可预见性,也不符合国际投资协定的缔约目的和宗旨以及国际社会的通行做法。

进入21世纪后,中国国际投资协定实践才逐渐开始纳入例外条款,且从中国近几年的国际投资协定缔约实践来看,例外条款有朝着投资协定必备条款方向发展的趋势。然而从中国投资协定总体数量来看,包含例外条款的投资协定仍只占极少数,中国的国际投资协定例外条款仍然存在亟待调整与完善的问题。

基于此,本书针对国际投资协定中几类主要的例外条款展开较为系统、全面的研究,通过案例分析、比较分析和实证分析,考察世界主要国家缔约实践中的例外条款的特点,研究条款在实践适用中暴露出的问题。在此基础上,整体评估中国国际投资协定缔约实践中的例外条款,梳理目前中国例外条款的实践历史与缔约现状,总结中国的例外条款存在的一般问题和具体问题,并提出重构与完善中国投资协定例外条款的整体思路与具体建议,并进一步尝试提出中国国际投资协定例外条款的建议稿,以期为中国新时期的国际投资协定缔约实践提供借鉴。

缩略语表

简称	全称
BIT	Bilateral Investment Treaty 双边投资条约
CEPA	Closer Economic Partnership Arrangement 关于建立更紧密经贸关系的安排
CETA	Comprehensive Economic and Trade Agreement 全面经济与贸易协定
CFIUS	The Committee on Foreign Investment in the United States 美国外国投资委员会
ECHR	European Court of Human Rights 欧洲人权法院
EFTA	European Free Trade Association 欧洲自由贸易联盟
FCN	Treaty of Friendship,Commerce and Navigation 《友好通商航海条约》
FTA	Free Trade Agreement 自由贸易协定
GATS	General Agreement on Trade in Services 《服务贸易总协定》
GATT	General Agreement on Tariffs and Trade 《关税及贸易总协定》
GCC	Gulf Cooperation Council 海湾合作委员会
ICCPR	International Covenant on Civil and Political Rights 《公民和政治权利国际公约》

续表

简称	全称
ICJ	International Court of Justice 国际法院
ICSID	International Centre for Settlement of Investment Disputes 国际投资争端解决中心
IHR	International Health Regulations 《国际卫生条例》
IIAs	International Investment Agreements 国际投资协定
ILC	International Law Commission 国际法委员会
NAFTA	North American Free Trade Agreement 《北美自由贸易协定》
OECD	Organization for Economic Co-operation and Development 经济合作与发展组织
RCEP	Regional Comprehensive Economic Partnership 《区域全面经济伙伴关系协定》
SPS 协定	Agreement on the Application of Sanitary and Phytosanitary Measures 《动植物卫生检疫措施协定》
TIA	Trilateral Investment Agreement 三边投资协定
TPP	Trans-Pacific Partnership Agreement 《跨太平洋伙伴关系协定》
TRIPs	Agreement on Trade-Related Aspects of Intellectual Property Right 《与贸易有关的知识产权协议》
UNCITRAL	United Nations Commission on International Trade Law 联合国国际贸易法委员会
USMCA	United States-Mexico-Canada Agreement 《美墨加新贸易协议》
WTO	World Trade Organization 世界贸易组织

目　录

导　言

在一系列的国际投资协定及投资者—东道国仲裁案件中，如何处理好投资者保护与东道国外资规制权之间的关系越来越受到重视。在国际投资法领域，为了保护国家安全和公共利益，东道国需要行使其规制权对本国境内的外国投资进行管理，而投资者自身的利益通常也因此受到一定的损害或影响，此时外国投资者极易根据两国已签署的双边投资条约将东道国诉至国际投资仲裁庭请求经济赔偿，这对东道国规制权力自由及空间提出了挑战，从而使东道国一项正常的管制措施陷入被诉的局面。尤其从2000年开始，国际上缔结的国际投资协定数量显著增长，与此同时，投资者诉东道国的案件数量也大幅增加，其中众多案件都广泛涉及外国投资者对东道国正常管制措施的挑战。例如，在ICSID和NAFTA下就发生了一系列涉及东道国的环境保护、自然资源保护及公共卫生健康保护等领域的公共利益的案件。[1] 而仲裁庭对东道国的一项

---

〔1〕 例如，下述这些案件就涉及东道国公共利益保护领域：Grand River Enterp. Six Nations, Ltd. v. United States, UNCITRAL, Decision on Jurisdiction, 20 July 2006; Glamis Gold v. United States, UNCITRAL, Award, 8 June 2009; Metalclad Corp. v. Mexico, ICSID Case No. ARB (AF) 97/1, Award, 30 August 2000; S. D. Myers v. Canada, ICSID Report, 13 November 2000; Methanex Corp. v. United States, Award, 3 August 2005; Aguas del Tunari S. A. v. Bolivia, ICSID Case No. ARB/02/3, Decision on Jurisdiction, 21 October 2005; Azurix Corp. v. Argentina, ICSID Case No. ARB/1/12, Award, 14 July 2006; Biwater Gauff Ltd. v. Tanzania, ICSID Case No. ARB/05/22, Award, 24 July 2008; Vattenfall et al. v. Federal Republic of Germany, ICSID Case No. ARB/09/6, 17 April 2009。

正常外资管制措施如何裁定，在实践中具有极大的不确定性；并且在众多案件中，仲裁庭基于国际投资协定保护投资的缔约目的和宗旨，将投资者利益置于东道国利益之上，认定东道国采取的管理措施违反投资协定义务，裁决东道国承担赔偿责任，其结果是对东道国的规制权力空间造成极大的负面影响，形成一股"监管寒流"（regulatory chill）。正因为东道国在与投资者涉及国家安全和公共利益保护的争端中频频失利，从而造成东道国"监管寒流"问题，使国际投资协定在促进和保护投资的同时，可能会不适当地束缚东道国追求其自身利益保护等方面的能力，迫使国际社会面对这种束缚东道国规制权的国际投资法制作出反应。[1]

早在2009年，跨国公司人权事务秘书长特别代表、哈佛大学政治学教授约翰·鲁格（Ruggie）在给联合国人权事务委员会的报告中就表达了对该问题的关切："近些年投资实践表明，某些投资协定和投资合同条款可能会不适当地束缚东道国政府去追求一些合法的政策目标的实现，包括其承担的国际人权保护义务，这是因为基于国际仲裁的存在和约束，外国投资者可以使其投资免受东道国新的法律法规的影响，或者对为遵守这些新的法律法规所受到的损害向东道国政府寻求赔偿。"[2]同年，单文华教授也表达了国际投资协定对投资者保护与东道国规制权之间不平衡问题的担忧，认为"国际投资协定与国际贸易协定不同，前者在社会政治与经济方面会对一个主权国家产生更加深远的影响，然而以往缔结的国际投资协定通常更强调东道国应该承担何种投资保护义务，而缺乏保护东道国国家合法权益的相关规定，也即传统的国际投资协定更倾向于保护外国投资者的利益，而不考虑东道国对其国内经济、社会、环境、公共安全等进行管理的权力，尤其是和贸易协定相比，双边投资条约中其他实体性条款的发展相对健全，而例外条款的发展却严

---

〔1〕 参见刘京莲：《从"利益交换"到"利益平衡"——中国双边投资条约缔约理念的发展》，载《东南学术》2014年第3期。

〔2〕 UN Human Rights Council, Business and Human Rights: Towards Operationalizing the "Protect, Respect and Remedy" Framework, Report of the Special Representative of the Secretary-General on the Issue of Human Rights and Transnational Corporations and Other Business Enterprises, 22 April 2009, A/HRC/11/13.

重滞后,因此,有必要重视在国际投资协定中例外条款的引入及其发挥的作用"[1]。2010 年,一批国际法学者共同发布了一份公开声明,声明中表达了他们对国际投资领域发生的损害东道国公共利益的问题的担心,特别是那些损害东道国政府为了本国人权保护和环境保护而对外国投资进行必要的管理问题。[2] 2012 年,在英联邦秘书处的一份指南中,有几位学者也阐述了现行的国际投资协定对东道国维护一些公共政策目标和环境、人权保护等能力的潜在影响。[3] 2016 年,单文华教授再一次重申并强调国际社会应作出改革以平衡国际投资法制,因为国际投资法制从初期逐步发展至今总是更倾向于保护与促进投资,而很少关注东道国管理本国事务的权力空间,单文华教授形容这种现象为国际投资法制的一种"先天缺陷",亟须系统和彻底的改革。[4]

据此,国际社会已深刻地认识到投资自由化不应以牺牲东道国国家安全、资源环境利益、文化遗产、人权利益等国家利益为代价,以及投资仲裁实践所引发的"监管寒流"问题,近些年国际投资法制领域出现了一些旨在平衡投资者利益保护和东道国规制权的机制,这些机制大致可以被归为两大类:一类是在国际习惯法层面上加强对警察权力(police powers)的规定;另一类是在国际投资协定中明确规定例外条款。例如,从 2000 年开始,在亚洲,越来越多的国家和组织如中国、日本、新加坡、东盟等在缔结新的国际投资协定时,开始在协定中引入一般例外条款,这些一般例外条款或者是基于 GATT 第 20 条的规定,或者是根据 GATS 第 14bis 条的规定。[5] 中国近几

---

〔1〕 Shan WH & Gallagher N., *Chinese Investment Treaties: Policies and Practice*, Oxford University Press, 2009, p. 399.

〔2〕 See Public Statement on the International Investment Regime, Osgoode Hall Law School (Aug. 31, 2010), http://www.osgoode.yorku.ca/public_statement.

〔3〕 See Van Duzer T., Simons P. & Mayeda G., Book Review: Integrating Sustainable Development into International Investment Agreements: A Guide for Developing Country Negotiators, *The Journal of World Investment and Trade*, 2014, p. 333 - 361.

〔4〕 See Shan WH, An outline for Systematic Reform of the Investment Law Regime, *Columbia FDI Perspectives*, No. 170, March 28, 2016.

〔5〕 例如,2004 年新加坡—约旦 BIT 第 18 条、2003 年新加坡—澳大利亚 FTA 第 21 条、2005 年印度—新加坡 FTA 第 6.11 条、2007 年新加坡—日本 FTA 第 83 条、2005 年日本—马来西亚 FTA 第 10 条、2005 年泰国—澳大利亚 FTA 第 1601 条、2009 年印度—韩国 CEPA 第 10.18 条、2002 年新加坡—EFTA FTA 第 33 条、2005 年新加坡—韩国 FTA 第 21.2 条、2009 年东盟—澳大利亚—新西兰 FTA 第 15 章节第 1 ~ 5 条、2008 年中国—新西兰 FTA 第 200 条、2010 年中国—东盟 FTA 第 16 条、2014 年中国—加拿大 BIT 第 33 条等。

年缔结的国际投资协定更能反映出对例外条款的青睐。[1] 众多国家近年来对例外条款的重视反映出他们在缔约时的一种考量,即与其将东道国的利益保护问题在发生争端时交由仲裁庭来裁断,不如在投资协定中明确规定一个例外条款,为东道国追求本国合理的利益目标提供一个明确的例外规定。因此,例外条款逐渐成为各国起草或签订投资协定时的重要关注和选择。

如上所述,晚近国际投资仲裁实践使国际社会在促进与保护投资的同时也日益注重维护东道国利益。为了缓和东道国与投资者利益保护之间的紧张关系,保障东道国正当公共政策目标及规制权力空间,防止国际投资协定不适当地束缚东道国的规制权力,在国际投资协定中引入各类例外条款成为近年来各国协定实践中的一种趋势和重要选择。

鉴于此,本书针对例外条款作为国际投资协定下具备利益平衡、留权在手与风险预防功能的条款,是否能实现其功能和价值,以及应如何进行条款的构建和完善等问题开展研究。概言之,目前国际投资协定中的例外条款在条款设计和实践适用中均存在一些不足,有些早期的条款规定过于简单,而新一代的条款又存在设计上的问题,仲裁实践对条款的审查标准和解释方法又比较混乱,导致仲裁判例的一致性与稳定性不足、仲裁结果的可预见性差,这些都会影响例外条款的设计初衷和其利益平衡的条款价值的实现。在国际投资协定体系改革与更新换代的大背景下,国际投资协定各缔约方应重视对该条款的完善,妥善构建国际投资协定下的例外条款以确保该条款功能和价值的充分实现。

本书的研究内容包括:第一,梳理当前中国、美国和其他主要国家的双边和多边投资协定以及一些重要多边投资协定中例外条款的整体缔约现状;第二,研究分析国际投资协定中三类主要的例外条款的条款设计特点与不足;第三,厘清晚近仲裁实践中仲裁庭对例外条款的审查与解释路径,以

[1] 例如,中国—东盟2009年签订的FTA中的投资章节第16条和第17条则规定了非常详细的一般例外和安全例外条款,接下来在2014年的中国—日本—韩国TIA、2015年的中国—澳大利亚FTA以及2015年中国—韩国FTA等,更是无一例外地纳入各类例外条款。

明确例外条款在仲裁实践中的适用情况；第四，评估中国国际投资协定实践中的例外条款，包括其实践历史、主要特点以及存在的问题，以便针对性地提出中国国际投资协定例外条款的具体构建建议与条款完善模型。

1. 国内研究现状

早期国内对于国际投资协定中例外条款的研究，多是关于根本安全例外条款的成果，近几年来学术界似乎才逐渐关注东道国和投资者利益平衡问题以及开展与之相关的一般例外条款的研究。另外，早期对金融审慎例外的研究多是集中在 WTO 框架下，甚少涉及国际投资协定领域。美国金融危机后，国内国际投资法学界才开始出现研究国际投资协定中的金融审慎例外条款的成果。所以，国内对国际投资协定中例外条款的研究主要集中在以下几个方面。

(1)对新一代国际投资协定改革和利益平衡问题的研究

曾华群(2019)在研究中国与"一带一路"国家之间投资协定实践的创新问题时提出，在国际投资协定传统实践中，因为更多重视投资保护与投资自由化的目标，甚少关注和尊重东道国的公共利益规制权力，极少规定公共政策例外条款，但近年来，越来越多的双边投资条约通过采用一般例外条款重申了国家在公共利益领域的规制权力，然而一般例外条款仍然存在解释上的难题。[1] 蒋小红(2019)在研究国际投资法的新发展时认为，传统的国际投资协定在保护投资者权利的同时对东道国的规制权施加了种种限制，而协定中的例外条款成为维护东道国规制权的最后一道门槛，虽然国际投资协定中的例外条款是晚近才出现的，但该条款正在成为国际投资协定中的普遍实践。[2] 黄琳琳(2019)在研究国际投资协定的可持续发展转变时提到，联合国贸易和发展会议 2017 年的《世界投资报告》显示，全球范围内在 2011 ~ 2016 年签订的 110 个国际投资协定中，公共政策例外条款增加了

〔1〕 参见曾华群：《共同发展：中国与"一带一路"国家间投资条约实践的创新》，载《国际经济法学刊》2019 年第 1 期。

〔2〕 参见蒋小红：《试论国际投资法的新发展——以国际投资条约如何促进可持续发展为视角》，载《河北法学》2019 年第 3 期。

43%，并认为国际投资协定的可持续发展转变仍然存在困境，传统的国际投资协定依然主导国际投资发展。[1]

钱嘉宁等(2018)在分析国际投资法下东道国监管权改革的问题时提出，在国际投资协定中纳入公共利益监管权，并将其作为一种例外条款，认为如此可以对东道国的监管空间有一定的提升，并防止仲裁庭罔顾东道国利益保护，从而令东道国承担赔偿责任。[2] 柯静(2018)在对中国的双边投资条约实践和战略定位进行分析的过程中认为，中国的双边投资条约实践一直以来不太重视例外条款，绝大多数双边投资条约中没有安全例外和金融审慎例外，而这存在的潜在风险应引起重视，所以在东道国与投资者利益平衡方面，可适当借鉴美国投资条约体系中的一些有益做法。[3] 何芳(2018)在研究国际投资协定利益平衡化改革与中国的应对时提出，可以通过在国际投资协定中设置例外条款来平衡投资者与东道国利益，并认为美国和加拿大等一些国家正是借助例外条款的规定为其自身保留了灵活的政策空间。[4] 董静然(2018)在研究国际投资规则中的国家规制权问题时认为，国家规制权目前面临的主要挑战之一就是例外条款的缺失，他认为一般例外条款的设置关系东道国能否维护自己经济主权的重要内容，而目前的双边投资协定大多将例外条款与具体义务联系在一起，缺乏统一的、类似于GATT第20条的例外条款，所以东道国应尽快作出决定，将自己国家最有可能涉及的公共利益以例外条款的方式加入国际投资协定中。[5]

张庆麟等(2017)在研究晚近国际投资协定中东道国规制权的新发展时认为，目前的双边投资条约已经一定程度上反映并认可了东道国的规制权，

---

[1] 参见黄琳琳：《论国际投资条约的可持续发展转变及其困境》，载《上海对外经贸大学学报》2019年第4期。

[2] 参见钱嘉宁、黄世席：《国际投资法下东道国监管权的改革——基于可持续发展原则的分析》，载《北京理工大学学报(社会科学版)》2018年第4期。

[3] 参见柯静：《中国双边投资协定实践分析与新一代双边投资协定战略定位》，载《国际关系研究》2018年第2期。

[4] 参见何芳：《国际投资协定利益平衡化改革及中国的应对》，载《甘肃社会科学》2018年第4期。

[5] 参见董静然：《国际投资规则中的国家规制权研究》，载《河北法学》2018年第12期。

其中重要的表现之一就是一般例外条款的出现,将东道国的规制权升级为法律条款,这极大提高了东道国规制权的可适用性。[1] 张光(2014)在研究中外双边投资条约中公共利益保护条款的立法设计时提出,应在双边投资条约中广泛规定一般例外条款,这使东道国在保护本国公共利益时能够享有较大政策空间,对东道国具有重要的意义。[2]

刘京莲(2014)在研究中国双边投资条约利益平衡的缔约理念时认为,目前经济发展与环境保护议题成为世界大部分国家的关注重点,2014 年中国—加拿大 BIT 第 33 条首次规定了环境例外,这一例外对中国尤为重要,将确保中国的环境立法不受加拿大投资者的挑战,保证了中国在环境保护措施上的行动自由。[3] 梅傲(2012)在研究国际投资仲裁的东道国公共利益保护失衡问题时认为,仲裁实践中仲裁庭容易忽略东道国利益问题,只看到投资者利益保护,鉴于此,我国应审慎应对,在投资协定中增加公共利益例外条款,这是最为直接和非常普及的模式,避免国家的合理行政措施遭到仲裁庭的不合理干涉。[4] 余劲松(2011)在研究国际投资条约仲裁中投资者与东道国权益保护平衡问题时认为,目前有效平衡投资者保护和东道国公共利益保护的方式之一,就是在国际投资协定中规定例外条款,为东道国的国家安全保护和公共利益维护留下一些空间。[5] 他在文章中还提到了一般例外、安全例外和金融例外三种例外条款对东道国与投资者利益平衡的作用。

陈安(2006、2007)在研究 ICSID 体制赋予国家的四大"安全阀"问题时认为,放弃《华盛顿公约》赋予东道国的这四大"安全阀",尤其是根本安全

---

〔1〕 参见张庆麟、郑彦君:《晚近国际投资协定中东道国规制权的新发展》,载《武大国际法评论》2017 年第 2 期。

〔2〕 参见张光:《中外双边投资协定中公共利益保护条款之立法设计》,载《国际经贸探索》2014 年第 3 期。

〔3〕 参见刘京莲:《从"利益交换"到"利益平衡"——中国双边投资条约缔约理念的发展》,载《东南学术》2014 年第 3 期。

〔4〕 参见梅傲:《公共利益保护失衡:国际投资仲裁的"阿喀琉斯之踵"》,载《经济法论丛》2012 年第 2 期。

〔5〕 参见余劲松:《国际投资条约仲裁中投资者与东道国权益保护平衡问题研究》,载《中国法学》2011 年第 2 期。

例外权，等于无视晚近一些发展中国家在实践中的惨痛教训，也不符合中国目前的现实国情，所以建议应有必要的忧患意识，善于掌握四大“安全阀”的作用，当然也包括投资协定中的根本安全例外条款的作用，在外国投资者利益保护和中国国家管理外资的主权权力之间，保持一种综合及正确的平衡。在谈到根本安全例外条款时，他认为阿根廷经济危机引发的一系列仲裁案件引起了国际社会对东道国根本安全例外问题的强烈关注，美国、加拿大等发达国家都非常重视将与国家重大的安全利益相关的问题作为例外以排除仲裁庭管辖。[1]

(2)对国际投资协定中一般例外条款的研究

张生(2019)认为，随着投资仲裁案件数量的逐年增加，东道国的规制性政策受到越来越明显的限制，而当今投资协定日益重视投资者保护与东道国规制权之间的平衡，其典型表现就是引入了例外条款，其中一般例外和安全例外会受到更多关注。并且认为，国际投资协定中的一般例外条款更多地参考了 GATT 第 20 条和 GATS 第 14 条的规定，在一般例外条款的具体适用中，也应满足一系列原则，包括：第一，援引例外条款的一方应负举证责任。第二，提出的抗辩需满足两层测试，一是东道国采取的措施须是条约规定的一项具体例外；二是须证明该措施不是武断的和歧视性的。第三，在认定必要性问题时应综合考虑多种因素。第四，实施相关措施须是善意的。[2]吴智等(2017)从中国与“一带一路”沿线国家的双边投资条约入手，分析了这些投资协定中一般例外条款的分布和表现形式，并对条款文本进行了具体分析，得出中国与“一带一路”沿线国家的多数投资协定都缺少一般例外条款，既存的一般例外条款在保护目标、措施的实施前提以及措施的关联性方面均存在缺陷，建议应构建符合中国国情和其他缔约方现实需要的一般

[1] 参见陈安：《中外双边投资协定中的四大“安全阀”不宜贸然拆除——美、加型 BITs 谈判范本关键性“争端解决”条款剖析》，载《国际经济法学刊》2006 年第 1 期；陈安：《区分两类国家，实行差别互惠：再论 ICSID 体制赋予中国的四大“安全阀”不宜贸然全面拆除》，载《国际经济法学刊》2007 年第 3 期。

[2] 参见张生：《国际投资法制框架下的跨境数据流动：保护、例外和挑战》，载《当代法学》2019 年第 5 期。

例外条款,并选取合适的增补途径,如可以通过直接签订新的双边投资条约或签署附属议定书的方法。在一般例外条款的具体制度构建中,他认为集中式的一般例外条款似乎更能满足中外双边投资条约现阶段的发展需求;同时,要完善条款的保护目标的范围,明确条款措施的实施前提,区分不同措施的关联性要求以及在协定中补充与公共利益相关的条款内容。[1]

衣淑玲(2016)在研究国际投资协定中的一般例外条款时,以阿根廷的几个典型案例为例分析了该条款的适用和存在的问题,并认为为了充分实现一般例外条款的功能,建议对该条款采取自裁决性质的模式,缔约方应该明确一般例外条款的适用范围和解释问题,在适用法律问题上,要明确排除《国家不法行为责任条款草案》(以下简称《草案》)所代表的国际习惯法的适用等。[2] 曾建知(2015)在研究一般例外条款时,首先对一般例外条款的概念进行了界定,并将其与安全例外、特定例外条款和不排除措施条款进行了概念上的辨析。然后他对一般例外条款的发展状况和存在的问题进行了具体分析,认为虽然晚近在投资协定中引入一般例外条款的做法逐渐常态化,但该条款依旧存在不同程度的问题,各国的一般例外条款在文本上也是各不相同,设计水平也参差不齐,因此提出了一般例外条款的一些构建建议,并认为如果我国能构建适合本国情况的一般例外条款,则不仅能维护国家的利益,而且对国际投资规则的形成也能产生重要的影响。[3]

梁丹妮(2014)在研究国际投资协定一般例外条款时认为,近年来以条约为基础的投资仲裁案件不断涌现,过分倾向于投资者保护的国际投资仲裁制度饱受批评,而发达国家近年来不断改革国际投资协定体系,并对东道国与投资者之间的权利与义务进行了重新平衡。在分析相关案例,以及与WTO 专家组对一般例外条款的司法经验进行对比后,她认为一般例外条款

---

〔1〕 参见吴智、钟韵漪:《中外双边投资协定中的“一般例外”条款研究——以“一带一路”倡议为视角》,载《中南大学学报(社会科学版)》2017 年第 4 期。

〔2〕 参见衣淑玲:《国际投资协定一般例外条款探析》,载《河南财经政法大学学报》2016 年第 3 期。

〔3〕 参见曾建知:《国际投资条约一般例外条款研究——兼论我国的选择》,载《武大国际法评论》2015 年第 1 期。

能够维护东道国政策空间灵活性，并将一些具体的情况以成文的形式确定下来，在争端发生时指引仲裁庭裁判，以保证仲裁庭在对条约进行解释时能够在东道国与投资者利益之间进行适当的平衡。[1]

陈正健(2013)在研究国际投资条约中的不排除措施条款的解释问题时认为，国际社会对不排除措施条款的普遍关注，除因为其能平衡东道国与投资者利益外，还因为仲裁庭通常在适用法律问题时援引外国法来解释该条款，从而给该条款带来适用上的困境。作为应对，国际社会可以对《维也纳条约法公约》第 31 条的外延进行必要的限定，同时，我国可以对不排除措施条款的内容或指向进行明确界定，以及删除“必要的”措辞。[2] 林一(2012)以分析新一代国际投资协定中纳入一般例外条款的背景为开始，简要阐释了一般例外条款的类型和解释方法，并与 WTO 一般例外条款相比较，分析了国际投资协定中该条款的特点，主要包括一般例外条款在国际投资协定中呈现多样性的类型、差异性的内容以及不确定的解释方法，这也是该条款亟待完善的方面。[3]

(3)对国际投资协定中安全例外条款的研究

彭岳(2019)在分析中美贸易战中的安全例外条款时，从裁判者和参与者的角度分析了安全例外条款，不仅分析了专家组对该条款的解释，也阐述了贸易战中各国对安全例外条款的应用，最后表达了中国对安全例外条款的政策考量问题。不过它对安全例外条款的论述基本上集中在国际贸易领域。[4] 葛辰(2017)在研究自裁决性质的根本安全利益条款的审查进路时，首先分析了该条款的发展现状，然后分析了自判性条款的审查标准，认为对自判性的条款进行善意审查是当前学术界的普遍共识，但国际裁判实践迄今还没有形成善意审查的标准和具体步骤，所以目前对该条款的审查有几

---

〔1〕 参见梁丹妮：《国际投资协定一般例外条款研究——与 WTO 共同但有区别的司法经验》，载《法学评论》2014 年第 1 期。

〔2〕 参见陈正健：《国际投资条约中不排除措施条款的解释》，载《法学论坛》2013 年第 6 期。

〔3〕 参见林一：《简论新一代国际投资协定中的一般例外规则》，载《甘肃政法学院学报》2012 年第 6 期。

〔4〕 参见彭岳：《中美贸易战中的安全例外问题》，载《武汉大学学报(哲学社会科学版)》2019 年第 1 期。

种做法:一是参照 GATT 第 20 条的审查标准;二是参照 ECHR 早期采用过的自由裁量的原则;三是参照国内行政法的审查方法。对于中国而言,应构建自裁决性质的根本安全利益条款,并考虑灵活性与平衡性的要求,采用封闭式和非穷尽列举的模式,同时注意增强该条款适用时的透明度。[1]

陈辉萍(2015)在研究中美双边投资条约谈判中的国家安全审查问题时,其中一个主要研究问题是投资条约中的安全例外条款能否排除国家安全审查的不法性。她认为国家安全例外是否适用于国家安全审查是一个值得深入研究的问题,在基本介绍了国家安全例外的缔约实践和结构特点后,她认为安全例外条款中包含的"安全"的范围似乎比国家安全审查中包含的"安全"范围要小,该条款是否能将国家安全审查措施予以排除可能存在不确定性。因此,投资协定中的安全例外条款未必能够完全排除国家安全审查行为的不法性。至于中美 BIT 谈判中应如何处理国家安全审查问题,主要取决于两国的国家利益和政治意愿,但基于中国的立场,宜将整个国家安全审查制度排除在 BIT 外。[2]

梁丹妮(2011)以 *Sempra* 案和 *Enron* 案为视角,首先介绍了两个案件的基本情况和争议焦点,包括国际习惯法之危急情况的适用以及美国—阿根廷 BIT 第 11 条的解释问题,同时分析了仲裁庭的裁决和专门委员会对这两个案件的撤销裁决,进而详细阐述了安全例外条款与国际习惯法之危急情况的关系问题,认为两者在适用范围、适用条件和法律后果方面均不同。最后得出结论认为,虽然有学者认为国际习惯法之危急情况对国家危急情况下的抗辩已有明确规范,且短期来看安全例外条款使投资者承担更多的风险,但考虑到目前国际环境危机频发,让东道国保留足够的权力空间以应对危机是明智的选择,也是可以理解的选择;同时仲裁庭对该条款的审查和自由裁量也使其对国家行为行使了监督的职能,而中国作为投资活动日益活

[1] 参见葛辰:《论国际投资条约下自裁决式根本安全利益条款的审查进路——兼论中国的选择》,载《东北大学学报(社会科学版)》2017 年第 6 期。

[2] 参见陈辉萍:《中美双边投资条约谈判中的国家安全审查问题》,载《国际经济法学刊》2015 年第 1 期。

跃的国家,长期缺失该条款是一项巨大的潜在风险。[1]

刘京莲(2006、2010)在多篇文章中均通过对阿根廷系列案件进行分析,较为详细地研究了国际投资领域的根本安全例外条款的相关问题,对条约实践、可仲裁性、国家责任、仲裁庭解释及中国对策等方面均进行了相应的介绍,并将中国与阿根廷作了比较,认为处在市场经济转型阶段的中国,出现市场波动的概率较大,因此鉴于阿根廷系列案件的教训,中国应在缔结双边投资条约时重视安全例外条款的规定,积极完善现有的安全例外条款。[2]韩秀丽(2010)还分析了根本安全利益和公共目的条款,认为国际投资协定中目前普遍包含这两种条款,她通过阿根廷系列案件不仅分析了根本安全利益与必要性抗辩的联系,还详细分析了根本安全利益条款适用后的赔偿责任问题,她赞同由东道国和投资者双方共同分担风险,对于造成的损害由投资者和东道国共同承担;在危机情况下,东道国通常处境困难,可以选择延期支付对投资者的赔偿,这有利于缓解东道国的困境,不过在仲裁实践中仍有待进一步明晰该问题。[3] 除此之外,还有更早期的一些文献成果是关于安全例外条款的研究[4],本书仅选取近几年具有代表性的成果进行介绍。

(4)对国际投资协定中金融服务例外条款的研究

葛辉等(2019)从中国自由贸易协定(以下简称自贸协定)的角度对金融审慎例外进行了实证分析,首先从阿根廷的金融服务案件对 GATS 审慎例外条款的解释入手,阐述了专家组和上诉机构对金融审慎条款的分析,接下来介绍了中国自贸协定中有关审慎例外条款的相关规定,得出其中的审慎

---

〔1〕 参见梁丹妮:《论双边投资条约中的不排除措施条款——以 ICSID 专门委员会撤销 Sempra 案与 Enron 案裁决为视角》,载《西北大学学报(哲学社会科学版)》2011 年第 5 期。

〔2〕 参见刘京莲:《阿根廷经济危机后的"国际投资法律危机"研究——兼及对中国的借鉴意义》,载《太平洋学报》2006 年第 6 期;刘京莲:《国际投资条约根本安全例外条款研究》,载《国际经济法学刊》2010 年第 1 期。

〔3〕 参见韩秀丽:《论国际投资协定中的"根本安全利益"与"公共目的"》,载《现代法学》2010 年第 2 期。

〔4〕 参见杨福学:《国际能源投资相关条约中的"非排除措施条款"研究》,南京大学 2014 年博士学位论文;李小霞:《国际投资法中的根本安全利益例外条款研究》,华东政法大学 2011 年博士学位论文;王楠:《危急情况之习惯国际法与投资条约中的不排除措施条款——兼论 CMS 案和 LG & E 案》,载《比较法研究》2010 年第 1 期。

例外条款具有多样化的特点，给法律适用带来了难题。鉴于此，自贸协定中的审慎例外条款有必要做一些澄清，包括审慎例外条款的适用范围问题，为审慎原因而采取措施的构成要件，相关措施的滥用禁止等，他们提出自贸协定中的审慎例外条款虽然形式多样、内容不同，但本身没有好坏之分，关键是要看未来中国金融服务业的开放和发展趋势如何；而如果中国想要在自贸协定中推进金融服务的自由化并限制缔约方主权的滥用，那么最佳方案是采用1991年加拿大、日本、瑞士和瑞典向GATS贸易谈判委员会提交的审慎例外条款草案的文本。[1]

温树英等(2016)在研究国际投资协定中的审慎例外条款时，首先研究了国际投资协定中规定金融审慎例外条款的原因和意义；其次分析了该条款在实体和程序两方面的主要特点，认为“审慎原因”的范围非常广泛，条款的适用条件也相对宽松；最后针对中国条款建设提出了一些具体建议。[2]徐昕(2015)以区域贸易协定中的金融审慎例外条款为视角，介绍了目前该条款的现状，在此基础上，分析了现有规定存在的不足，包括直接挪用GATS模式暴露出的一些问题，以及现有的审慎例外条款自身存在的一些不足，例如，审慎措施的适用范围很有限，审慎措施的实施前提和认定方法不明确，适用条件也过于严格；完善方法可以考虑一些替代性条款，诸如附条件的国民待遇条款，或者允许所有合理的审慎措施的条款等。对于条款本身的修订和解释，他也提出了较为具体的改进思路。通过上述研究，他认为美国和欧洲主要采用的GATS模式的审慎例外条款对于目前的中国而言并非最好的选择，即便接受这一模式，也应作出相应的修改和完善。[3]

陈欣(2013)则认为晚近投资仲裁暴露了根本安全例外条款在抗辩投资者时的不足，所以审慎例外条款的出现具有必然性，然而美国金融危机的发

---

〔1〕 参见葛辉、彭岳：《审慎例外条款实证分析——以中国自贸协定为例》，载《国际商务研究》2019年第3期。

〔2〕 参见温树英、李俊星：《国际投资协定中的审慎例外条款研究》，载《武大国际法评论》2016年第2期。

〔3〕 参见徐昕：《区域贸易协定中的金融审慎例外条款研究》，载《上海对外经贸大学学报》2015年第2期。

生使该条款变为一种市场干预和投资保护的措施，所以要防止该条款异化为投资壁垒。[1] 龚柏华(2013)则在中美 BIT 谈判的框架下论述了金融服务例外条款，认为它是中美谈判的关键条款之一，我们在谈判时要注意该条款的范围、与资本转移条款的关系以及国有金融服务企业的地位和认定标准等问题，同时做好金融投资服务业的“负面清单”。[2] 彭岳(2011)以中美电子支付争端为例，阐述了该条款有待澄清的一些难题，分析了审慎措施最低标准的认定问题和审慎目标相对重要性的确定问题，提出中国已经连续 4 次因采取金融监管措施而被 WTO 成员方诉诸 WTO 的争端解决程序，中国需要澄清促进银行业发展这一目标和传统的保护金融服务消费者、金融体系稳定性等目标之间的先后顺序等一系列问题。[3]

2. 国外研究现状

Lorand Bartels 和 Federica Paddeu(2020)在他们主编的《国际法中的例外》(*Exceptions in International Law*)一书中专门汇编了国际习惯法和条约法中各种例外规则的研究成果，其认为在国际法乃至任何一个法律体系下，总是会存在各种规则的一些例外规定，导致规则本身变化无常，他们希望通过总结这些研究例外规则的成果来从理论角度研究这一现象，其中不乏研究人权、环境、刑事等领域例外规则的成果，也有从投资法角度研究条约例外条款的成果。[4]

Caroline Henckels(2020)着眼于研究投资协定中的安全例外和公共秩序例外，并主要分析了两个问题：首先，例外条款是否应该被解读为限制条约实体性投资义务的条款，或者说例外条款是否是一种将违反条约的行为合法化的抗辩性条款；其次，条约例外和习惯国际法下的必要情势抗辩之间是一种怎样的关系。具体来说，例外条款在条约双方之间是否构成一种特别法，其认为研究这些问题对于举证责任的分配和投资法与 WTO 法之间协

[1] 参见陈欣：《论国际投资条约中的金融审慎例外安排》，载《现代法学》2013 年第 4 期。

[2] 参见龚柏华：《中美双边投资协定谈判中的金融服务条款》，载《法学》2013 年第 10 期。

[3] 参见彭岳：《例外与原则之间：金融服务中的审慎措施争议》，载《法商研究》2011 年第 3 期。

[4] See Bartels L. & Paddeu F., *Exceptions in International Law*, Oxford University Press, 2020.

调性问题都具有实际性启示。[1] 另外,Caroline Henckels(2020)在其另一篇文章中还主要分析了一般例外和安全例外的法律特点,认为应该将例外条款看作条约对确认东道国规制权的同意以及对条约义务范围的限制,而不是东道国享有的一种抗辩事由;并认为在实践中,增加一项抗辩比提出主张措施不在条约范围内的举证责任更加繁重。[2]

Jaemin Lee(2020)在新冠肺炎疫情的背景下阐述了很多国家为了应对疫情采取了种类多样的应急措施,此次疫情可能导致安全例外条款得以适用的机会,但其认为目前的安全例外条款的文本内容还不够细致,在应对新型的国家紧急情况(如大型流行病问题)方面还略显不足,现存投资协定及未来拟签订的投资协定应重新审视安全例外条款以保证其得到充分的适用。[3]

Surya P. Subedi(2020)在其专著中分析了例外条款与外国投资法问题,但其仅从 GATT 第 20 条入手,对投资协定中的例外条款作了一般性介绍,指出双边投资条约纳入例外条款的实践是近期受到美国 BIT 范本影响而出现的一种现象,国际贸易法的规则和实践未来也很有可能影响外国投资法中例外条款的适用,但其对例外条款并未进行进一步的解读。[4]

Sebastian Mantilla Blanco 和 Alexpander Pehl(2020)关注了第三代安全例外条款,指出晚近条约实践反映出一种趋势,即在投资协定和贸易协定中越来越多地引入措辞较为宽泛的安全例外条款,而这种趋势主要是受到东道国追求其管制政策空间以保护本国安全利益的影响。他们认为仲裁庭在实践中对是否将安全例外解释为自裁决性质的犹豫不决,导致一些国家在

---

〔1〕 See Henckels C., Scope Limitation or Affirmative Defence? The Purpose and Role of Investment Treaty Exception Clauses, in Bartels L. & Paddeu F. eds., *Exceptions in International Law*, Oxford University Press, 2020, p. 363 – 374.

〔2〕 See Henckels C., Permission to Act: The Legal Character of General and Security Exceptions in International Trade and Investment Law, *International & Comparative Law Quarterly*, 2020, 69(2).

〔3〕 See Lee J., The Coronavirus Pandemic and International Investment Arbitration: Application of "Security Exceptions" Clauses in Investment Agreements, *Contemporary Asia Arbitration Journal*, 2020, 13(1), p. 185 – 203.

〔4〕 See Subedi Surya P., *International Investment Law: Reconciling Policy and Principle*, 4th ed., Hart Publishing, 2020.

条约条款中明确将该问题排除在争端解决条款的范围外。[1]

Ridhi Kabra(2019)通过 *CC/Devas v. India* 和 *Deutsche Telekom v. India* 两个案件研究了安全例外条款在仲裁解释与适用中的不一致性问题,并评估了这两个案件对于成功援引安全例外条款的具体标准的形成所产生的影响。其认为安全例外条款由两部分组成:首先,客观上存在一个根本安全利益;其次,利益与所采取的措施之间具有关联性。然而这些要素在仲裁实践中却存在条款解释上的不一致性,致使该条款具体的适用边界不甚明朗。因此,他在论文中揭示了何种安全利益可以构成重要的或重大的程度,以及条款中包含的关联性要求“必要的”术语的含义。[2]

Sefriani(2019)在研究双边投资条约合法性危机的时候涉及印度尼西亚的双边投资条约缔约情况,认为合法性危机导致印度尼西亚开始审查并起草新的双边投资条约范本,因为现行 BIT 中投资者与东道国利益失衡的问题显著,对投资者给予了过多的保护,与此同时却使东道国承担了很大的条约义务,故亟须在新的 BIT 范本中规定例外条款。他分析了例外条款的必要性,并认为例外条款在国家面对极端威胁时能够将风险在国家与投资者之间进行转移,在一些情况下可以对投资者的过度保护作出限制,可以为印度尼西亚政府追求投资政策和可持续发展目标提供政策灵活性,在发生国际金融危机时对国家自我修复能力也是至关重要的。[3]

Guy Marcel Nono(2019)从联合国可持续发展目标的构建角度研究了一般例外条款。其主要认为几十年来,国际社会更多地关注如何将可持续发展问题与国际投资法联系起来,但却忽略了一般例外和安全例外与可持续发展目标的实现之间的关联性问题,因为这些例外条款直接针对的是一些非经济性的政策目标,反映出国家在合法性与可持续发展价值引导下为提

---

〔1〕 See Mantilla Blanco S. & Pehl A. , *National Security Exceptions in International Trade and Investment Agreements*: *Justiciability and Standards of Review*, Springer, 2020.

〔2〕 See Kabra R. , Return of the Inconsistent Application of the “Essential Security Interest” Clause in Investment Treaty Arbitration: CC/Devas v. India and Deutsche Telekom v. India, *ICSID Review*, 2019, 34(3), p. 723 – 753.

〔3〕 See Sefriani, The Urgency of Non-Precluded Measures Clause in Indonesian Bilateral Investment Treaty, *Padjadjaran Journal of Law*, 2019, 6(2), p. 233 – 253.

高国际投资领域的效率问题的一种努力。国际投资协定中的一般例外和安全例外对于联合国可持续发展目标的实现提供了一种规则性的框架，只要对其予以正确的解读，就有利于实现这些可持续发展目标。[1]

Dilini Pathirana 和 Mark McLaughlin（2019）研究了非排除措施条款，即例外条款的发展趋势和条约实践等问题，他们认为非排除措施条款在特定情况下明确规定了在投资保护标准之上的公共政策追求，并研究了起草非排除措施条款的发展趋势和它们共同的构成要件，以及东道国成功适用非排除措施条款所应满足的条件。同时，近年来的投资仲裁实践也反映出对该条款解释的模糊性问题，他们认为虽然该条款确实在延伸缔约方政策空间方面存在困难，但相对保证仲裁员在裁判时将东道国政策空间问题纳入考量范围来说却是比较有效的做法。[2]

Caroline Henckels（2019）近年来较多地关注投资协定中的例外条款问题，除前述2020年的研究成果外，她也专门研究了武装冲突背景下的投资协定安全例外条款，并且关注到安全例外条款与国际习惯法中的必要性抗辩和自卫之间关系的长期不确定性问题，认为国际投资仲裁庭、撤销委员会以及国际法院对该问题解释的不一致加剧了这种不确定性，其分析认为条约安全例外和必要性抗辩以及自卫是两套不同的规则体系，安全例外应该被看作限制条约义务的规则或者是条约内部的一种积极抗辩规则，并且其认为成功援引安全例外条款可使东道国行为合法并排除相应的赔偿责任。[3]

Chi Manjiao（2018）在研究国际投资法制中的可持续发展条款时涉及对

---

〔1〕 See Nono GM, Advancing SDGs in International Investment Agreements: Building Peace and Justice Through General Exceptions Clauses, Centre for International Governance Innovation-New Thinking on SDGs and International Law, Policy Brief No. 5, 2019.

〔2〕 See Pathirana D. & McLaughlin M., Non-Precluded Measures Clauses: Regime, Trends and Practice, in Chaisse J., Choukroune L. & Jusoh S. eds., *Handbook of International Investment Law and Policy*, Springer, 2019, p. 1-23.

〔3〕 See Henckels C., Investment Treaty Security Exceptions, Necessity and Self-Defence in the Context of Armed Conflict, in Fach Gomez K., Gourgourinis A. & Titi C. eds., *International Investment Law and the Law of Armed Conflict*, *European Yearbook of International Economic Law*, Springer, 2019, p. 319-340.

一般例外条款和安全例外条款的研究。在研究一般例外条款时，他首先介绍了 GATT 第 20 条的一般例外条款，以及援引 WTO 体制内一般例外的一系列条件，并认为严苛的适用条件使该条款在国际贸易法领域的适用一直都存在困境。同时，他发现近年来国际投资法制领域开始逐渐引入 GATT 式的一般例外，并以 2016 年印度 BIT 范本中的一般例外条款为例对该条款作了基本介绍，认为成功援引国际投资协定中的一般例外非常困难，因此未来一般例外条款如何适用以及其能否有效发挥维护东道国规制权力的作用仍有待观察。在介绍安全例外条款时，他分析了 GATT 第 21 条以及 2012 年美国 BIT 范本中的安全例外条款，介绍了其自裁决性质的特点和阿根廷经济危机时对该条款的适用等问题。他认为例外条款在国际投资协定中主要具备两方面功能：一方面是排除东道国管制措施违法性的功能；另一方面是一种补充的角色，因为例外条款并不是唯一能免除东道国条约责任的机制，在国际习惯法领域，不可抗力、必要情势和强制性规范都具有此功能。因此，从这个角度来看，例外条款只是一种额外的和补充性的保障机制，但这种机制可能很有效，不过目前只有少数案件援引了例外条款，该条款的成功适用更是罕见，因为其适用门槛仍然很高。[1]

Jo-Ann Crawford 和 Barbara Kotschwar（2018）发现东道国的规制权条款在国际投资协定中通常表现为不同的形式：一方面它和履行要求等具体条款联系在一起；另一方面还和征收条款联系在一起。有时它也表现为例外条款的形式，尤其是类似 GATS 第 14 条的一般例外条款，并且通常都包括一系列公共政策目标，诸如环境、人类动植物生命健康、自然资源保护等。[2] Julie Kim（2018）提出国际投资协定中缺失对东道国监管权力的维护，不仅使发展中国家深受其害，发达国家也开始受到影响。美国于 2017 年对 NAFTA 提出修改建议，希望增加一般例外条款来允许美国实施合理的国内

〔1〕 See Manjiao C., *Integrating Sustainable Development in International Investment Law*, Routledge, 2018, p. 66 – 82.

〔2〕 See Crawford JA & Kotschwar B., Investment Provisions in Preferential Trade Agreements: Evolution and Current Trends, Staff Working Paper for WTO Economic Research and Statistics Division, 2018.

政策,他认为这可能代表了一般例外条款将成为国际投资协定普遍存在的条约实践。大多数国际投资协定中都不包含例外条款,这可能是因为大多数协定都签订于阿根廷经济危机发生之前,不过在这之后,很多国家都改变了他们的缔约实践,规定例外条款在投资协定中保障其政策主权,因此,他分析了"监管权"(right to regulate)条款在国际投资协定中的发展过程以及监管主权概念在国际投资协定中的性质,并认为保障国家监管权力的例外条款可能成为未来投资条约中的一个稳定条款和现象。[1]

Andrew D. Mitchell 等(2018)提出一般例外以不同的措辞、结构和形式被逐渐引入国际投资协定中,其目的就是加强东道国在公共利益保护中的行动自由。在实践中,投资协定相关条款已经逐渐发展成为包含维护东道国政策空间的条款,而一般例外条款对投资协定义务的影响则应密切关注一些可持续发展条款的演变以及 WTO 判例实践和国际公法领域的条约法的一些新发展,该条款可能会以意想不到的形式对东道国政策空间产生影响,因此一般例外条款应该被妥善安排在投资协定中,并最好附以必要的解释和说明性措辞。[2] Simon Lester 和 Bryan Mercurio(2017)认为,对国际投资协定不当限制东道国规制权力和政策空间的担忧早已有之,主要是因为条约义务的范围太广泛,近年来投资者扩大他们的诉求范围,不断挑战东道国的管制性措施。为此,有些国际法实践将投资者—东道国争端解决机制排除在条约外,然而他们认为这种做法存在的问题和隐患很多,国家与其不断推进条约的环境保护和公共健康保护等条款,不如引入一般例外条款,该条款在国际贸易法制领域历史悠久,并且已经开始出现在投资法制中。然而遗憾的是,美国和欧盟都排斥在其投资协定中完全纳入一般例外条款,但

---

〔1〕 See Kim J. ,Balancing Regulatory Interests Through an Exceptions Framework under the Right to Regulate Provision in International Investment Agreements, *The Geo. Wash. Int'l L. Rev.* 2018, p. 289 – 356.

〔2〕 See Mitchell AD & Munro J. ,Importing WTO General Exceptions into International Investment Agreements: Proportionality, Myths and Risks, *Yearbook on International Investment Law & Policy* 2016 – 2017, Oxford University Press, 2018.

该条款确实应该在投资领域被广泛采用。[1]

Karl P. Sauvant 和 Mevelyn Ong(2016)在安全例外条款问题上认为,自裁决性质的安全例外条款置条约保护于不确定状态中,因为条约条款将受制于东道国政府在规制权力行使问题上的自我克制。虽然如此,但由于各国如今都非常重视本国安全利益保护,所以该条款仍有继续扩散的趋势。同时,该条款很可能超越其传统的保护范围,扩展至对金融领域的维护,并蕴含着被东道国政府滥用的潜在风险。[2] Sornarajah M.(2015)则认为国际投资法制是通过国际仲裁得到不断完善和日益精细化发展的,国际投资法制体系中表现出的碎片化现象主要是因为国际社会忽视了国际法中的诸如国家主权和环境保护等基本原则,因此国际投资法制应重视通过比例原则平衡东道国与投资者之间的利益,调和他们之间的利益冲突。[3] Diane A. Desierto(2015)在东盟国际投资协定框架下研究了国家规制自由与控制问题,其中涉及例外条款的研究,他发现东南亚国家一些新的投资协定中都包含一般例外和安全例外,这些条款基本上源于贸易领域的例外,在国际投资仲裁中这些条款能否成功排除东道国承担的投资保护义务,以及免除东道国赔偿责任等问题,恐怕要留给东道国投资者仲裁庭在个案中进行逐一甄别。[4]

Karsten Nowrot(2014)在研究维护东道国环境及人权保护的规制自由问题时认为,其中一种方式就是规定一般例外条款,列举了 2005 年芬兰—赞比亚 BIT 以及 2013 年加拿大—坦桑尼亚的 BIT 中的一般例外条款并进行了简要分析,提出鉴于仲裁庭对该条款的限制解释,以及该条款对相关公共利益采取的穷尽式列举,这种做法实际上可能会对缔约方的政策空间施

〔1〕 See Lester S. & Mercurio B., Safeguarding Policy Space in Investment Agreements, *Institute of International Economic Law Issue Brief*, 2017.

〔2〕 See Sauvant K. & Ong M., The Rise of Self-Judging Essential Security Interest Clauses in International Investment Agreements, *Columbia FDI Perspective*, No. 188, Dec. 2016.

〔3〕 See Sornarajah M., *Resistance and Change in the International Law on Foreign Investment*, Cambridge University Press, 2015, p. 8.

〔4〕 See Desierto DA, Regulatory Freedom and Control in the New ASEAN Region Investment Treaties, *The Journal of World Investment & Trade*, 2015, p. 1018 – 1057.

加额外的限制。[1] Julien Chaisse(2013)从国家对烟草的规制权力着手,集中分析了近年来国际投资协定中数量逐渐上升的一般例外条款能否促进和提升东道国对本国公共健康的保护力度。无论是从政策还是从理论角度,该问题都非常重要,因为国际投资协定赋予投资者广泛的保护和权利,尤其是跨国烟草公司。与此同时,很多国家的政府都希望对烟草行业进行必要的监管,比如乌拉圭和澳大利亚都受到投资者这方面的起诉。[2] 因此,他在分析了大量的条款后,介绍了 WTO 裁判实践对该条款的三步分析法:第一,国家采取的措施是否属于一般例外条款中列举的公共政策目标的范围;第二,采取的措施是否出于必要的情况;第三,采取的措施是否满足一般例外条款中序言里的相关要求。而在该条款维护东道国政府烟草管制的问题上,东道国采取的措施有可能导致间接征收,因此需要符合该条款规定的一些条件,包括措施与目的之间的必要性联系以及满足维护人类健康的需要。然而通过分析,他认为一般例外条款在平衡投资保护与公共健康保护上的作用不明显,虽然该条款使东道国表达了其对公共健康的担忧,但在涉及实际被诉案件时,东道国可能很快就会对该条款的适用感到失望。

Andrew Newcombe(2008、2013)对一般例外条款进行了较为全面的研究,阐述了一般例外条款的条约实践和相关仲裁实践,并认为在国际投资协定中引入一般例外条款可能不会带来预期的实际效果,国际投资法律体系中关于东道国承担的核心义务里,国民待遇、公平公正待遇、征收等已经承认并保留了东道国为了公共利益的管理权力。不过一般例外条款对于防止仲裁庭扩大解释投资条约义务方面则形成了一层保障。他在后来的研究中进一步明确了对一般例外条款的态度,并提出随着新一代国际投资协定越来越重视对外国投资给予公平公正待遇以及对征收给予补偿,在这样的背景下,一般例外条款是否应在投资协定中普遍存在?近年来,越来越多的投

〔1〕 See Nowrot K., How to Include Environmental Protection, Human Rights and Sustainability in International Investment Law?, *The Journal of World Investment & Trade*, 2014, p. 612 – 644.

〔2〕 See Chaisse J., Exploring the Confines of International Investment and Domestic Health Protection—Is a General Exceptions Clause a Forced Perspective?, *American Journal of Law & Medicine*, 2013, p. 332 – 360.

资协定(相对于整体基数来说也仅是一小部分)开始引入一般例外条款,因为该条款可以为东道国有可能违反条约义务的管制行为提供一个明确的例外和免责途径,从表面上看,该条款似乎为东道国追求合理的以及可持续发展的公共目标提供了一种新型的整体解决方案,但是其仍对该条款的实际作用表示担忧。主要原因包括:第一,由国际贸易领域借鉴而来的一般例外条款,在完全不同的国际投资领域将如何适用,存在很大的不确定性;第二,由于条款解释的不确定性,一般例外条款的引入可能不会带来预想的实际效果;第三,虽然一般例外条款长期存在于国际贸易领域并发挥了理想的效果,然而因为投资法领域中关于投资保护的习惯国际法的存在,一般例外条款与习惯国际法之间关系的协调适用以及其从贸易到投资的"移植"可能会带来一些其他意想不到的问题。鉴于以上考虑,他认为与其通过运用一般例外条款寻求解决东道国公共权力与投资者利益保护之间的平衡问题,倒不如在投资条约实践中将研究重点放在如何明确相关投资义务的具体范围上。[1] 另外,Rodrigues EB Jr.(2012)在其专著中对一般例外条款进行了专门研究,但该成果的研究背景集中在WTO的知识产权协定下,并未涉及国际投资领域。[2]

Suzanne A. Spear(2010)认为,国际投资法领域当今面临的最重要的挑战就是如何在外国投资保护与促进和东道国社会与环境的保护两者之间寻求一种平衡机制,许多国家已采取了一系列重要的措施来回应这样的挑战,如在投资条约中增加一些解释性的条款、引入一般例外条款以及在条约序言中作出特别说明等。[3] 遗憾的是,该文章未能将主要精力集中在对一般例外条款的分析介绍上,仅简要介绍了一般例外条款的类型及仲裁庭对该

〔1〕 See Newcombe A., General Exceptions in International Investment Agreements, Draft Discussion Paper Prepared for BIICL Eighth Annual WTO Conference, May 2008, London; Newcombe A., The Use of General Exception in IIAs: Increasing Legitimacy or Uncertainty, *Improving International Investment Agreement*, 2013, p. 276 – 283.

〔2〕 See Rodrigues EB Jr., *The General Exception Clauses of the TRIPs Agreement: Promoting Sustainable Development*, Cambridge University Press, 2012.

〔3〕 See Spear SA, The Quest for Policy Space in a New Generation of International Investment Agreements, *Journal of International Economic Law*, 2010, 13(4), p. 1037 – 1075.

条款的相关解释。单文华与 Norah Gallagher(2009)同样提及投资者与东道国利益的平衡及例外规则的价值问题。他们认为和国际贸易协定相比,国际投资协定对一个主权国家的经济、社会及政治会产生更加深远的影响,然而在传统的国际投资协定中,似乎更多的是规定东道国应承担的保护投资的义务,而缺乏对东道国主权国家合法权益的保护规定。条约在东道国和投资者之间的利益选择上似乎更加倾向于保护外国投资,而甚少考虑东道国对其国内经济、社会、环境、公共安全等进行管理的权力。尤其是和贸易协定相比,双边投资条约里其他实体性条款的发展相对健全,而例外条款的发展却严重滞后。[1] 因此,他们在书中提出了一个中国的"和谐 BIT 范本",在该范本中提出了一个例外条款,涵盖了五种类型的例外,包括一般例外、安全例外、文化例外、金融例外和税收例外。

William W. Burke-White 和 Andreas Von Staden(2008)主要研究了双边投资条约中非排除措施条款的解释及适用问题,认为虽然非排除措施条款未被广泛认可,但是其在国际投资条约领域发挥的作用却是不可否认的。进而他们又探讨了非排除性措施条款和国际习惯法背景下的防御措施的关系,认为该措施在双边投资条约实体权利保护之外又开辟了另外一种例外保护途径。从各国的实践出发,分析了非排除措施条款的主要构成及结构框架,并从东道国、投资者、仲裁庭实际适用的角度对如何判断该条款的适用问题提出了一个解释性的框架,阐述了东道国应如何援引非排除措施条款,援引该条款须满足的条件,以及仲裁庭对东道国援引该条款会作出何种解释。最后他们检视了东道国成功援引非排除措施条款后引起的国际法上的国家责任和赔偿责任问题,并介绍阿根廷经济危机产生的四起案件,分析仲裁庭对这四起案件作出不同裁决的解释基础,进而阐述了对非排除措施条款的不同解释所带来的影响及后果。[2] 然而,实质上大部分内容是对一

---

[1] See Shan WH & Gallagher N., *Chinese Investment Treaties: Policies and Practice*, Oxford University Press, 2009, p. 398 - 400.

[2] See Burke-White WW & Staden AV, Investment Protection in Extraordinary Times: The Interpretation and Application of Non-Precluded Measures Provisions in Bilateral Investment Treaties, *Virginia Journal of International Law*, 2008, 48(2), p. 307 - 410.

般例外条款的介绍分析,同时附带对根本安全例外条款的相应介绍;在研究范围上,也多限于双边投资条约范畴,因此未能涵盖整个国际投资协定领域的例外条款。

Howard Mann(2007)则从另一个角度对一般例外条款作出了相关阐述。他从政府规制的角度出发,首先介绍了政府维护公共利益的措施,然后阐述了投资争端及仲裁庭裁决案件对政府规制权的冲击造成的监管寒流现象频发,进而引出一个问题:什么样的机制可以有效避免这样的"监管寒流"?在回答该问题时,除介绍一些其他的机制外,他还提出了一般例外条款,但考虑到谈判方面和仲裁方面的相关问题,其对一般例外条款的运用还是持谨慎态度,也仅作了一般性的介绍。[1] Katia Yannaca-Small(2007)则主要分析了根本安全利益的界定问题。首先介绍了国家在国际投资协定中有关根本安全利益的条约实践,包括 OECD 的规定,区域性及多边协定如 NAFTA、能源宪章条约、GATS 中的规定以及 BIT 和 FTA 投资章节的规定;其次介绍了习惯国际法中对"必要性"问题的判断标准,详细分析了一项措施是否构成"必要"的条件和情况;最后从投资者—东道国争端解决中分析了仲裁庭对"根本安全利益"的解释方法,其中包括经济危机是否构成一国的根本安全利益以及根本安全例外条款的自判性质问题。[2] 然而其研究仅局限在分析了一种例外条款的一个核心术语,未对该条款做全面的研究分析。Marie France Houde(2006)在提交 OECD 的报告中将例外规则分为三种:(1)国民待遇和最惠国待遇的例外(Exceptions to National Treatment and Most Favored Nation);(2)一般例外(General Exceptions);(3)国家例外(Country Exceptions)。该报告中的第二种例外,即一般例外,实际上就包括了通常所指的一般例外条款、根本安全例外条款和金融例外条款,同时还将部分税收例外也包含其中。然而,其报告列举了另外一种例外,即国家例外,实质上

〔1〕 See Mann H., Investment Agreements and the Regulatory State: Can Exceptions Clauses Create a Safe Haven for Governments? Background Papers for the Developing Country Investment Negotiators' Forum, Singapore, 2007.

〔2〕 See Yannaca-Small K., Essential Security Interests under International Investment Law, edited in International Investment Perspective, Paris, OECD, 2007, p. 93 – 134.

指的是不符措施在国民待遇、最惠国待遇及履行要求中的适用例外问题。[1]该报告对于投资领域中的所有例外规则作出了较为全面的列举式总结,但由于是早期研究成果,时效性方面就显得不足。

3. 国内外研究现状评析

(1)国内研究现状评析

20世纪初,伴随阿根廷经济危机的发生和ICSID大量针对阿根廷的仲裁案件的出现,国内学术界的研究主要集中在安全例外条款的解释与适用方面。近几年,随着国际投资体制改革和对利益平衡的呼吁,学术界才逐渐关注东道国和投资者利益平衡问题以及与之相关的一般例外条款的研究。同时,早期对金融审慎例外的研究大多集中在WTO框架下,甚少涉及国际投资协定领域,美国金融危机后,才开始出现在国际投资协定领域研究金融审慎例外条款的研究成果。通过对国内相关研究成果的整体梳理,发现国内研究文献主要具有以下几方面的特点和问题。

①缺乏对国际投资协定中例外条款背后的理论基础的系统研究。国内现有研究成果无论是研究一般例外还是研究安全例外等方面,基本上都是通过分析其在仲裁实践中的具体适用效果来评价其实际的条款价值和功能,却忽略了这些条款价值与功能背后存在的相关理论基础。对例外条款存在与适用的合理性与正当性问题只有从支撑该条款最根本的理论基础角度进行分析,对国际投资协定例外条款的研究才能更具理论深度。

②近年来,对国际投资法制的系统性改革的呼声越来越强,学术界关注的重点问题之一就是在国际投资法制中如何平衡东道国规制权力与投资者利益保护问题,因而近些年的研究成果大多集中在探讨如何建立这种利益平衡机制以及如何保障东道国规制权力的问题上。国内大多数研究成果都从该研究问题出发阐述各类利益平衡机制,基本上都会涉及例外条款这一维护东道国规制权的条款,但在这类研究成果中,如何进行投资协定利益平衡与东道国规制权维护机制的建立问题被广泛探讨,而例外条款作为建立这种利益平

---

[1] See Houde MF, Novel Features in Recent OECD Bilateral Investment Treaties, edited in International Investment Perspective, Paris, OECD, 2006, p. 143 – 181.

衡的机制之一，大多仅予以一般性介绍，有针对性的研究较为欠缺。

③对策型研究成果中实证研究比较欠缺。国内研究国际投资协定中的例外条款问题的成果，基本上最终都会以对中国的条款构建提出对策作为结束。然而这类研究成果大都是介绍了某一种例外条款的基本缔约实践概况和条款解释问题后，提出该条款存在的问题和不足，在缺乏对中国的缔约实践和条款特点的充分实证研究和分析的情况下，直接就提出针对中国的条款对策或建议，或者仅仅在列出中国国际投资协定中的个别条款后，就提出针对中国的条款对策，缺乏对中国整个国际投资协定中这类条款的系统性评估和较为充实的实证研究。

④对一般例外的研究逐渐增加，对安全例外的研究有所放缓，同时缺乏对金融服务例外的研究。伴随国际投资仲裁实践发展和国际社会近几年对东道国公共利益保护问题、东道国规制权问题的研究热情高涨，学术界逐渐关注对国际投资协定中一般例外条款的研究。无论是对利益平衡问题的综合研究，还是专门针对一般例外条款的研究，均能体现出学界近几年对该条款的关注。同时，早期鉴于阿根廷事件的爆发，安全例外曾一度成为学界研究的热点问题之一，然而近几年对该条款的研究有所放缓，研究角度有所转移，开始转向对外投资过程中的国家安全审查问题的研究。至于金融服务例外条款，历来大多数成果都是在 WTO 体制内进行探讨，这些年虽然也有在双边投资条约或者区域协定框架下探讨金融审慎例外问题，但研究深度较为欠缺，研究成果也相对很少。对于中国逐渐开放国内金融市场和未来金融监管的潜在风险来说，对该条款的研究确实值得重视和深度挖掘。

(2)国外研究现状评析

国外研究国际投资协定中的例外条款的现状，一定程度上与国内研究状况相似，同时也存在一些差异性。相似性在于，近些年国外研究成果也主要是探讨国际投资体制内东道国的政策空间问题以及国际投资法制的可持续发展问题；在探讨该问题的过程中未对投资协定实践中的例外条款进行基础分析和论证，同时也欠缺对该条款理论基础的系统研究，并且近几年大多成果都集中在一般例外条款的研究上。差异性在于，国外研究成果在探讨东道国公共利益保护的一般例外问题时,更倾向于研究某一具体的门类,如他们对环境保护和公共健康的东道国政策空间问题似乎更为热衷于讨论。通过梳理国外相关研究成果,发现国外研究文献具有以下特点和问题:

①从系统性改革角度进行问题研究,欠缺对例外条款的深度研究。国外近些年的研究成果均是在关注东道国政策空间的基础上阐述国际投资体制和投资仲裁机制系统性改革问题,其中包括一些实体性条款的改进和程序性机制的改革;例外条款仅是研究对象的一部分,对其进行了条款的结构性介绍和缔约实践介绍,条款本身的分析深度不足,对条款实际适用中暴露出的问题,虽然从仲裁庭的解释角度进行了阐述,但也仅是一般性的解读,附之以对该条款未来适用中的价值与功能的担忧,鲜有进一步针对条款暴露出的问题提出针对性的完善建议和条款完善模型。早期虽有 William Burke White 和 Andrew Newcombe 等学者对非排除措施条款和一般例外进行过专门研究,但对目前来说也欠缺研究新颖性,因此对该条款的深度研究还比较欠缺。

②偏重对例外条款的功能性研究,缺乏对该条款的结构性分析。与国际投资协定中例外条款相关的研究,较多都倾向于从仲裁实践角度去研究和评判例外条款的价值功能,故而一部分研究成果最后形成了对例外条款在实际适用中能否发挥其条款目的的怀疑与担忧。在价值评判和分析的同时,较为缺乏对该条款的文本本身和措辞结构等制度性问题的探讨,使例外条款的研究缺乏全面性。

③开始关注自裁决性质的安全例外条款被滥用的潜在风险问题。伴随阿根廷经济危机和 ICSID 仲裁案件的爆发,早期有大量学者研究了安全例外条款,当时普遍的观点是鼓励各国设置自裁决性质的安全例外条款以排除仲裁庭对国家行为的全面审查,维护东道国针对国家根本安全利益的行动自由。然而近几年随着各国对国家安全利益保护方面的国家主权自由的格外重视,有些国家以国家安全审查为由拒绝外资进入或者限制外资活动,使该条款异化为一种投资壁垒,故而近几年国外学术界对安全例外条款的

态度有所转变,认为安全例外条款很可能超越其传统的保护范围,同时蕴含着被东道国政府滥用的潜在风险,因此认为对仲裁庭审查的全面排除可能是不恰当的,并表达了他们对条款滥用问题的关注和担忧。

4. 研究内容

关于国际投资协定中的例外条款,学术界和条约实践有不同的分类。学术界对例外条款的种类划分差异较大,划分情况各不相同。但国际投资协定实践对例外条款的种类有较为统一的规定,本书也是以国际投资协定实践中的这三类例外条款为主要研究对象。

第一章是国际投资协定例外条款概论。本章研究了国际投资协定中例外条款的基本问题,包括概念、种类、主要国家在例外条款方面的缔约实践和其理论基础问题。本章研究发现,关于一般例外条款,各国的实践并不一致。美国投资协定实践中没有单独的一般例外条款,中国早期条约实践中没有一般例外条款,只是在近几年签订的 FTA 或 TIA 等国际协定中才表现出对该条款的青睐。关于安全例外条款,美国从早期的 FCN 到 BIT 范本,又到 NAFTA,再到新近签订的 USMCA 中都含有安全例外条款。而在早期中国的国际投资协定实践中基本不存在安全例外,只是在 2000 年后签订的大部分 BIT 和 FTA 中才开始纳入安全例外条款。至于金融服务例外条款,2012 年美国 BIT 范本包含了一个措辞极尽详细和复杂的金融例外。而中国的国际投资协定实践对金融服务例外关注不足,从 2009 年到现在,只有极少数国际投资协定中含有金融服务例外条款。国际投资协定中的例外条款背后蕴含的理论基础主要是国家经济主权理论、利益平衡理论和必要情势理论。其中,国家经济主权理论明确了国家有权对其管辖范围内的外国投资活动进行必要的管理和监督,是例外条款的权力基础;利益平衡理论强调法律的价值在于维护利益的平衡,从而使潜在的利益失衡被控制在一个合理的范围内,是例外条款的价值基础;必要情势理论强调国家在危急情势下可以采取必要手段保护自己的根本利益,是例外条款的规范基础,主要表现为在出现利益失衡的情况时,国家可以采取必要措施进行利益维护,这又是利益平衡的制度保障。

第二章是国际投资协定例外条款的适用效果。本章主要分析了例外条款适用下国家责任的相关问题。对于例外条款能否全面免除国家赔偿责任,学术界的观点存在分歧。本章研究发现,持有限免除责任说的学者主要认为国际投资协定义务存在两个层次:一层是缔约方之间的条约义务;另一层是国家与投资者之间的条约义务。例外条款仅能免除国家层面上的国家对另一国的国际法义务,而国家对投资者的责任,应该秉持私有财产不可侵犯的理念,对投资者进行赔偿。通过分析,本章认为有限免除责任说存在问题。而完全免除责任说的主要依据是国家经济主权理论和晚近国际投资仲裁实践等。众多国际投资仲裁庭都认为,东道国正常行使其国家规制权采取的措施,只要是非歧视和符合正当程序的,且是以公共福利为目的,那么则可以免除对外国投资者的赔偿责任,并且如今这也成为被广泛认可的一项国际习惯法原则。同时,本章结合国家权力边界问题,认为国际习惯法实际上提出了国家外资规制权力的一般界限,而在国际投资条约层面,每一种具体的例外条款又对国家规制权边界作出了具体的规定,东道国采取的措施只有在这些例外条款规定的具体的权力边界范围内才能免责。

第三章主要研究国际投资协定中的一般例外条款。在对国际投资协定例外条款上述几个基本问题研究的基础上,后续章节对各类例外条款开展专门研究。一般例外条款对东道国外资规制权边界的具体规定表现在两个方面:一方面是采取的措施必须具有"必要性";另一方面须是维护一些相关公共政策目标。本章研究发现,第一,在判断"必要性"的问题上,以往的裁判和仲裁实践存在几种不同的解释方法,这导致"必要性"解释存在极大的不确定性。第二,是相关公共政策目标的解释问题,有些概念存在多种解释,而有些概念的解释则不能一成不变,另外有些概念很无形,各国对其定义也存在巨大差异。与此同时,一般例外条款在国际投资仲裁实践中的表现,目前也并不明朗,一方面是一般例外条款被仲裁庭实际审查与适用的机会很少,另一方面因为仲裁庭对例外条款解释的谨慎态度,对相关术语概念解释的不确定性较大,加上国际习惯法层面的国家警察权力理论可以对东道国规制权力起到补充和弥补的作用,所以有些学者认为一般例外条款的实践价值可能有限,但笔者认为该条款的价值不应被低估。

第四章是关于国际投资协定中的安全例外条款的研究。安全例外条款对东道国外资规制权边界的具体规定表现在三个方面:一是对"根本安全利益"概念的界定;二是对"国际和平与安全"的界定;三是自判性和非自判性条款对东道国规制权边界的影响。本章研究发现,条约实践和仲裁实践对"根本安全利益"的概念作出了一些界定与理解,但更重要的问题是,"根本安全利益"的内涵和外延不是一成不变的,它也是一个不断发展的概念。实践中对"国际和平与安全"的概念没有太多争论。非自判性的安全例外条款在适用中要接受仲裁庭的全面审查,对东道国权力边界会造成较大的约束和限制。而自判性的条款,根据对相关仲裁裁决的分析,仲裁庭通常要对东道国是否善意援引该条款进行审查。安全例外条款的仲裁实践主要体现在仲裁庭对阿根廷系列案件的裁判问题上。这些裁判结果反映出一些问题:一是条约法与国际习惯法的适用问题;二是对"必要措施"问题的解释;三是对"根本安全利益"的解读。这几个问题也反映出安全例外条款在实际适用中存在的一些困境。

第五章是关于国际投资协定中的金融服务例外条款的研究。金融服务例外条款始于国际贸易领域,最初见于 NAFTA 第 14 章的金融服务。USMCA 的出现替代了 NAFTA,其第 17 章金融服务章节也规定了具体的金融服务例外条款,是美国在该条款方面的最新条约实践。美国 2012 年 BIT 范本中包含了目前最为典型和成熟的金融服务例外条款。本章研究发现,该条款仍然存在一些问题:首先,它与安全例外条款在适用中可能出现竞合的现象。其次,该条款还存在一些其他问题,诸如"与金融服务有关"的措施的界定不明确,"审慎原因"的定义比较模糊,反滥用条款的规定含糊,审慎措施的认定方法也不明确,这些问题都使金融例外条款在实际适用中可能存在较大的争议空间。最后,目前国际投资仲裁实践中还没有专门针对该条款的案件出现,但是 WTO 审判实践中却出现了一些涉及 GATS 金融附件的案例。

第六章是对中国国际投资协定中的例外条款的研究。例外条款目前只出现在极少数的中国国际投资协定中,本章对中国124个BIT和24个其他投资协定逐一进行排查,统计得出目前只有20个左右的国际投资协定存在不同形式和种类的例外条款。在对中国国际投资协定中的例外条款进行整体评估后,本章发现,中国的例外条款在条款数量、内容和形式三个方面均存在不同程度的差异,这造成了例外条款的形式与文本内容混乱的问题,是例外条款构建时要考虑的整体性问题。在总体构建思路上,需要从协定缔约宗旨的角度明确东道国规制权的问题,在条约解释方面明确排除国际习惯法的排他适用或者优先适用地位,并且将例外条款的条款形式以一种更加协调和统一的方式予以规定。在具体的构建建议上,需要考虑每一种例外条款的差异性,有针对性地提出具体的完善方案和建议文本。在此基础上,本章最终尝试提出了一个中国国际投资协定例外条款的建议文本(详见附录一),以期为中国在新时期开启国际投资协定新实践提出一些制度性和规则性的创新和尝试。

5. 研究方法

全面研究国际投资协定中的例外条款,需要从该条款的一些基本问题入手,从缔约实践、理论基础、适用效果、价值分析等多方面进行论证;构建新一代中国国际投资协定中的例外条款也需要从历史到现在、从整体到局部对中国缔约实践中的例外条款进行综合评估,提出符合实际的具体构建建议,这些都需要运用科学的研究方法。本书主要采用了以下研究方法对国际投资协定中的例外条款进行研究。

(1)文献分析法。国际投资协定中的例外条款的分析及条款完善和构建问题较为复杂,需要对以往研究这方面问题的文献进行收集、梳理与系统研究,这是笔者写作开始前首先需要完成的工作和采用的研究方法。笔者在写作开始前和长期的写作过程中,一直不断挖掘和更新国内外投资法制中例外条款研究的文献资料,阅读并筛选其中权威性和代表性强以及相关度高的国内外期刊论文、章节文章、研究报告及专著等文献,进行了系统的比较分析和梳理总结,在此基础上形成了对本书研究主题较为系统和全面的认识;并总结了国内外文献资料在该条款的研究上的基本共识以及不足之处，为本书对国际投资协定中的例外条款的分析和中国国际投资协定中例外条款的构建和完善提供了研究基础。

(2)案例分析法。对国际投资协定例外条款的研究应该是全面的，不仅需要对条款文本本身进行分析，还需要对仲裁实践中的具体案例进行分析。国际投资仲裁实践中发生了一些涉及例外条款的解释与适用的案例，研究仲裁庭对该条款的具体逻辑推理和价值判断是非常必要的。笔者不仅查找和分析了2000年至今的18个ICSID仲裁裁决，还研究了发生在UNCITRAL下的7个相关的投资仲裁案件。除此之外，贸易领域也涉及一些具体案件，其中专家小组对例外条款的解释与适用也阐发了一些推理过程与观点，且在实践中这些案件也在一定程度上被国际投资仲裁庭所参考和借鉴，因此本书也对7个相关的WTO案件有所涉猎。同时，在进行条款研究的必要情况下，笔者还翻阅与研究有关例外条款的5个ICJ案件和1个ECHR早期案件，为本书的写作提供了不同的案例裁判实践经验。

(3)比较分析法。不同国家和组织例外条款的缔约实践是有差别的，即是否规定例外条款以及规定何种例外条款的具体做法不同。本书在对各国和组织例外条款的缔约实践分析中，主要涉及对美国、加拿大、中国、东盟等主要国家和国际组织缔结的主要国际投资协定的分析：一是研究他们在一般例外条款、安全例外条款和金融服务例外条款方面的缔约立场和缔约现状；二是比较他们在具体条款构建中的文本差异。在对这些差异比较分析的基础上，结合中国具体情况和需求，为完善中国国际投资协定中的例外条款提供思路和方向。

(4)实证分析法。本书对中国国际投资协定中例外条款的整体评估是建立在对该条款的实证分析基础之上的，实证的数据源于中国商务部条法司对中国缔结的国际投资协定的汇总和条约文本记录。通过对中国对外缔结的124个双边投资条约和24个含有投资章节的FTA或其他协定的逐一筛查，最后统计得出只有20个左右的国际投资协定中包含不同种类的例外条款；接下来，再对这20个投资协定中的例外条款进行分类和比较，得出文中涉及的三类主要的例外条款的数量和具体条款内容。通过对中国国际投资协定中的例外条款进行了整体评估，认为中国的例外条款在条款数量、形式和内容三个方面均存在较大差异，存在一些整体性的问题和具体的技术性问题，并在以上实证分析基础上提出了中国国际投资协定例外条款的总体构建思路和具体的构建建议。

CHAPTER 01 >>

第一章

国际投资协定例外条款概论

在一系列国际投资协定及投资者—东道国仲裁案件中,如何处理好投资者保护与国家管理其本国内部事务权力之间的关系问题,近年来受到广泛重视。首先,国家有权力对其本国领土内的外国投资进行必要的管理,这种权力源于国家经济主权;其次,国家也有义务进行管理,这种义务则源于一些国内法和国际法的规定。[1] 因此,当国家出于维护自身利益的目的对外资进行管理并采取措施时,这些措施通常会对外国投资者的利益造成影响,而投资者极易根据两国签订的双边投资条约来起诉东道国要求经济赔偿,这就对东道国管理本国经济事务的权力提出挑战,从而使东道国一项正常的管制措施陷入被诉的局面。尤其是从 2000 年开始,国际上缔结的国际投资协定的数量有了显著增长,与此同时,投资者诉东道国的案件数量也大幅增加,其中众多案件都广泛涉及外国投资者对东道国正常管制措施的挑战。

根据联合国贸易和发展会议公布的国际投资争端统计数据,截至 2021 年 6 月,国际投资争端仲裁案件已累计

[1] See Mann H. ,Investment Agreements and the Regulatory State: Can Exceptions Clauses Create a Safe Haven for Governments? Background Papers for the Developing Country Investment Negotiators' Forum,Singapore,2007.

1151起(自1987年以来),2015年和2018年均达到历史最高纪录86起(2021年仅统计1~6月数据,见图1-1)。[1] 裁决东道国赔偿投资者的经济数额也在不断增长,有些案件的单独赔偿数额竟高达数十亿美元,这对任何一个国家政府财政来说都是一笔不容小觑的数目。[2]

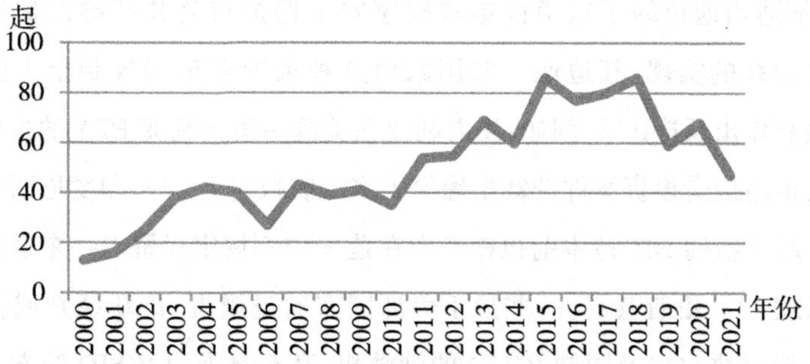

图1-1 2000~2021年国际投资争端案件数量统计

从图1-1可以明显看出,近二十年,国际投资争端仲裁案件数量屡屡攀升,尤其是2010~2018年,投资者—东道国争端案件激增,创历史新高。具体到仲裁实践中,在ICSID和NAFTA下就发生了一系列涉及东道国环境保护、自然资源保护及公共卫生健康保护等领域的公共利益的案件。[3] 而仲裁庭对东道国的一项正常外资管制措施如何裁定,在实践中具有极大的不确定性,并且在众多案件中,仲裁庭基于国际投资协定保护投资的缔约目的和宗旨,将投资者利益置于东道国利益之上,认定东道国采取的管制措施

---

〔1〕 参见联合国贸易和发展会议统计数据,investment policy hub,载 https://investmentpolicy.unctad.org/investment-dispute-settlement,最后访问日期:2021年6月28日。

〔2〕 例如,在2012年10月 *Occidental v. Ecuador* 案件中,仲裁庭判令厄瓜多尔政府赔偿投资者的数额竟然高达17亿美元;又如,在2014年 *Yukos v. Russia* 案件中,海牙国际常设仲裁庭裁决俄罗斯赔偿投资者500亿美元,这也是迄今为止仲裁庭裁决东道国赔偿数额最高的一起案件。

〔3〕 下述这些案件就涉及东道国公共利益保护领域:Grand River Enterp. Six Nations, Ltd. v. United States, UNCITRAL, Decision on Jurisdiction, 20 July 2006; Glamis Gold v. United States, UNCITRAL, Award, 8 June 2009; Metalclad Corp. v. Mexico, ICSID Case No. ARB(AF)97/1, Award, 30 August 2000; S. D. Myers v. Canada, ICSID Report, 13 November 2000; Methanex Corp. v. United States, Award, 3 August 2005; Aguas del Tunari S. A. v. Bolivia, ICSID Case No. ARB/02/3, Decision on Jurisdiction, 21 October 2005; Azurix Corp. v. Argentina, ICSID Case No. ARB/1/12, Award, 14 July 2006; Biwater Gauff Ltd. v. Tanzania, ICSID Case No. ARB/05/22, Award, 24 July 2008; Vattenfall et al. v. Federal Republic of Germany, ICSID Case No. ARB/09/6, 17 April 2009。

违反投资协定义务，裁决东道国承担赔偿责任，其结果是对东道国的规制权造成极大的负面影响。

正是由于国际社会深刻地认识到投资自由化不应以牺牲东道国国内安全及公共利益为代价，以及投资仲裁实践所引发的对东道国规制权的侵蚀，不适当地束缚了东道国追求国家安全保护与公共利益保护等可持续发展目标的实现，其迫使一些国家对这种束缚东道国规制权力的国际投资法制作出反应。[1] 例如，澳大利亚在美国—澳大利亚 FTA 的投资章节中直接拒绝接受投资案件仲裁来确保国家规制权自由。[2] 印度尼西亚政府在决定起草新的 BIT 范本前也曾考虑在范本中不规定投资者—东道国争端解决条款。[3] 更有甚者，一些拉丁美洲国家通过谴责、重新谈判或拒绝签订国际投资协定以及限制 ICSID 的管辖权，甚至是退出 ICSID 的方式实现自己的目的。与此同时，另有一些国家通过在其双边投资条约中引入例外条款的机制，确保投资者利益与东道国利益保护之间的平衡。[4]

第一节　国际投资协定例外条款的概念

对于法律规则的例外规定在各个领域的法律体系中都有所体现，尤其

---

〔1〕 参见刘京莲：《从“利益交换”到“利益平衡”——中国双边投资条约缔约理念的发展》，载《东南学术》2014 年第 3 期；Mantilla Blanco S. & Pehl A., *National Security Exceptions in International Trade and Investment Agreements: Justiciability and Standards of Review*, Springer, 2020, p. 63 – 69。

〔2〕 See Dodge W., Investor-State Dispute Settlement between Developed Countries: Reflections on the Australia-United States Free Trade Agreement, *Vanderbilt Journal of Transnational Law*, 2006, 39(1), p. 1 – 37.

〔3〕 See Sefriani, The Urgency of Non-Precluded Measures Clause in Indonesian Bilateral Investment Treaty, *Padjadjaran Journal of Law*, 2019, 6(2), p. 233 – 253.

〔4〕 这些国家还针对引入例外条款所引发的条约义务范围的争论进行了专门解释，从更细节的层面来明确其承担的义务范围以避免仲裁庭的过度裁判。例如，在 NAFTA 下，NAFTA 委员会曾专门发布了一个解释（Notes of Interpretation of Certain Chapter 11 Provisions）来明确其成员方承担的义务问题，而阿根廷和巴拿马政府为了申明最惠国条款不适用于争端解决机制，还曾专门交换过外交照会。参见梁丹妮：《国际投资协定一般例外条款研究——与 WTO 共同但有区别的司法经验》，载《法学评论》2014 年第 1 期。

是在国际贸易法领域有一个很显著的现象,即WTO体制中很多法律文件都规定了大量的例外条款。因为WTO的一系列规则需要在主权国家之间进行适用,而主权国家享有主权权力,自由贸易规则需要为主权权力开辟一系列的例外规则,才能保障WTO体制顺利运行。

而在国际投资法领域,例外条款并不是国际投资协定中的必备条款,其只存在于一部分国际投资协定中。然而,自20世纪90年代以来,国际投资协定的数量大幅增长。联合国贸易和发展会议公布的数据显示,截至2021年6月,国际投资协定的数量已达到3364个,其中已签订的双边投资条约为2844个,其他包含投资章节的国际条约为420个。[1] 近年来,随着国际社会对可持续发展理念的关注以及对维护国家未来政策空间的回应,国际投资协定中开始越来越多地引入各类例外条款。这些例外条款不仅确认了缔约方对条约既定规则的认可和接纳,也成为一种降低条约不符措施引起风险的"安全阀"。[2]

国际投资协定中的例外条款又称为"逃避条款"、"免责条款"或"非排除措施条款"(Non-Precluded Measures Provisions)。在国际投资协定缔约实践中,有关例外条款的一个较为典型规定,可见2014年中国—加拿大BIT第33条,该条较为详尽地规定了各类例外条款,其规定(仅节选部分内容作简要示例)如下:

> 第33条　一般例外:
>
> 二、只要相关措施不以武断或不合理之方式适用,或不构成对国际贸易或投资之变相限制,本协定中任何规定均不得被理解为阻止缔约方采取或维持下述措施,包括环境措施:
>
> (一)确保遵守与本协定条款无不一致的法律法规所必要的措施;

---

〔1〕 参见联合国贸易和发展会议统计数据,载http://investmentpolicyhub.unctad.org/IIA,最后访问日期:2021年6月28日。

〔2〕 See Henckels C.,Permission to Act:The Legal Character of General and Security Exceptions in International Trade and Investment Law,*International & Comparative Law Quarterly*,2020,69(2).

(二)保护人类、动物或植物生命或健康所必要的措施;或

(三)与保护有生命或无生命的可耗尽自然资源相关的措施,如果此类措施与限制国内生产或消费的措施同时有效实施。

三、本协定中任何规定均不得被理解为阻止缔约方基于审慎原因采取或维持的合理措施,例如:

……

五、本协定中任何规定均不得被理解为:

(一)要求缔约方提供或允许获得其认定披露后将违背其根本安全利益的信息;

(二)阻止缔约方采取其认为保护其根本安全利益所必要的任何如下措施:

……

关于例外条款的概念,不同学者给出的表述有所不同。陈安教授最早在论 ICSID 体制四大"安全阀"问题时,对国际投资协定中的例外条款问题就已有重点关注,虽然其在文中并未给出例外条款的具体概念,但研究其有关该条款的表述,可以总结出他所认为的例外条款,是一种保留东道国可以调整政策、加强管理本国国民经济的自主权力,并在必要时有权基于公共利益考虑对本国境内外国直接投资实行管制,以做到"有言在先",以免事后被指责为"违反国际投资协定"的条款。[1] 另外,国内也有学者认为,例外条款可以使东道国在面临严重的经济、社会甚至政治危机或为了其经济的可持续发展和人民福祉时,能够采取必要的管理措施维护其根本安全利益或公共利益,而不承担违反条约义务的法律责任。[2] 还有学者认为,所谓例外条款是能够在一定条件下排除东道国行为违法性的条款,是一种保险机制,有"安全阀"的作用。[3]

---

〔1〕 参见陈安:《区分两类国家,实行差别互惠:再论 ICSID 体制赋予中国的四大"安全阀"不宜贸然全面拆除》,载《国际经济法学刊》2007 年第 3 期。

〔2〕 参见余劲松:《国际投资条约仲裁中投资者与东道国权益保护平衡问题研究》,载《中国法学》2011 年第 2 期。

〔3〕 参见刘京莲:《国际投资条约根本安全例外条款研究》,载《国际经济法学刊》2010 年第 1 期。

国外学者对例外条款也并未提出一个专门性概念,但通过他们对于该条款的相关阐述,可以总结得出:例外条款是一种允许东道国在必要的情况下采取一些可能违背投资协定义务的措施,追求特定的公共政策目标,如保护国家根本安全、维护公共秩序,或者应对公共健康突发事件,并且在特殊情况下得以限制投资者保护义务范围的条款。[1] 另外,也有国外学者认为,例外条款是一种允许缔约方合法地针对某一具体的管制目标采取措施的条款,尽管这些措施可能与该缔约方承担的对投资者的实体性条约义务不符。[2] 同时,还有学者表达了其对例外条款的理解,即在遵守某一或某些条约义务可能导致与该协定明确认可的重要政策目标不符的情况下,豁免缔约方承担的此类条约义务的条款。[3]

国内外学者对例外条款的不同表述和理解反映出一个关于例外条款的基本问题,即例外条款究竟是一种限制或免除条约义务的条款还是一种违反条约义务之后的责任抗辩条款?或在例外条款适用中,是否存在违法性的国家行为?大多国内学者对例外条款的理解是一种在特定情况下能够排除国家行为违法性的条款,也即倾向于认为其是一种违反条约义务后的国家责任抗辩条款;而国外学者似乎更倾向于认为,例外条款是一种首先通过限制或免除条约义务进而允许东道国采取与条约义务不符的措施的条款。例外条款发挥其规则效应的机制究竟为何,对于后文研究例外条款的适用及条约例外与国际习惯法下的国家责任抗辩之间的关系具有重要的实践意义。

例外条款在投资协定中通常被规定为“此协定任何规定不得被解释为阻止缔约一方采取或维持下列措施……”等,也即如果东道国采取的措施被

---

〔1〕 See Burke-White WW & Staden AV, Investment Protection in Extraordinary Times: The Interpretation and Application of Non-Precluded Measures Provisions in Bilateral Investment Treaties, *Virginia Journal of International Law*, 2008, 48(2), p. 307 - 410.

〔2〕 See Henckels C., Scope Limitation or Affirmative Defence? The Purpose and Role of Investment Treaty Exception Clauses, in Bartels L. & Paddeu F. eds., *Exceptions in International Law*, Oxford University Press, 2020, p. 363 - 374.

〔3〕 See Spear SA, The Quest for Policy Space in a New Generation of International Investment Agreements, *Journal of International Economic Law*, 2010, 13(4), p. 1037 - 1075.

涵盖在例外条款规定的范围内,那么此时条约义务便不能适用。[1] 从这个角度来看,例外条款限制了条约实体性义务的范围,或者说是预先将某一类国家行为从条约实体性投资保护义务的范围内排除,而并不是在国家行为违反条约义务后,通过例外条款的适用将此类国家行为的违法性予以排除。

也就是说,东道国的行为在适用例外条款的情况下不存在行为违法性问题,并不是因为在此种情况下东道国违反条约义务的违法性行为被合理化,而是因为条约义务首先并不适用于此种情况,即根据条约规定,例外条款将东道国为了追求合理的国家安全利益或公共政策目标所采取的行为从其承担的条约实体性义务中予以免除。在例外条款存在的情况下,国家实施的特定行为或措施属于投资协定事先允许实施的行为和措施,对于这一类国家行为和措施,投资协定中的投资保护义务并不适用,国家行为因此也并不触犯或违反任何条约义务或规定,故而也就不存在任何违法性的国家行为,就避免了任何可能的国家责任的发生。

因此,通过例外条款在投资协定中的具体措辞和表述可知,例外条款被引入投资协定的初衷便是向仲裁庭明确东道国享有例外条款规定范围内的规制权自由,如果将例外条款理解为抗辩性条款,就与此初衷相悖。[2]

第二节　国际投资协定例外条款的种类

关于国际投资领域例外条款的种类问题,实践中划分并不一致,下面分别从学术界角度和条约实践角度两个方面来介绍例外条款的种类。

---

〔1〕 See Newcombe & Paradell, *Law and Practice of Investment Treaties: Standards of Investment Protection*, Brill, 2009, p. 482; Giorgio Sacerdoti, The Application of BITs in Time of Economic Crisis: Limits to their Coverage, Necessity and the Relevance of WTO Law, in Sacerdoti ed., *General Interests of Host States in International Investment Law*, Cambridge University Press, 2014, p. 3, 11.

〔2〕 See Henckels C., Scope Limitation or Affirmative Defence? The Purpose and Role of Investment Treaty Exception Clauses, in Bartels L. & Paddeu F. eds., *Exceptions in International Law*, Oxford University Press, 2020, p. 363 – 374.

一、学术界的划分

有些学者认为,国际投资协定中的例外条款一般有两种类型,即一般例外和安全例外,而一般例外中则包括了国民待遇和最惠国待遇的例外规定。[1]

OECD 则将国际投资协定中的例外条款表述为三大类:第一类是国民待遇与最惠国待遇的例外;第二类是一般例外;第三类是国家例外。其中,一般例外指的是东道国为保护公共目标可以背离条约义务而采取或维持的相关措施,这些公共目标包括对人类生命的保护、可用竭的自然资源的维护、国家安全、金融部门的审慎监管措施等;同时,该类例外条款的措辞一般都是源于 GATT 第 20 条的一般例外条款、GATS 第 14 条和第 14bis 条以及 GATS 附件中的金融服务条款。另外,目前存在一种新的发展趋势是将环境关切与劳工问题也纳入例外条款中作为一种新型的例外规则,如 2012 年美国 BIT 范本第 12 条和第 13 条中最新完善的"投资与环境"及"投资与劳工"条款。[2]

也就是说,OECD 的例外条款是一种广义上的例外条款,实际上包括了我们通常所指的三大主要例外条款,并且也提及近些年环境与劳工政策和一般例外条款的关系问题。同时 OECD 的报告列举了另外一种例外,即国家例外,实质上指的是不符措施在国民待遇、最惠国待遇及履行要求中的适用例外问题。

单文华教授与 Gallagher 教授曾提出过一个中国的"和谐 BIT 范本",该范本中列举了五种类型的例外条款:第一种是"一般例外条款",该例外条款与 GATT 第 20 条和 GATS 第 14 条的模式基本相似;第二种是"安全例外条款",同 GATT 第 21 条和 GATS 第 14bis 条相似;第三种是"文化例外条款"(cultural exception),因为考虑到中国是一个有丰富历史文化和传统的国家,所以将文化例外包含进来,但是又规定文化例外不应影响协定双方根据国际法、国内立法或知识产权等相关法律享有的权利与承担的义务;第四种是

---

〔1〕 参见刘京莲:《国际投资条约根本安全例外条款研究》,载《国际经济法学刊》2010 年第 1 期。

〔2〕 See Houde MF, Novel Features in Recent OECD Bilateral Investment Treaties, edited in International Investment Perspective, Paris, OECD, 2006, p. 143 – 181.

金融服务例外条款;第五种则是关于税收方面的例外。[1]

二、条约实践中的划分

在条约实践中,例外条款通常有三种,分别为一般例外条款(General Exception Provisions)、安全例外条款(Security Exception Provisions)和金融服务例外条款(Prudential Measures Provisions or Financial Prudence Provisions)。虽然有些投资协定中仅包含了一般例外和安全例外,但却把通常的金融服务例外、人类文化遗产保护例外等公共政策目标内容统统包含在一般例外条款中。[2] 当然,还有一些国际投资协定仅仅规定了一般例外条款,而这种一般例外条款通常会包括上述提到的几乎所有的例外内容,当然也包括安全例外。[3] 另外,关于金融服务例外条款,在条约实践中该条款也常被称为"审慎措施条款"(Prudential Measures Provisions)"金融部门审慎措施条款""金融审慎措施条款",本书则统一称其为金融服务例外条款。

第三节　国际投资协定例外条款的条约实践

相对来说,包含安全例外条款的国际投资协定比较多见,而包含一般例外条款的则较少,甚至在大部分旧的国际投资协定中没有包含任何例外条款,或者仅在有限的范围内承认排除在条约义务保护范围内的东道国管制措施,不过近年来各国缔结的新一代 BIT 或 FTA 中已频繁可见各类例外条款。

[1] See Shan WH & Gallagher N., *Chinese Investment Treaties: Policies and Practice*, Oxford University Press, 2009, p. 398 – 400.

[2] 例如,2005 年美国—澳大利亚 FTA 第 22.1 条和第 22.2 条、2010 年中国—东盟 FTA 第 16 条和第 17 条、2008 年中国—新西兰 FTA 第 200 条和第 201 条、2003 年新加坡—EFTA FTA 第 33 条和第 34 条、2003 年新加坡—澳大利亚 FTA 第 21 条和第 22 条、2009 年加拿大—EFTA FTA 第 22 条和第 24 条、2011 年哥伦比亚—EFTA FTA 第 4.15 条和第 4.16 条。

[3] 典型的如 2004 年加拿大 BIT 范本第 10 条的一般例外条款,该条款就包括了公共利益保护例外、根本安全利益保护例外、金融服务例外及文化产业例外。除此之外,2014 年中国—加拿大 BIT 第 33 条也包含了这样一种囊括所有例外内容的例外条款。

一、一般例外条款的条约实践

广义上的一般例外条款包含的内容很多，而通常的一般例外条款仅指狭义上的一般例外条款，即国家为了维护某些特定的社会公共利益（如环境保护、公共秩序、公共道德、人类或动植物生命健康的保护等）或者国内某些公共政策目标，而采取的减少或者免除其条约义务的条款。旧的国际投资协定中包含一般例外条款的并不多见，甚至在20世纪90年代以前的大部分国际投资协定中都没有包含任何种类的例外条款。例如，OECD曾发布过一份研究报告，对当时的1623个国际投资协定进行了研究，发现在这些投资协定中，仅有30个国际投资协定包含了一般例外条款，且这些一般例外条款均是基于GATT第20条设计的。[1]

在国际投资协定中引入一般例外条款是条约实践中新的发展趋势，其一般是和一些新的关切，如环境与劳工政策等问题联系在一起的。从2000年开始，越来越多的国家和组织，如中国、日本、新加坡、东盟等，在缔结新的国际投资协定时，都开始在其投资协定中引入一般例外条款。尤其是中国近几年缔结的国际投资协定更能反映出对一般例外条款的青睐，如2010年中国—东盟FTA、2014年中国—日本—韩国TIA、2015年中国—澳大利亚FTA以及2015年中国—韩国FTA等，更是无一例外地纳入了一般例外条款。这些一般例外条款，也大都借鉴WTO体制内的一般例外条款，即GATT第20条或者GATS第14条的模式。[2] 同时还存在一些国际投资协定，如2006年日本—

〔1〕 See Gordon K. & Pohl J., Environmental Concerns in International Investment Agreements: a survey, OECD Working Papers on International Investment, 2011.

〔2〕 GATT第20条的规定如下：Subject to the requirement that such measures are not applied in a manner which would constitute a means of arbitrary or unjustifiable discrimination between countries where the same conditions prevail, or a disguised restriction on international trade, nothing in this Agreement shall be construed to prevent the adoption or enforcement by any contracting party of measures: (a) necessary to protect public morals; (b) necessary to protect human, animal or plant life or health; (c) relating to the importations or exportations of gold or silver; necessary to secure the compliance with laws or regulations which are not inconsistent with the provisions of this Agreement, including those relating to customs enforcement, the enforcement of monopolies operated under paragraph 4 of Article II and Article XVII, the protection of patents, trade marks and copyrights, and the prevention of deceptive practices。

马来西亚FTA和2015年中国—韩国FTA甚至规定将GATT和GATS中的一般例外条款直接作为本协定的一个组成部分。[1]

(一)GATT与GATS对一般例外条款的条约实践

在WTO体制内存在众多复杂分散的例外条款,其中的一般例外条款最引人关注,它允许WTO成员方为了维护自己的社会公共利益(如公共秩序、公共道德、环境保护、人类健康及生命的保护等),采取背离WTO规则的措施。也就是说,WTO成员方在维护自己社会公共利益的目的下,可以一般例外条款为依据,减少或者免除其承担的WTO义务。

GATT第20条规定了多达十款例外内容,分别包括保护公共道德、人类及动植物生命健康、可用竭的自然资源等,清楚地列明了一般例外条款所保护的相关政策目标。要成功援引该条款,需要符合严格的限定条件:首先,该条款的序言部分规定,措施的采取须在相同条件下不能构成武断的、不正当的歧视,或者是对贸易的变相限制,这是援用一般例外条款的一般前提;其次,援用该条款须是出于保护社会公共利益的需要,即须符合其之后列举的十项具体规定;最后,须证明措施的采取是必要的(necessary)。在WTO一般例外条款中,出现频率最多的就是"必要的"一词,WTO成员方要成功援引一般例外条款,除了要符合上述限定条件外,最重要的问题是如何证明采取的措施对协定所承认的政策目标是必要的。

GATS第14条也包含了一般例外条款,其与GATT第20条相比大同小异,前言部分的措辞也几乎一致,都规定了相同条件下不能构成武断或者不正当的歧视,或者构成对贸易的变相限制。但值得注意的是,GATS第14条并没有包括对自然资源保护的例外,这可能是由于GATS主要规定服务贸易的市场准入问题,并不涉及自然资源保护的问题,因此并未将自然资源保

[1] 2006年日本—马来西亚FTA第10条的一般和安全例外(General and Security Exception)条款规定:(1) For the purposes of Chapters 2,3,4,5,6 and 7 other than Article 82,Articles XX and XXI of the GATT 1994 are incorporated into and form part of this Agreement, mutatis mutandis; (2) For the purposes of Chapter 7 other than Article 82 and Chapter 8, Articles XIV and XIVbis of the GATS are incorporated into and form part of this Agreement, mutatis mutandis。

护的例外纳入其一般例外范围。

(二)国际投资协定对WTO一般例外条款的借鉴和发展

自20世纪90年代以来,国际社会开始着手改革国际投资保护制度以平衡投资者利益保护与东道国规制权两者的关系,越来越多的新一批国际投资协定中开始引入一般例外条款,以便缔约一方在特定的情况下为了追求本国国内的某些重要的公共利益目标可以采取暂时背离其承担的条约义务的措施。其中,绝大部分一般例外条款是在GATT第20条或者GATS第14条中的一般例外条款的基础上稍作修改演变而来,典型代表是加拿大,其在20世纪80年代早期的条约实践中并未包含任何种类的例外条款,然而自20世纪90年代以来,加拿大在签订国际投资协定时逐渐开始引入一般例外条款,如1995年加拿大—乌克兰BIT第17条、1999年加拿大—乌拉圭BIT附件一的规定等。同时,在NAFTA的影响下,加拿大也开始调整本国的双边投资条约范本,其2004年BIT范本第10条中就包含了一个非常典型的一般例外条款,条款的措辞也极尽详细。[1] 该范本第10条的结构和GATT第20条基本一致,由前言和若干分条款组成,前言部分也规定了"不得构成武断的或不合理的歧视"及"变相的限制",具体条款中同样规定了公共利益的一般内容,包括保护人类及动植物生命健康、法律法规的遵守及可用竭的自然资源的保护,同时它还规定了文化产业投资例外以及国际和平与安全义务的例外。当然,与GATT第20条稍微不同的地方在于,2004年加拿大BIT范本中的一般例外条款将采取措施的"必要性"要求放在了该条款的前言部分,可以看出其似乎更加强调采取措施的"必要性"这一内在要求。

---

〔1〕 2004年加拿大BIT范本第10条规定(节选七段中的第一段部分原文)如下:Subject to the requirement that such measures are not applied in a manner that would constitute arbitrary or justifiable discrimination between investments or between investors, or a disguised restriction on international trade or investment, nothing in this Agreement shall be construed to prevent a party from adopting measures necessary: (1) to protect human, animal or plant life or health; (2) to ensure compliance with laws and regulations that are not inconsistent with the provision of this Agreement, or (3) for the conservation of living or non-living exhaustible natural resources。

2012年美国BIT范本第8条履行要求条款中的第3款(c)项中也包含了一般例外条款,其措辞也是基于GATT第20条的规定,但该一般例外条款的规定似乎仅与履行要求相联系,并且明确将与履行要求相关的环境措施也包括在内。同时,2018年11月30日签订的USMCA是目前美国在国际贸易投资领域最新的条约实践。其中第30章第1款规定了专门的一般例外条款,但基本还是概括性援引了GATT第20条和GATS第14条的规定,并且条款不是全部适用于整部协定,只适用于个别章节;在第14章投资章节第10条的履行要求条款中,也可以看到一般例外条款的相关内容,可见,该一般例外也仅适用于与履行要求相关的情况。同时,东非和南非国家的区域投资促进协议中也包含一般例外条款,但是《东南非共同市场共同投资区协议》第22条较GATT第20条的措辞稍有不同,其采用的是"designed and applied"而不是"necessary for"来规定为追求特定政策目标而采取的措施。

通过上述分析可以看出,在很多国家的投资协定体系中,仅有少数协定包含一般例外条款,大部分并没有包括一般例外条款,而且各国在起草签订新的国际投资协定时,引入一般例外条款的做法并不一致。所以,虽然越来越多的国家开始青睐一般例外条款,但由于国际投资协定基数庞大,包含一般例外条款的国际投资协定并不多。

二、安全例外条款的条约实践

安全例外条款是国际投资协定中的重要条款之一,它允许东道国在特定情况下,为维护本国的根本安全利益采取措施排除危机或者违反其承担的条约义务,甚至采取损害投资者利益的措施,为东道国行使规制权留下了较大空间。

(一)美国的条约实践

美国是全球最青睐安全例外条款的国家之一,自第二次世界大战以来,其对外签订的所有FCN及BIT中都包含了安全例外条款,只是其早期的安全例外条款还不具有自裁决性质。[1] 2012 年美国 BIT 范本第 18 条是关于其安全例外条款最典型的规定。

同时,OECD 曾在其发布的一份研究报告中对 43 个国家缔结的双边投资条约进行了研究并得出:美国是一个对安全例外条款非常坚持的国家,在其几乎所有的国际投资协定和自由贸易协定中均可见安全例外条款的身影,1982 年美国与巴拿马签订了其历史上第一个 BIT,该 BIT 中就已包含安全例外条款,在之后签订的每一个 BIT 中,安全例外条款成为必备条款。[2]

另外,NAFTA 第 2102 条也包含了一个安全例外条款,该条款不仅适用于其专门的投资章节,也适用于整个 NAFTA。[3] 同时,该协定中的安全例外条款采用了"其认为必要的措施"的措辞,是一个典型的自裁决性质的条款。而 2018 年 11 月签订的 USMCA 取代了 NAFTA 的位置,成为美墨加三国之间新的贸易投资协定,其中第 32 章第 2 条的安全例外条款也基本沿用了 NAFTA 中的措辞和模式。

(二)中国的条约实践

中国早期的双边投资条约实践中只有极少数协定规定了安全例外条款。[4] 如今的中国经济快速发展,投资活动也日益活跃,而安全例外条款的缺失必然会带来潜在的风险。虽然中国早期的 BIT 范本[5]中并未包括任

---

[1] 例如,1953 年美国—日本 FCN 第 21 条。

[2] 该报告研究了 2007 年之前美国缔结的 46 个双边投资条约。报告中涵盖的美国自由贸易协定包括了与澳大利亚、巴林、智利、中美洲和多米尼加共和国、以色列、约旦、摩洛哥、阿曼和新加坡签订的自由贸易协定。

[3] NAFTA 第 2102 条安全例外条款具体规定如下:Subject to Articles 607 (Energy-National Security Measures) and 1018 (Government Procurement Exceptions), nothing in this Agreement shall be construed: (a) to require any Party to furnish or allow access to any information the disclosure of which it determines to be contrary to its essential security interests; (b) to prevent any Party from taking any actions that it considers necessary for the protection of its essential security interests... (c) to prevent any Party from taking actions in pursuance of its obligations under the United Nations Charter for the maintenance of international peace and security。

[4] 例如,1986 年中国—新加坡 BIT(已终止)第 11 条、1987 年中国—斯里兰卡 BIT 第 11 条、1989 年中国—新西兰 BIT 第 11 条、1997 年中国—毛里求斯 BIT(已终止)第 11 条。

[5] 关于中国是否存在一个双边投资条约范本的问题还存在争论,但 Chester Brown 在其著作中则提及了"中国的 BIT 范本"的概念并认为中国存在一个 BIT 范本。

何种类的例外条款(无论是一般例外还是安全例外),但是后来缔结的一些新的自由贸易协定中却可见安全例外条款。[1] 中国近年来的条约实践表明,该条款正在朝着条约必备条款的方向发展,21 世纪以来中国对外签订的绝大多数 FTA 中都包含了安全例外条款。[2]

(三)其他国家和组织的条约实践

第一个包含安全例外条款的 BIT 是 1959 年德国与巴基斯坦缔结的,之后德国在其绝大多数 BIT 中都沿用了该条款。OECD 曾发布过一份研究报告,报告针对一些国家的国际投资协定进行了充分研究并发现一些国家的国际投资协定中从未包含安全例外条款,如爱尔兰、巴西、意大利和希腊等;同时另一些国家在其大部分国际投资协定中都规定了安全例外条款,如印度、德国。[3] 20 世纪 90 年代以印度为代表缔结的国际投资协定,通常将安全例外条款设置在"禁止与限制"条款中。[4] 不过 2000 年以后印度缔结的 BIT 就已将"禁止与限制"条款变为"安全例外"条款。[5]

以加拿大为代表缔结的国际投资协定中多包含一般例外条款,这种一般例外是广义的例外条款,其中涵盖了安全例外的内容,条款也基本与其 BIT 范本保持一致。同时,在另一些国际投资协定中也可见安全例外条款,例如,《能源宪章条约》第 24 条和 GATS 第 14bis 条。又如,韩国在以往的缔约实践中并不存在安全例外条款,自从 2003 年韩国—日本 BIT 中首次纳入安全例外条款后,韩国在其后来缔结的 BIT 中也开始陆续规定

---

〔1〕 See Brown C., *Commentaries on Selected Model Investment Treaties*, Oxford University Press, 2013, p. 180.

〔2〕 例如,2006 年中国—智利 FTA 第 100 条、2008 年中国—新西兰 FTA 第 201 条、2010 年中国—东盟 FTA 中的投资章节第 16 条和第 17 条、2010 年中国—秘鲁 FTA 第 194 条、2011 年中国—哥斯达黎加 FTA 第 160 条、2014 年的中国—日本—韩国 TIA 第 18 条以及 2015 年中国—韩国 FTA 第 12.14 条。

〔3〕 See Yannaca-Small K., Essential Security Interests under International Investment Law, edited in International Investment Perspective, Paris, OECD, 2007, p. 93 – 134.

〔4〕 例如,1998 年印度—德国 BIT 第 12 条和 2000 年印度—澳大利亚 BIT 第 15 条。

〔5〕 例如,2008 年印度—墨西哥 BIT 第 31 条。

了该条款。[1]

另外,含有安全例外条款的BIT范本主要包括:2003年印度BIT范本、2004年加拿大BIT范本、2005年德国BIT范本以及2012年美国BIT范本。法国和英国的BIT范本是两个典型的例外,其BIT范本中不包括任何安全例外条款。

三、金融服务例外条款的条约实践

如今国际金融领域两大主要趋势莫过于金融自由化和金融一体化,而在国际投资领域,降低外国金融投资准入条件和逐渐减少对其经营限制则是实现金融自由化和金融一体化的必要条件和显著特征,但这却使东道国国内的金融安全受到了很大程度的威胁。因此,一些晚近的国际投资协定中出现了有关"金融服务例外"的内容。

(一)美国的条约实践

美国的金融市场可谓是全球最开放的金融市场之一,其金融监管体系相较于其他国家来说也更为完备。作为监管者,如何避免和解决与外国金融投资者产生争端也是金融审慎监管的重要问题。为此,美国通过在授予外国投资者金融服务行业市场准入的同时,在其国际投资协定中规定金融服务例外条款来解决这个问题。美国早期BIT范本的附件中,就以清单的形式列举了排除适用国民待遇和最惠国待遇的金融服务部门,如1984年美国BIT范本将银行业和保险业排除在国民待遇的适用范围之外,1994年范本又将证券业排除在外。

2004年美国BIT范本第20条的"金融服务"条款则是首次将金融审慎监管例外规定在协定的正式条款中,并且规定了特殊的争端解决方式以及严格的透明度要求。具体而言,该范本第20条大体上包括以下几个部分:

---

〔1〕 See Lee J., The Coronavirus Pandemic and International Investment Arbitration: Application of "Security Exceptions" Clauses in Investment Agreements, *Contemporary Asia Arbitration Journal*, 2020, 13 (1), p. 185 – 203.

第1款规定了“审慎例外”，即出于审慎原因采取的一系列措施的相关规定；第2款规定了“货币信贷政策例外”；第3~5款主要规定了涉及前述两个例外的争议解决程序；第6款规定了“透明度”的问题；第7款是附则，主要是对“金融服务”含义的界定，并且还提到该“金融服务”的概念应与GATS“金融服务附件”第5(a)条中的“金融服务”具有相同的含义。

2012年美国BIT范本第20条也是有关“金融服务”的规定，该条对2004年范本第20条作了一些补充和修改。在正文部分对第3款第3项和第5项增加了新内容，在第6款“透明度”规定部分增加了第3项，并且还在2004年范本原有7个条款的基础上增加了第8款，主要是为了强调东道国在金融服务方面的规制权力和自由，同时还设置了一定的限制。另外，脚注部分的“审慎原因”的范围也有所扩大，增加了“维护支付和清算制度的安全和金融、运作的完整性”。对于这方面内容的加强或许能为界定“审慎措施”提供更有效的指引。

(二)中国的条约实践

中国的条约实践中对于“金融服务例外”条款的规定主要借鉴了美国BIT范本、NAFTA以及GATS中的相关规定。截至目前，在中国缔约实践中，仅2008年中国—新西兰FTA第203条中含有金融服务例外的相关内容、2009年中国—东盟FTA第16条、2010年中国—秘鲁FTA第197条、2013年中国—哥伦比亚BIT第13条、2014年中国—日本—韩国TIA第20条和2014年中国—加拿大BIT第33条。其中，中国与东盟签订的FTA中没有具体规定金融服务例外条款，但是却以纳入GATS相关规定的方式概括性援引了其中的金融服务例外条款。〔1〕

另外，2014年中国—加拿大BIT第33条的“一般例外”条款第3款和第4款也规定了“金融服务例外”的内容，该条一般例外条款实际上包含了很多内容，包括安全例外、金融例外、文化产业例外以及一般例外的全部内容，

〔1〕 参见2009年中国—东盟FTA第16条第2款。

2014年中国—日本—韩国TIA第20条也有关于金融审慎措施的规定,这两个协定在规定“金融审慎措施”时的用词与美国BIT范本基本相同。然而不同的是,美国BIT范本对“金融服务”条款规定了详尽的争端解决程序,而中国的条约实践中则很少有如此详细的争端解决条款。

(三)其他国家和组织的条约实践

除美国BIT范本外,2004年加拿大BIT范本第10.2条也率先对金融服务例外问题作出规定。但与美国的做法不同,加拿大将金融审慎监管例外规定在“一般例外”条款中。除此之外,典型的条约实践还包括NAFTA第14章的金融服务条款、USMCA第17章金融服务章节中第11条的金融例外条款以及GATS的“金融服务附件”。欧盟对外签署的FTA中也包含金融服务例外条款,与美国不同,欧盟的金融例外条款通常列举了三项审慎原因,即在美国列举的两项之外,增加了“为维护金融机构的安全、稳定、完整或其财务责任”。

第四节　国际投资协定例外条款的理论基础

在国际投资协定中的例外条款主要是为了平衡东道国与投资者之间的利益,也是维护东道国的政策空间的需要。然而,例外条款之所以被国际社会用来应对国际投资法制发展的这一现实需求,是因为其背后存在一系列理论的支持,正是这些理论保证了例外条款在国际投资协定中存在的正当性与合理性。

一、国家经济主权原则

国家主权原则一直是国际法中最基本的原则,是国家能够独立自主地处理其对内和对外事务的最高权力。国家主权主要包括国家的政治、经济和文化等方面的主权,即国家经济主权则是国家主权在经济领域的表现形式。姚梅镇教授在其《国际投资法》一书中较早使用了"经济主权原则"一词,并将经济主权原则表述为"国家对自然资源永久主权的原则就是国家经济主权原则在国际经济法上的具体体现,这个原则特别表现为国家对国有化的权力"[1]。余劲松教授等在其《国际经济法》一书中将国家经济主权表述为"国家对其自然资源享有永久主权,国家有权对其境内的外国投资以及跨国公司的活动进行管理和监督,国家有权将外国财产收归国有或征收"[2]。

(一)国家经济主权原则的起源与主要内容

国家经济主权原则发端于第二次世界大战后经过民族解放运动独立的国家,这些国家历史上长期处于被统治、被殖民的地位,极度渴望获得民族独立以及拥有国家主权。在解放后取得了名义上的政治独立与政治主权,但其国家的重要自然资源和经济命脉却仍然掌握在殖民者手中,他们在国际场合一再强调和主张在经济领域应享有独立自主的权力,强烈呼吁国际社会确立各国应享有独立的国家主权与经济主权。

国家经济主权原则的具体内容主要存在于一些联合国大会的决议及相关条约中。1962年联合国大会通过的《关于自然资源之永久主权宣言》确立了国家对其境内自然资源的永久主权;随后,1974年《关于建立新的国际经济秩序宣言》确立了国家对其自然资源和境内的经济活动的永久主权。同年通过的《各国经济权利和义务宪章》则正式确立了国际经济主权原则。[3]根据该宪章确立的国家经济主权原则,一国的经济主权包括了国家对其经济事务的自主权、对其国内自然资源的永久主权、对外国投资的监督管理权及对国际经济事务的平等参与和决策权。《各国经济权利和义务宪章》还规定了国家经济主权中应当包含的其他的具体的国家经济权利,其中就

---

〔1〕 姚梅镇:《国际投资法》(第3版),武汉大学出版社2011年版,第16页。

〔2〕 余劲松、吴志攀主编:《国际经济法》(第2版),北京大学出版社、高等教育出版社2005年版,第23页。

〔3〕 See United Nations, Charter of Economic Rights and Duties of States, A/RES/29/3281, 12 December 1974.

包括国家对其境内外国投资进行管理的权利、对跨国公司进行管理和监督的权利以及进行国有化的权利等。

国家享有的上述这些权利是经济主权概念的应有之义,从其实质内容来看,包括国家经济主权对内和对外效力两个方面的内容:对内是经济事务自主权、自然资源永久主权和对外资的监管权;对外则体现在国际社会中对全球经济事务的一种参与权和话语权。所以,东道国管理本国境内外国投资的行为正是其国家经济主权对内效力的充分体现。

(二)国家经济主权原则对例外条款的理论支持

国际投资协定中的例外条款为东道国提供了一种基于保护本国相关利益而对外国投资进行必要的监督和管理的可能,表面上是例外条款赋予了东道国此种权力。然而究其根本,任何一项投资,无论是外国投资还是本国投资,国家都有权力对其境内的这些投资活动进行必要的规制和管理,这种规制和管理权力实质上源于国家经济主权原则,因为联合国大会通过的《各国经济权利和义务宪章》明确了国家经济主权包括国家对其境内的外国投资和跨国公司活动进行监督和管理的权利。权利是一切的前提,国家经济主权原则首先肯定了这种权利的存在,为国家提供了管理其境内外国投资的权利,这是国际投资协定中例外条款得以适用的根本和前提,也是例外条款存在和适用的权力基础。

另外,国家经济主权原则本来强调一国不受任何外来因素的干涉而绝对享有对其经济事务的自主权,然而随着经济全球化的发展,各国在经济上相互依存的程度逐渐加深,全球贸易投资规则逐渐趋同,这对国家经济主权原则提出了新要求和新挑战,各国一味地强调独立自主地处理对内、对外经济事务已不合时宜。一国在参与世界经济的过程中,需要考虑参与各方权利义务的协调与平衡,这样才能使各国都能得到更好的发展。在国际投资领域,国家为了吸引外资,会对外国投资承诺给予全面的保护,因此为了互利共赢,不得不在投资协定中让渡一部分经济主权,对彼此的经济主权予以一定程度的限制。然而,如果在国际投资协定中对国家经济主权进行了不当的限制,就会对国家经济发展与公民福利等利益造成重大影响。国际社会也正是意识到国际投资协定可能会对国家的经济主权造成不当限制,所以才在国际投资法制中规定例外条款作为一种平衡考量,为国家管理本国领土内的经济活动提供必要的政策空间。因此,虽然国际投资协定和外国投资保护会对国家经济主权带来一定的冲击,但是国家为了保护其国家安全、自然资源环境和公共利益等,也有权对在其本国领土范围内从事的经济活动行使必要的规制和管理权,这也得到国际社会广泛认可。

二、利益平衡理论

(一)利益平衡理论的起源与主要内容

利益平衡理论源于20世纪初法理学中的利益法学学派(Interessen-jurisprudenz),其代表人物是德国法学家菲利普·赫克(Philipp Heck),利益法学是在反对“概念法学”的过程中应运而生的。概念法学学派是在1896年《德国民法典》颁布后处于支配地位的法学流派,然而赫克等一批年轻法学学者则认为概念法学一般将概念作为研究重点,其僵化不能适应社会的发展,应被一种更新的法学理论取代,利益法学就在这种背景下产生了。[1]

在利益法学中,利益是核心问题,其主张的利益是广义的利益,包含的内容非常广泛,包括个人利益、群体利益、公众利益、人类利益等,而利益则是法律产生的根源,利益以及对利益的衡量才是制定法律规则的最根本的要素。利益法学本质上属于一种法学研究方法,通过对利益的判断和平衡来对法律规则进行创建和调整。[2] 利益法学的核心思想认为利益是法律产生的根源,法律是保护利益的手段,法律的使命在于维护利益的平衡。[3] 同时,利益法学派中的利益平衡理论对法官的行为提出了要求,认为法官首先应该像立法者一样对利益作出界定,对利益冲突进行判决,因为立法者所做

---

〔1〕 参见杜江、邹国勇:《德国“利益法学”思潮述评》,载《法学论坛》2003年第6期。
〔2〕 参见吕世伦、孙文凯:《赫克的利益法学》,载《求是学刊》2000年第6期。
〔3〕 参见王晓燕:《国际私法的利益平衡论》,载《武大国际法评论》2006年第1期。

的利益衡量是优先于法官的个人评价的,因此对法官是有拘束力的。另外,因为法律规则存在缺陷和漏洞,因此法官不能完全依循法律规则的具体词句,而应从法律本身蕴含的利益要求出发进行法律逻辑的解释,对利益状况进行根本考量,去保护制定法认为应该保护的利益。[1]

综上所述,利益法学产生于《德国民法典》颁布之后,其主张的利益平衡理论在对各种需要同时考量的利益按照法律规则进行评价和权衡分析后,指导法官的司法实践,使其领悟法律规则中蕴含的利益选择和价值取向,摆脱了那种囿于形式的思维和呆板的法律逻辑概括方法,在很大程度上满足了社会的普遍需求。然而,利益法学虽然主张法律的首要任务就是利益平衡,但却没有提出应依据什么标准去进行利益的平衡和利益冲突的协调,因此也具有一定的不足。尽管如此,利益平衡理论的理论价值仍是值得肯定的,其明确了法律的一般性规则就是为了调整利益的格局,在总体上对利益进行分配,使潜在的利益失衡或利益冲突能够被控制在一个合理的范围内,从而实现法律的公平和正义价值。

(二)利益平衡理论对例外条款的理论支持

1. WTO 中的例外条款与利益平衡

WTO 是一个旨在促进多边贸易自由化的全球组织,而在实现自由贸易的过程中又会不可避免地出现各方的利益冲突,包括各成员方之间的利益冲突、自由贸易目标与成员方公共利益或国内政策之间的利益冲突等;而面对这些利益冲突,WTO 的法律规则和机制当然也具备利益平衡的价值功能,虽然其中的很多协定和法律规则在保障贸易自由化的同时,也对成员方维护自己利益的国家权力提出了挑战,但是 WTO 不是一个只强调成员方应遵守 WTO 的各项规定,无视成员方社会公共利益关切的多边贸易组织,而是一个同时包含了很多例外规则,允许成员方在特殊情况下违反其成员方义务,而得以采取措施维护本国国家安全利益和社会公共利益的贸易组织。

---

〔1〕 参见[德]菲利普·黑克:《利益法学》,傅广宇译,载《比较法研究》2006 年第 6 期。

WTO就运用其例外规则来进行这种利益冲突的协调和平衡,为成员方政府提供必要时违背特定贸易自由化承诺的途径,其在贸易自由和成员方利益之间建立了一种利益平衡,保障了WTO的正常运作。所以,WTO体制内的利益平衡主要是通过在其制度设计中规定各种例外规则来实现的。

2. 国际投资法制中的例外条款与利益平衡

在国际投资法制中,典型的利益类别包括外国投资者的利益和东道国的利益,这两个主体主要是通过彼此的条约法来规定和实现各自的利益诉求,而在达成这样一个条约法时,又要通过双方事先的共同协调来兼顾双方的利益和需求。但是在传统的国际投资法制中,更多的是规定东道国应承担的保护投资的义务,而缺乏对东道国主权国家合法权益的保护规定,即传统的国际投资法制在东道国和投资者之间的利益选择上更加倾向于保护投资者的利益,从而造成了一种利益的冲突和不对等,随之也带来了越来越多的问题。

与WTO等国际贸易协定相比,国际投资协定对一个主权国家的经济、社会及政治会产生更加深远的影响,而投资法制中的利益失衡问题却更为突出。如前文所述,国际投资协定似乎更加倾向于对投资的促进和保护,致使国际社会开始呼吁对当今的国际投资体制进行系统性改革,以建立一个更加平衡的国际投资法制体系。既然法律的使命是追求公平和正义,维护利益的平衡,那么在国际投资领域追求公平正义,实现投资者与东道国之间的利益平衡,也自然是国际法在投资领域的使命。而在当今的投资条约实践中,各国实现利益平衡的重要途径之一就是在起草和签订新一代的国际投资协定中规定各种例外条款,为东道国在特定情况下实施条约允许的例外措施提供法律规则,这个法律规则的背后,就是对东道国与投资者利益的协调与平衡。

法律存在的基本价值与使命是达到利益平衡,国际投资协定中的例外条款就是为了保障东道国规制权力与维护投资者利益之间的利益平衡而存在的法律规则,因此利益平衡理论为国际投资协定中例外条款的存在与适用奠定了价值基础,肯定了该条款利益平衡的价值。

三、必要情势理论

(一)必要情势理论的起源与主要内容

必要情势(state of necessity)理论源于国家自保(self-preservation)理论,即国家常常为了生存会在紧急状态下实施不法行为,也即寻求并采取包括战争在内的一切有利条件和力量积极防卫进行自保。[1] 早在17世纪,“国际法之父”格劳秀斯就发现许多国家在其国内法中都确立了国家有进行自保的权力。后来有学者根据他的理论认为,在危急情势下国家为了自保可以进行防卫,并且还阐述了关于危急情势须满足的一些条件,包括:(1)进行自保的国家须无犯意;(2)危急情况下发生的危险须是真实且紧迫的,无论该危险是威胁到人类生命还是财产;(3)危急情势下危险的发生与国家采取的自保措施之间须存在相称性;(4)须考虑公平性;(5)在可能的情况下自保国应对受害国给予一定的补偿。[2] 以这一理论为基础,国家在危急情况下享有自保权的理论延续了几百年。此后许多学者不断围绕自保权理论探讨国家权力问题。19世纪,有学者认为,在一个国家基本的、绝对的权力中,最重要、最主要的权力就是自保权,这一基本权力涉及其他所有的次级权力,其他所有的权力都是为了保护这一基本权力而存在的。[3] 国家自保理论最初被看作国家违反国际法义务的一种权力,即国家为了自保有权不遵守国际法义务。[4] 经过几百年的发展,现代国际法理论大多摒弃了以权力为基础的国家自保理论,不赞成将危急状态下国家的自保行为认定为一种国家可以不遵守国际法义务的“权力”,而是仅将其作为国家违反国际法义务的

---

〔1〕 参见熊建军:《紧急状态下国家自我保存权问题思考》,载《北京航空航天大学学报(社会科学版)》2016年第4期。

〔2〕 See Roman B., State of Necessity as a Justification for Internationally Wrongful Conduct, *Yale Human Rights and Development Law Journal*, 2000(3), p. 1–43.

〔3〕 See Travers T., *The Law of Nations Considered as Independent Political Communities*, Nabu Press, 2012, p. 179.

〔4〕 See Charles GF, *International Law*, Century Company, 1924, p. 142–143; Alvarez A., The State's Right of Self-Preservation, *Saint Louis Law Review*, 1919, 113(3), p. 113–126.

"免责借口",并且还将危急情况下国家采取措施进行保护的对象由国家的"生存安全"拓展至国家的"根本利益"。国家自保理论如今已是一个历史性的概念,其在很多方面都已被联合国体制取代,现在国家为了自保而采取的任何行动都应当符合《联合国宪章》的规定。然而,因为传统国际法理论认可国家在危急情况下采取必要措施进行自保与自卫的权力,这在很大程度上也催生了早期以重大安全和根本利益为核心事项的例外条款这一国际投资法制规则的出现。

在当代国际法中,一些国际法规则其实都属于国家自保理论的范畴,如自卫(self-defence)、自助(self-help)和必要情势。[1] 自卫是国家自保理论在当代国际法下最重要的一种方式,无论是根据《联合国宪章》还是根据国际习惯法,都具有合法性。自卫涉及对武装侵害的武力反击,不仅要求措施的必要性,还要求措施的采取与目的之间的相称性。而自助与自卫类似,都取决于先行为国对受害国造成的影响。必要情势则涉及一国面对其根本利益受到侵害时作出的单方面行为。为了合理规范国家在危急情势下进行自我保护的问题,经过对国际法理论与实践的多年研究,ILC 于 2001 年出台了《草案》。《草案》第 25 条不仅确认了国家在必要情势下可以采取措施保护其重大利益的问题,还进一步规定了必要情势的具体援引与适用规则,并且还对必要情势规则作出了详细的解释。具体而言,根据《草案》第 25 条第 1 款的规定,一国不能以其采取的措施是为了应对必要情势为抗辩,而免除其因未遵守国际义务而产生的违法性行为的责任,除非采取的措施满足以下条件:该措施是为了保护该国的重大利益免受非常严重和紧迫的危害而可供采取的唯一的选择,并且不能对相对国或者整个国际社会的重大利益造成严重侵害。同时,《草案》第 25 条第 2 款还规定了禁止援引必要情势作为排除行为违法性的事由的情况,即相关的国际义务本身排除了援引必要情势解除行为违法性的可能性,或者援引国自己造成了该必要情势的发生。可见《草案》对于必要情势的援引规定了非常严格的适用条件,不仅要求国

---

[1] See James AG, Self-Preservation, Max Planck Encyclopedia of Public International Law (Mar. 10, 2009), https://opil.ouplaw.com/view/10.1093/law:epil/9780199231690/law-9780199231690-e403.

家在应对必要情况时采取的措施是唯一选择,也要求必须是为了保护国家的重大利益,且该必要情况的程度须是严重且紧迫的,而且还应避免对其他国家的利益造成严重侵害。

(二)必要情势理论对例外条款的理论支持

必要情势理论作为国际习惯法上处理国家应对严重紧迫危害的国际法规则,在仲裁实践中常常被仲裁庭用作参考,影响作为条约法的例外条款的解释问题。这可能是因为必要情势规则与例外条款之间具有关联性和相似性,在以国家重大安全利益为核心事项的例外条款面前,必要情势规则确实与这类例外条款存在相似性。

然而必要情势规则与例外条款在性质、适用条件与效力来源等方面都是有区别的:在性质方面,必要情势规则并不直接规定缔约方的权利义务,仅具有排除行为违法性的功能。在具体适用之前,应首先明确缔约方行为是否违反了某个具体的国际义务,如有,才能适用必要情势规则进行行为违法性的抗辩。因此从这一角度来看,必要情势理论属于一种次级规则。在适用条件方面,必要情势相较于例外条款具备更为严格的适用条件,有些适用条件对例外条款来说并不需要,如对必要性措施的要求,必要情势规则强调措施的唯一性,而例外条款仅要求措施与目的之间的必要性、关联性。在效力来源方面,在具体的双边或多边国际投资条约中,例外条款规定仅适用于签订了投资条约的缔约方之间,而必要情势规则属于国际习惯法范畴,适用于整个国际社会,并不要求相关国家之间是否签订了相关条约。虽然两者的区别显著,但必要情势理论为国家在必要情况下采取措施对其自身重大利益进行保护提供了一种制度上的规则和途径,因此,必要情势理论实际上为例外条款的存在与适用提供了一种规范基础。

综上所述,权力问题是一切问题的根本前提和基础,国家的一切活动都是围绕权力进行,国家首先应该有权力,才能对外资进行必要的规制和管理活动。国家经济主权原则肯定了国家有权力对外国投资进行必要的管理,其为国际投资协定中例外条款的存在与适用奠定了权力基础,是例外条款其他一系列理论基础的根本前提和首要因素。利益平衡理论肯定了法律的价值和使命是维护利益的平衡,而例外条款作为条约法,它是国际投资协定中的一种利益平衡机制,得到了利益平衡理论的价值支撑,因此利益平衡理论确认了例外条款存在的价值基础。而在国际投资协定中,利益平衡能否实现,又主要取决国家自身利益能否得到相应的保障,国家能否在必要情势下采取必要措施进行利益维护,此时必要情势理论确定了这一规范,为国际投资协定下例外条款的适用奠定了规范基础。因此,国际投资协定例外条款的三个理论基础中,国家经济主权原则奠定了例外条款的权力基础,是三者中的核心要素与首要前提,利益平衡理论奠定了例外条款的价值基础,必要情势理论奠定了例外条款的规范基础,也是推动价值基础实现的制度保障。

本章小结

本章主要是关于例外条款的概念、种类、条约实践和理论基础的讨论。例外条款又称为“逃避条款”、“免责条款”或“非排除措施条款”,是一种通过限制条约义务范围以允许国家在特定情况下为了特定目的采取暂时背离其承担的条约义务的措施的条款。在例外条款的种类方面,学术界因为标准不同,划分种类也有所不同;条约实践中主要有三种例外条款,即一般例外条款、安全例外条款和金融服务例外条款。

在例外条款的条约实践方面,一般例外条款是由 WTO 中的一般例外演变而来,GATT 第 20 条和 GATS 第 14 条分别都包含了一般例外条款,后来国际投资协定中才开始引入 GATT 或 GATS 式的一般例外。国际投资协定实践中是否引入一般例外条款和引入何种一般例外,各国的做法并不一致。在安全例外条款方面,美国的条约实践从早期的 FCN 到美国的 BIT 范本,又到 NAFTA,再到新近签订的 USMCA 中都含有安全例外条款,可见美国是一个特别青睐安全例外条款的国家。而中国早期的国际投资协定实践中较少规定安全例外,在2000年后签订的大部分BIT和FTA中逐步开始纳入安全例外条款。至于金融服务例外条款,美国早期的1984年BIT范本和1994年BIT范本就开始涉及金融服务例外问题,2004年BIT范本首次将金融服务例外规定为投资协定的正式条款,2012年BIT范本又进一步对该条款作了补充和修改,使该条款成为一个措辞极尽详细和复杂的条款。而中国的国际投资协定实践对金融服务例外关注不充分,目前也只有极少数国际投资协定中含有金融服务例外条款。

支撑国际投资协定中的例外条款长期存在并不断发展演变,确保例外条款的正当性与合理性的理论基础主要是国家经济主权原则、利益平衡理论和必要情势理论。在国际投资协定例外条款的三个理论基础之间,权力问题是核心和前提,是一切问题的出发点,国家首先应该有权力,才能对外资进行必要的规制与管理,因此,国家经济主权原则奠定的权力基础是核心,利益平衡理论奠定的价值基础是主要目的,必要情势理论奠定的规范基础又是推动价值基础实现的制度保障,三者相辅相成,缺一不可。

CHAPTER 02 >>

第二章

国际投资协定例外条款的适用效果

国际投资协定中例外条款的适用,是在特定条件下允许东道国采取背离条约义务的措施并免除东道国的国家责任。而在国际投资仲裁实践中,仲裁庭在解释例外条款时又常参考国际习惯法中排除国家行为违法性的相关规定来裁判例外条款涉及的国家责任免除问题。因此,本章首先从国际习惯法中的排除国家行为违法性的一些基本问题入手对此问题进行分析。

第一节　排除行为违法性的基本问题

根据 ILC 起草的《草案》规定,每一个国际法意义上的不法行为都能引起该国的国家责任,《草案》第 2 条也规定:"一国之行为在下列情况下构成国际不法行为:(1)根据国际法可归因于国家的行为;(2)该国违反了其承担的国际义务。"所以,一个国际不法行为的构成要件有两个:一是行为要件,即存在可归因于某一国家的行为;二是违法要件,即违背相关国际义务。虽然有时国家违反了其应承担的国际法义务,做出了国际违法性行为,但在特定情况下,根据国际习惯法也可以排除该行为的违法性。《草案》第五章就规定了六种排除国家行为违法性的事由和情形。然而，排除行为违法性需要注意哪些问题？排除行为违法性的法律后果如何？

在国家责任问题上，首先应明确两个概念，即排除行为违法性和排除行为违法性责任（国家责任）。有些国家行为虽然存在违法性，但却可以提出合理理由排除其违法性（unlawful-but-justified）；而有些国家行为虽然也存在违法性，但该国家却可以免于承担国家责任（unlawful-but-excused）。故排除行为违法性和排除行为违法性责任在概念上是有根本区别的，前者针对的是行为，而后者针对的是国家，行为违法性的问题是由一个违反国际法义务并可归因于国家的行为引起的，而行为违法性责任则是一个由违法性行为引发的法律义务。

在国际习惯法中的国家责任范畴内区分"排除行为违法性"与"排除行为违法性责任"这两个概念得到了国际仲裁庭以及学者们的支持，如 J. Crawford 就认为这两种情况确实存在区别，但其仅在概念层面存在区别，而《草案》规定的六种抗辩事由则一般适用于排除国家行为违法性的情况。[1]

一、排除行为违法性的法律后果

虽然排除行为违法性和排除行为违法性责任在概念上存在区别，但是从法律后果来看，排除行为违法性是否能相应地排除行为违法性责任，或者说相应地排除国家责任？

《草案》第 27 条就规定了排除行为违法性的法律后果，包括不妨碍对造成的任何实质损失的赔偿（compensation for any material loss）问题。该条款采用的是"不妨碍"（without prejudice to）的措辞，故而行为国因为其采取的行为给他国或他方造成的实质损失仍然存在赔偿的可能性。然而，《草案》第 31 条又规定，国家只有对其违法性行为造成的损害才负有赔偿义务。赔偿问题是违法行为引起的一种法律后果，《草案》为什么对一个违法性得以

---

〔1〕 See Crawford J. , *State Responsibility: The General Part*, Cambridge University Press, 2013, p. 280; Lowe V. , Precluding Wrongfulness or Responsibility: A Plea for Excuses, *European Journal of International Law*, 1999, 10(2), p. 405 - 411.

排除的行为仍然规定赔偿责任？

其实，该条款并未试图规定一种强制性的赔偿义务，并未对排除行为违法性的国家施加一种必须要对受害方进行赔偿的责任。根据 ILC 对《草案》第 27 条的解释，该条款主要是为了防止行为国滥用条款转嫁责任，并不强制要求予以赔偿，在具体案件中可由争端双方协商确定相关问题。

另外，尽管《草案》第 27 条的措辞是"compensation"，然而根据 ILC 对该条的评论，该条规定的赔偿应被理解为一种补偿性质的责任（准确来说应该称为"补偿"），是为了在必要情况下弥补行为的直接受害国所遭受的实质损失，不属于违法性行为赔偿责任的范畴（《草案》第 34 条[1]），是在排除了行为违法性后可能存在的一种情况，这有别于第 31 条，该条规定的赔偿（reparation）是违法性行为应承担的法律后果和法律义务。

所以，《草案》第 27 条补偿可以被看作排除行为违法性后的一种可能存在的责任，而第 31 条规定的赔偿义务则属于在未能排除行为违法性时应承担的行为违法性责任。也就是说，违法的国家行为存在赔偿问题，而一旦排除了国家行为违法性，那么也就相应免除了国家责任，继而就不存在赔偿问题。[2] 该主张在 ICSID 仲裁庭处理的 *LG &E* 案件中得到了肯定答案。该案仲裁庭在裁决中认定："根据条约第 11 条可以在必要情况下排除国家行为违法性，并免除国家责任。"[3] 但是排除了行为违法性后，虽然相应地也排除了行为违法性责任，继而也排除了赔偿责任，但根据《草案》第 27 条规定却仍然存在进行补偿的可能性。

二、排除行为违法性与国际义务的履行

排除某一特定行为的违法性并不意味着就自然解除、终止或中止行为国的国家义务，在相关不履行义务的因素或客观情况消失或不再存在时，行

[1] See ILC Draft Article, Article 34, Forms of reparation.

[2] See Crawford J., *State Responsibility: The General Part*, Cambridge University Press, 2013, p. 275.

[3] LG & E Energy Corp. v. Argentine Republic, ICSID Case No. ARB/02/1, Decision on Liability, 3 October 2006, p. 261.

为国仍需恢复或继续履行其承担的国际法义务。[1] 也就是说,当排除违法性的事由或情况逐步减少或消退时,国家仍应全面且有效地履行相关国际义务。

在国际裁判实践中,裁判庭在 *Gabcíkovo-Nagymaros Project* 案中也已明确阐述了对该问题的观点。[2] 案中匈牙利援引涉案项目对环境造成严重危害的事由,以排除其行为的违法性,并认为其停止履行义务的行为是合法有效的。但裁判庭否定了其观点,裁判庭认为:即使国家采取措施的必要性事由成立,也并不意味着两国之间的协定就要自行终止。排除行为违法性的事由仅是排除了一国因未能履行条约义务而引发的国家责任……或许在排除违法性的必要情势仍持续存在时,条约是暂时不发生效力的,但是除非两国通过协议终止该双边协定,否则,该协定仍继续有效存在。所以,一旦该必要情势消退或者消失,那么相关的国际义务就会重新产生效力,国家就仍应继续受到其承担的国际义务的约束,并继续履行该义务。

因此,除非发生了满足协定终止的情况,或者国家之间协议明确表示终止双方之间的协定,否则协定及其相关的协定义务并不会因为排除行为违法性事由的发生而终止或被阻断效力,待排除违法性的事由不复存在时,一国仍应继续履行其承担的协定义务。

三、排除行为违法性与国家过错问题

《草案》中的国家“过错”问题是一个传统问题,最初的国家责任是建立在国家是否存在主观过错基础上的,即过错责任原则。后来《草案》起草者逐渐摒弃了以“过错”责任制为基础的国家责任追责制度,开始认为引起国家责任的原因是违反国际法,不应考虑这种对国际法的违反是不是由一个国家的“过错”原因导致的。当然,这并不是要否定“过错”在成立国家责任问题时的关联性,而是说国家责任成立与否,并不是建立在国家是否存在“过错”的基础上。行为的违法性是一种客观状态,并不以国家是否存在“过

[1] See ILC Draft Article, Article 27.

[2] See Gabcıkovo-Nagymaros Project (Hungary/Slovakia), Judgement, ICJ Reports 1997, p. 7.

错”为转移,而是要看国家的行为是否违反了国际法或者其承担的国际义务。

在《草案》第五章规定的六种排除行为违法性的事由中,就存在几种不以国家是否有过错为前提的事由,如不可抗力(force majeure)、危难(distress)和必要情势。这三种情况实际上就不存在国家“过错”问题,而是由几种相应的客观事由导致国家违法性行为的发生。

所以,国家责任是一种结果导向的责任,并不以国家是否存在“过错”为前提。但是需明确的是,国家责任的成立也并不一定就排除“过错”的原因,国家责任是否与“过错”有关也主要是根据具体情况下国家违反的某项国际义务是否要求国家必须存在“过错”,如果存在“过错”才能构成对一项国际义务的违反,那么此时,“过错”就与成立国家责任存在一定的联系。但要注意此时的“过错”并不是构成国家责任的前提,国家责任成立的前提和基础仍然是国家对其承担的国际义务的违反。

第二节 国际习惯法之免除国家责任问题

每一个国际法上的不法行为都能引起国家责任,而构成国家违法性行为的前提之一是国家违反了其承担的国际法义务。有些不法行为虽然具备违法性,但却存在相应的事由可以排除该行为的违法性,进而免除国家责任。

一、一般事由

《草案》第五章规定了六种排除行为违法性的事由(circumstances precluding wrongfulness),即同意(consent)、自卫、反措施(countermeasures)、不可抗力、危难和必要情势。这些事由适用于各类国家违法性行为,包括国家违反其承担的一般国际法下的义务、违反其承担的某种条约义务或者某种单方面的违法行为等。

《草案》第五章第20条规定了排除国家行为违法性的第一个事由：同意，即如果一国以有效的方式表示同意授权另一国实施某种特定行为，那么该国家行为的违法性就得以排除，但该行为仅在同意的范围内得以排除违法性。该事由成立的前提是存在一个“有效”(valid)的同意，那么如何才能构成一个“有效”的同意？首先，同意必须以一种清楚明白的方式表达，而不应是对一国可能作出这种同意的一种推断或者猜测。其次，作出同意的主体应有权代表国家作出此种同意。再次，同意应是一国真实的意思表达，而非在欺骗、胁迫或者贿赂的情况下作出，条约法中关于同意的有效性规则也可适用于这一问题。[1] 最后，行为须在同意的范围内进行，如果超出了同意所表达的内容，则无法排除行为的违法性。需要注意的是，《草案》第20条规定的“同意”只适用于两个国家双边关系的情况，而在多边的问题上，需要得到一系列国家的同意，那么仅有其中一个国家表达了有效的同意，也不能排除行为国行为的违法性。另外，该条实际上要求表达同意的时间应在行为国实施该项行为之前或者在行为发生时作出，而在该项行为发生后才作出的同意是不包括在内的，因此也会丧失免除国家责任的权利。[2]

《草案》第21条规定了自卫，即如果一国的行为属于根据《联合国宪章》而采取的合法的自卫行为，那么就可以排除该行为的违法性。因为《联合国宪章》第51条赋予了一国在面对武力攻击的情况下可以采取自卫行为保护本国免受侵害的一种内在权利，所以该条实际上既是一种权利，也是一种排除行为违法性的事由。但是，自卫并不是在任何情况下都可以排除行为违法性，其必须是“合法”的，这就意味着自卫行为的实施须在国际法允许的范围内。如今一国面对战时或武装攻击的情况比较罕见，多面临一些突发性的公共事件。在人权法领域，一些人权条约就区分了在公共紧急状态下国家可以采取或禁止采取的一些措施，其中就包括自卫。例如，ICCPR第4条就规定了在公共紧急状态下人类的生命权以及不被折磨和奴役的权利不得

---

〔1〕 See Crawford J., *State Responsibility: The General Part*, Cambridge University Press, 2013, p. 284 – 286.

〔2〕 See ILC Draft Article, Article 20, Commentary 3.

被减损。所以,自卫行为的采取除了应符合《联合国宪章》的规定,在某些特定情况下还应顾及如不损害人权等国际法的要求和规定。

《草案》第22条规定了反措施,即一国不遵守其对另一国的国际义务而采取了违法性措施,如果该措施可以构成另一国对其不法行为的反措施,且该措施是针对该另一国作出的,那么该国采取的该措施的违法性就得以排除。文意上,反措施有时也等同于"制裁措施""对在先违法措施的反措施",历史上也常被称为"合法性报复"或"自我保护措施"等。针对一国不法行为采取的反措施,或者说报复措施,只要符合一定的实体和程序性条件,便可以被认定为合法的措施,这些条件通常包括反措施采取的程度须适度、采取的时间须是临时且可逆的等。[1]同时,反措施仅适用于受害国与不法行为实施国之间,以免除受害国采取的针对不法行为实施国的反措施行为的违法性。如果涉及第三国,受害国则不能针对第三国采取反措施,因为反措施问题仅存在于双边关系中,且只能是针对目标国(不法行为实施国)的一种回应。

《草案》第23条规定的不可抗力不仅在国内法领域可以成为免除合同义务的事由,也可以在国际法领域成为免除国家行为违法性的事由。如果一国不遵守其对另一国国际义务的行为是因为不可抗力的因素,即存在不可抗拒的力量或超出该国控制能力或无法预料的事件发生,致使该国在此种情况下已不可能实际履行其国际法义务,那么则可免除该国行为的违法性。不可抗力免除行为违法性作为一个习惯国际法原则,通常出现在国际商事仲裁中,其不同于其他免除事由,因为在不可抗力的情况下,国家的行为是不自控的,或者至少并不是国家自由选择的行为结果。在两种例外情形下,不能适用不可抗力免除行为违法性:第一,不可抗力是由行为国自己单独或者与其他因素共同引起或导致的;第二,行为国愿意承担此种情况可能发生的风险。关于第二种例外情形,也就是说,如果行为国作出明确表示愿意承担某一个具体风险可能引起的责任,其就放弃了援引不可抗力来

[1] See ILC Draft Article, Article 22, Commentary 6.

免责。

《草案》第24条所指的危难,是指行为发起人在客观情况十分危急之时,为了挽救自己的生命或者受其监护的他人的生命,而不得已采取了某种行为,且在当时情况下除此行为之外,已无其他更合理的方式。倘若该行为不符合行为发起国所承担的国际法义务,那么此种情况下可以排除该行为的违法性。但是,危难下排除行为违法性也存在适用上的限制。在两种情况下,不能解除相关行为的违法性:第一,所牵涉的危难是由援引危难情况免责的行为人自己单独或者与其他因素共同合力导致的;第二,所采取的行为很可能引发一个相对来说更加紧迫危急的新情势。与《草案》第23条的不可抗力免责不同的是,在不可抗力情况下,国家采取的行为是非自愿的,是无任何可选择余地的,而在危难下,行为人采取的行为并不是非自愿的,是相对情况下无其他更合理方式时选择采取的一种相对合理的行为。所以,有些国际法学者认为,危难属于履行国际义务的"相对不可能"(relative impossible),而不可抗力则属于履行国际义务的"实际不可能"(material impossibility)或"绝对不可能"(absolute impossibility)。[1] 同时,危难仅适用于人类生命权受到紧迫威胁的情况,其保护的利益是人的生命,其不能类推适用于一般性的紧急状况,而一般性的紧急状况则属于下面第六种免责事由——必要情势。

二、必要情势

《草案》第25条规定的"必要情势",即一国不能以其采取的措施是为了应对必要情势为抗辩,而免除其因未遵守国际义务的违法性行为而产生的责任,除非采取的措施同时满足以下条件:(1)该措施是为了保护该国的重大利益免受非常严重且紧迫的危害的唯一选择;(2)该措施未对相对国或者整个国际社会的重大利益造成严重侵害。同时,《草案》第25条第2款还规定了禁止援引必要情势作为排除行为违法性的事由的情况:(1)相关的国际

〔1〕 See Lissitzyn OJ, The Treatment of Aerial Intruders in Recent Practice and International Law, *American Journal of International Law*, 1953, 47(4), p. 559 – 589.

义务本身排除了援引必要情势解除行为违法性的可能性；(2)援引国自己造成了该必要情势的发生。

必要情势这一抗辩事由和上述前五种排除违法性的事由在很多方面都是不同的。首先，与“同意”、“自卫”和“反措施”不同的是，必要情势的抗辩不依赖于受害国的先行为；其次，与“不可抗力”不同的是，必要情势下采取的措施并不是非自愿的，而是包含了国家的意愿和选择；最后，与“危难”不同的是，必要情势抗辩中面临的危急情势并非对人的生命安全的威胁，而是对某一国家或者整个国际社会的重大利益的巨大威胁和侵害。只有当国家的重大利益与对一国承担的国际条约义务之间发生了严重的冲突之时，必要情势的抗辩事由才得以适用。但是，这也意味着某一个特定措施满足“必要情势”的条件的概率是非常小的，因为《草案》对“必要情势”规定了非常严格的适用条件，以防止其被意在逃避国际义务的国家滥用。

(一)《草案》规定的“必要情势”适用条件

1. 可供采取的唯一选择

根据《草案》第25条第1款的规定，一国在面对必要情况时，所采取的措施必须是当时情况下所能选择的唯一方式，除此之外别无他法。如果必要情势发生时，仍然存在其他或者多种可以采取的措施，即使这些措施耗费更加巨大，或者相较之下并不便捷，那么，所采取的措施也不能被认定为“必要的”措施。另外，该条款中的措辞“方式、途径”(way)并不仅限于某种单方行为，与他国的某些联合行动或者国际组织的官方行动也可包含在内。[1]

2. 保护对象是国家的重大利益

在“必要情势”的一系列严格的条件中，除了要求可供采取的措施的唯一性，还要求采取的措施所保护的对象必须是国家的“重大利益”，那么，一般的或者普通的利益自然就不被包括在内。但是，什么样的利益才能达到“重大”的程度？ILC在对《草案》该条的评论中认为，判断某种国家利益是

〔1〕 See ILC Draft Article, Article 25 Necessity, Commentary 15.

否“重大”,取决于对所有具体情势的判断,不能仅凭感觉或经验草草预判。并且,这种特别的重大利益不仅指某个具体国家的利益,还包括其人民享有的利益,以及整个国际社会的利益。

3. 受到的威胁或侵害是严重且紧迫的

一国采取必要措施保护其本国的重大利益时,需满足的又一个条件是该重大利益受到了非常严重的侵害,且这种侵害必须是紧迫的。所以在这个问题上,首先,需要判断当采取必要措施的情势发生时,客观上是否存在这样一种威胁和侵害,有时一国认为的对其重大利益的侵害仅是一种担心、忧虑,是不确定会发生的事,并不是一种已经真实存在的侵害或威胁;其次,这种真实、客观存在的侵害或威胁在程度上必须达到非常严重的地步,且在时间上此种侵害是非常紧迫的。但是,在自然资源保护、环境保护或公共安全等领域,如何判断是否存在某种威胁且该威胁的程度有多大并不容易,其通常会涉及科学领域的某些不确定性问题,不同专家对于这些问题的判断和见解也各不相同,因此是否存在威胁、威胁的程度究竟有多严重,以及采取的措施是不是唯一的选择,在有些情况下较难有统一定论。而且,采取措施的国家并不是判断是否存在重大侵害的唯一主体,一国在作出自己的判断并采取了措施之后,该问题还需要再接受仲裁庭的审查判断,仲裁庭在考虑了多方因素后,通常会得出不同的结论,有时阻却必要情势的成立,这就增加了《草案》中的“必要情势”得以成功援引适用的难度。

4. 不得损害其他国家或国际社会的利益

一国在特殊情况下所采取的必要措施,除了同时满足上述三项要求,还必须满足一项要求,即采取的措施没有对其他国家的利益或者整个国际社会的相关利益造成任何损害。也就是说,必要措施所保护的利益与他国的利益之间需要进行对比和取舍,措施所保护的利益必须比任何其他的利益都重要且重大,不仅从行为国角度判断是如此,而且通过对相对方的利益进行合理评估后得到的结论也应如此。[1]

---

〔1〕 See ILC Draft Article, Article 25 Necessity, Commentary 17.

(二)《草案》规定的“必要情势”的排除适用条件

一方面,《草案》第25条第1款允许一国采取违背其国际义务的必要措施来保护本国重大利益,并免除该行为的违法性;另一方面,《草案》第25条第2款也规定了禁止性条款,在某些情况下禁止一国援引必要情势要求对其违法性行为解除违法性。这些排除适用“必要情势”抗辩的情况包括以下几种。

1.条约本身排除适用必要情势

如果条约本身明示或默示一国在任何情况下都不允许以“必要情势”为依据进行行为违法性抗辩,那么此种情况下就没有“必要情势”适用的余地。某些人权公约在武力冲突的情况下明确表示排除军事类的必要情势的适用,即如果军事行动侵犯到某一国承担的保护人权的国际义务,即使该军事行动是为了保护某种重大利益从而构成一种必要措施,那么也不能援用必要情势为抗辩理由而排除该行为的违法性,因为这些人权公约明确排除了适用必要情势。所以,在这类明确排除适用必要情势的国际条约下,一国采取的措施便不能以《草案》规定的该免责事由免除国家责任,否则就会违背这类条约的目的和宗旨。

2.行为国自己造成必要情势的发生

除条约本身排除适用必要情势外,如果引起该必要情势的情况是行为国自己的原因造成的,那么该行为国也不能援用必要情势作为抗辩理由而排除其行为的违法性。在判断行为国对该情势的发生所起的作用程度时,应该注意行为国对催生该情势的发生起到的是实质上的、充分的主要作用,而并不是一种偶然的或者次要的作用。另外,行为国的行为方式既可以是某种作为,也可以是某种不作为。如果属于不作为这种情况,那么该行为国就不能援用必要情势来免除其行为的违法性。

综上,可以看出必要情势的适用条件是相当苛刻的。为了防止必要情势被行为国滥用,《草案》规定了一系列在实践中几乎很难被满足的适用条件,且这些条件还是并列关系,即只有所有条件同时满足,才能使一国在特殊情况下采取的违反国际义务的必要措施得以排除违法性，而这几乎是很难达到的要求。同时，还规定了不允许适用必要情势的情况，为必要情势的适用设置了重重限制，使其很难被行为国成功援用。

第三节　条约法之免除国家责任问题

关于国际投资协定中的例外条款免除东道国国家责任的问题，学术界存在两类观点：一类观点主要认为例外条款只能免除国家对国家层面上的国际法责任，不能免除国家对投资者的赔偿责任，本书称为"有限免除责任说"；另一类观点认为例外条款可以完全免除东道国的国家责任，继而免除国家对投资者的赔偿责任，本书称为"完全免除责任说"。如今第二类观点在越来越多的国际投资仲裁案件中得到支持。

一、有限免除责任说

（一）主要内容

持这一类观点的学者以菲律宾国际法学者 Diane A. Desierto 为代表，其认为国际投资协定中的例外条款不能完全免除东道国的国家责任，这里主要是指东道国对投资者的赔偿责任。他认为国际投资协定的义务应分为两个层次：第一个层次是东道国国家之间的协定义务；第二个层次是东道国与相对国国家投资者之间的协定义务。当东道国根据投资协定中的例外条款采取了某种违背协定义务的必要措施时，其仍然对投资者负有实质性的协定义务和责任，而例外条款此时仅是免除了东道国因违反双方的投资协定义务而对相对国国家负有的国际法上的国家责任，其效果可以对抗协定另一方，如果该相对国要求采取了必要措施的东道国承担国家责任，那么例外条款就可以用来作为抗辩性条款；然而，东道国对受害投资者的协定义务不能中止甚至失效，投资协定规定的保护投资的协定义务仍然存在，秉持私有财产神圣不可侵犯的法律理念，为保护私有财产权，同时根据国际投资协定促进和保护投资的协定宗旨，东道国对投资者造成的损害仍应进行赔偿，例外条款不能作为东道国对抗投资者赔偿请求的依据。[1]

所以，在这种情况下，东道国实际上存在两方面的责任：一方面是对投资者的责任；另一方面是对投资者母国的责任。当东道国为了应对某种危机、规制和管理本国经济事务而违反了一个双边投资条约时，协定中的例外条款仅免除了东道国对投资者母国的国家责任，仅能对抗该投资者母国可能提出的国家责任主张，而不能对抗私人投资者提出的赔偿请求。故这种观点实际上不禁止东道国在特殊情形下采取必要措施保护本国相关利益的行为自由和国家权力，只是在协定义务和责任划分上区分了两个层次的主体：对投资者母国而言，例外条款是一个排除行为国国家责任的合法依据，但对于投资者而言，例外条款不能成为对抗投资者赔偿请求的法定借口。

（二）法律基础：《草案》第 25 条和第 27 条

这类观点的法律基础就是 ILC 的《草案》。如上所述，《草案》第 25 条允许国家在其某种重大利益受到非常严重和紧迫的危害时，可以暂停履行其不太紧迫的国际义务，而采取必要的措施来保护其利益。此时的国家行为违法性是被阻却的。但是，根据《草案》第 27 条的规定，即使排除了国家行

---

〔1〕 Diane A. Desierto："Considering the text of Article Ⅺ alongside the structural design of the U. S. -Argentina BIT, it is proposed that the States Parties to the U. S. -Argentina BIT could only invoke Article Ⅺ against each other for state responsibility claims deriving from a breach of the U. S. -Argentina BIT, not to reject the host State's lex specialis duties spelled out in the U. S. -Argentina BIT as specifically owed to foreign investors." And also："Thus, when a host State commits a 'measure necessary for... the Protection of its own essential security interests' under Article Ⅺ of the U. S. -Argentina BIT, it remains liable to observe specific substantive duties to investors (e. g. the duty to pay compensation in the event of direct or indirect expropriations defined under Article Ⅳ). However, the host State can invoke Article Ⅺ as a defense against the counterpart State Party's claim of state responsibility due to any 'internationally wrongful acts' that separately arise in the process of breaching BIT obligations." Desierto D., Regulatory Freedom and Control in the New ASEAN Region Investment Treaties, *The Journal of World Investment & Trade*, 2015, p. 1018 – 1057; Desierto D., Necessity and "Supplementary Means of Interpretation" for Non-Precluded Measures in Bilateral Investment Treaties, *University of Pennsylvania Journal of International Law*, 2010, 31(3), p. 827 – 934.

为的违法性,也不妨碍对该行为所造成的任何“实质损失”的赔偿。因此,持这类观点的学者们认为,《草案》为例外条款不能免除东道国对投资者的赔偿责任提供了国际习惯法上的依据。

(三)存在的问题

这种对国际投资协定义务的二分法体现了两个缔约方之间以及缔约方与投资者之间的并存关系和投资协定的基本宗旨和目的,乍看上去有一定的说服力,但是也存在一些无法解释的问题。

第一,二分法将投资条约义务分为两个层次,如果例外条款仅能免除东道国对投资者母国的国家责任,而不能免除东道国对投资者的赔偿责任,那么就完全否定了缔约双方在协定设计起草时规定例外条款的目的。因为虽然国际投资协定的签订主体是两个国家或组织,但是国际投资协定调整的却是东道国与投资者之间的关系,并且在 ICSID 和 UNCITRAL 等仲裁机制中,也从未出现过投资者母国起诉东道国,追究东道国国家责任的案件。所以,强调东道国和投资者母国之间的义务关系和责任免除问题实际上并没有太大意义和实际作用;相反,只会使实际案件中投资协定中的例外条款形同虚设,完全丧失其应有的功能。

第二,持此观点的学者们认为例外条款不能免除东道国赔偿责任的重要依据是《草案》第 27 条,即排除违法性不妨碍国家对造成的任何实质损失进行赔偿。根据《草案》来解释国际投资协定中的例外条款,违背了条约解释的一般原则,国际投资协定有其自身效力所在,在条约解释中应作为特别法,优先于国际习惯法适用。

第三,未严格解读和适用《草案》第 27 条。前文论述过,根据 ILC 对《草案》第 27 条的评论,第 27 条并不是一种强制性的赔偿义务,其只是为了防止国家滥用条款,将行为责任转嫁给第三方,在具体案件中可以由争议双方协商解决具体问题。而且 ILC 也指出,尽管第 27 条的措辞是“compensation”,但该条规定的赔偿不属于违法性行为的赔偿责任范畴,而是一种排除了行为违法性后东道国仍然可能要承担的对投资者遭受的实质损失(material loss)的一种补偿。所以,根据《草案》第27条得出国际投资协定中的例外条款不能免除东道国赔偿责任,显然也是不恰当的。

二、完全免除责任说

(一)主要内容

完全免除责任说的逻辑观点主要是从国家经济主权原则角度出发,认为任何一项投资,不论是外国投资还是本国投资,东道国都有权利与义务进行必要的监督和管理,并保护其本国的基本安全和公共利益等国家利益免遭侵害。但实际情况是,当东道国出于保护本国重要利益而对外国投资行使必要的规制权时,大多数外国投资者更倾向于认为东道国行使规制权而采取的措施违反了其承担的投资保护义务,以构成间接征收或者违反相关投资待遇等为由诉诸国际投资仲裁庭,从而使东道国的一项正常管制措施陷入被诉的局面,同时近年仲裁庭裁决东道国赔偿投资者的经济数额也在不断增长,有些案件的单独赔偿数额竟高达数十亿美元。所以,国际法学界许多学者和投资仲裁实践主张根据国家经济主权理论,国家正当行使的管制措施如果满足国际投资协定中例外条款的适用条件,那么就应免除东道国的赔偿责任,否则就会使东道国顾忌甚至畏惧可能的巨额赔偿而不能正当行使其国家经济主权和履行维护国家安全或公共利益的义务和责任,有损国家甚至整个国际社会的福利和利益。

(二)主要依据:国家经济主权理论与晚近国际投资仲裁实践

主张国际投资协定中的例外条款能够完全免除东道国的国家责任的主要依据之一是国家经济主权理论。如前文所述,联合国大会《各国经济权利和义务宪章》确立了国家经济主权原则,该宪章第二章第2条第2款规定了国家经济主权的主要内容,即对在其国家管辖范围内的外国投资加以管制和行使权力。故国际投资协定中例外条款规定的东道国对外国投资的规制权是国家经济主权理论不可缺少的一部分。

同时,除了学者对该观点的认可和支持[1],晚近一批国际投资仲裁实践也对例外条款所维护的东道国外资规制权的行使及其造成的损害不存在赔偿问题的观点有所反应。例如,*Continental Casualty v. Argentina*[2](以下简称 *Continental* 案)、*Sempra v. Argentina*[3](以下简称 *Sempra* 案)、*Saluka v. Czech*[4](以下简称 *Saluka* 案)以及 *Philip Morris v. Uruguay*[5](以下简称 *Philip Morris* 案)等一系列案件对东道国正常的外资管制措施及其国家责任免除问题均有类似的陈述。在众多仲裁实践案例中,最具典型性的是 2016 年 *Philip Morris* 案的裁决,该案仲裁庭从国家固有的警察权力角度出发,非常清楚地阐述了为了公共目的而采取的国家管制措施造成的经济损害不存在赔偿责任。[6] 该案原告认为,东道国乌拉圭限制烟草销售的相关措施尽管是为了公共健康而行使的国家警察权力,但也不能排除其对投资者造成的损害进行赔偿的可能。然而仲裁庭完全否定了原告的观点。首先,仲裁庭认为双方 BIT 条款中已明确东道国可以为了公共安全、公共健康等而采取措施管理相关外国投资行为,且国家为了保护公共健康而对外资采取的一般性管制措施长期以来已被广泛认为是国家警察权力的一种体现;其次,警察权力理论(Police Power Doctrine)早在 1961 年《关于损害外国人利益的国家国际责任公约》(*Convention on the International Responsibility of States for Injury to Aliens*)第 10(5)条中就有所阐述,其中规定国家为了维持公共秩序、公共健康或公共道德等而无偿剥夺外国人财产的行为不应被认定为国

---

[1] See Henckels C., Investment Treaty Security Exceptions, Necessity and Self-Defence in the Context of Armed Conflict, in Fach Gomez K., Gourgourinis A., Titi C. eds., International Investment Law and the Law of Armed Conflict, *European Yearbook of International Economic Law*, Springer, 2019, p. 319 – 340.

[2] *Continental Casualty Company v. The Republic of Argentina*, ICSID Case No. ARB/03/9, Award, Sept. 2008.

[3] Sempra v. The Republic of Argentina, ICSID Case No. ARB/02/16, Decision on the Argentine Republic's Application for Annulment of the Award, June 2010.

[4] Saluka Investments B. V. v. The Czech Republic, UNCITRAL, Partial Award, Mar. 17, 2006.

[5] Philip Morris v. Oriental Republic of Uruguay, ICSID Case No. ARB/10/7, Award, July 2016.

[6] Philip Morris v. Oriental Republic of Uruguay, ICSID Case No. ARB/10/7, Award, July 2016, paras. 290 – 307.

际违法行为。[1]并且,OECD也认为:“属于国家警察权力范围内的善意的和非歧视的管制行为造成的经济损害,不存在进行赔偿的问题,这也是一个被广泛接受的国际习惯法原则。”[2]

除*Philip Morris*案之外,近年来很多仲裁庭的裁决也大都结合国家警察权力理论,认为在国家警察权力范围内的东道国外资管制行为符合非歧视、正当程序和公共目的的可以免责。例如,在*Tecmed v. Mexico*中,仲裁庭认为:“东道国在其警察权力的范围内行使的主权权力措施可能对受其管理的一方造成经济损失,但此种情况不存在任何赔偿问题,这一原则是毋庸置疑的。”[3]

在*Saluka*案中,仲裁庭也表达了相同的观点:“只有当东道国正常行使其国家管制权力,并且采取的措施是非歧视和善意的,且是以公共福利(general welfare)为目的,那么则可以免除东道国对外国投资者的赔偿责任。……东道国采取的一般性管制措施已被广泛认可为国家警察权力范畴内的事,这一原则如今也属于国际习惯法的一部分。”[4]

另外,在*Methanex v. United States*(以下简称*Methanex*案)中,仲裁庭也指出:“作为一般国际法原则,只要东道国的一项管制措施符合非歧视、正当程序,且是为了公共目的而做出的,那么尽管影响了外国投资者的投资,也不应被认定为征收并要求赔偿……”[5]除此之外,在*Chemtura v. Canada*[6]和*S. D. Myers v. Canada*[7]以及*Lauder v. Czech Republic*[8]等案件中,也反

〔1〕 See Sohn LB & Baxter BB, Draft Convention on the International Responsibility of States for Injury to Aliens, *American Journal of International Law*, 1961, 55(3), p. 548 - 584.

〔2〕 OECD, "Indirect Expropriation" and the "Right to Regulate" in International Investment Law, OECD Working Papers on International Investment, 2004/4, OECD Publishing.

〔3〕 Tecnicas Medioambientales Tecmed, S. A. v. United Mexico, ICSID Case No. ARB(AF)/00/2, Award, May 2003, para. 119.

〔4〕 Saluka Investments B. V. v. The Czech Republic, UNCITRAL, Partial Award, Mar. 17, 2006, paras. 255, 260, 262,

〔5〕 Methanex Corporation v. United State of America, UNCITRAL, Final Award, Aug. 3, 2005, para. 7.

〔6〕 Chemtura Corporation v. Government of Canada, UNCITRAL, Award, 2010, para. 266.

〔7〕 S. D. Myers, Inc. v. Government of Canada, UNCITRAL, Partial Award, Nov. 13, 2000, para. 281.

〔8〕 Lauder v. Czech Republic, UNCITRAL, Final Award, Sept. 2001, para. 198.

映出对此观点的支持。因此,东道国出于维护相关公共政策的目的,在其权力边界内行使外资管制权力,对投资者造成的损害,不承担赔偿责任,且仲裁庭均认为这已是一项被广泛接受的国际习惯法原则。

同时,在近年的国际投资协定实践中,一些典型国家的国际投资协定通过将国家外资管制行为与间接征收问题相联系,规定在国家管制权边界内的行为不构成间接征收,从而免除国家责任。例如,2004 年和 2012 年的美国 BIT 范本在征收问题的条款上规定:“除了某些极其特殊的情况外,缔约一方的非歧视类管制措施如果是为了保护合法的公共利益目标(legitimate public welfare objectives),如公共健康、公共安全、公共环境,那么这类措施就不构成间接征收。”同样,2004 年加拿大 BIT 范本也规定了类似的条款:“除了在某些特殊情况,例如一项措施或一系列措施根据其措施目的,其严重性已经达到了明显过分的程度,否则缔约方实施的非歧视的措施,如果是为了保护合法的公共利益目标,如公共健康、公共安全和公共环境,则该项措施不构成间接征收。”

2017 年 9 月正式生效的加拿大—欧盟 CETA 是自 NAFTA 之后加拿大签订的最大的自由贸易协定,该协议在其第八章第 8.9 条明确确认了缔约各方可以在其领土范围内实施致力于保护公共政策目标的任何管理措施,并且在该协定附件第 8 - A 条再次重申:为了合法的公共利益目标而实施的非歧视的管制措施不构成间接征收。

综上,完全免除责任说的观点近年来得到众多国际投资仲裁庭的支持和一些国际投资协定实践的确认,保障了国家正当行使其外资规制权的自由,增强了东道国管理本国外资活动和经济事务的信心,很大程度上消除了东道国可能面临投资者巨额索赔的担忧,平衡了国际投资条约中投资者和东道国双方的利益,有利于东道国国家整体安全和社会利益以及公民福利。

三、免责说下的东道国补偿责任问题

在例外条款下,东道国为保护本国相关利益行使国家规制权力而采取的措施可以免除国家赔偿责任。然而,东道国采取的措施可能给投资者利

益造成了不同程度的损害，此时东道国与投资者双方均无过错，那么对于投资者遭受的损害，国家是否存在某种补偿性质的责任？综观各国的国际投资协定实践，这些协定一直并未涉及和规范东道国补偿性质的责任问题，但学术界与仲裁实践对此问题却一直存在争议。

（一）学术界对东道国补偿责任的争论

近些年，学术界对于东道国补偿责任的争论主要表现在对阿根廷多个相关案件的观点表达与对例外条款本身的阐释。有学者在分析了阿根廷几个典型案件后认为，例外条款可以影响东道国行为是否存在赔偿的问题，可以允许合理推迟对受损害的投资者予以赔偿的时间，或者使国内法生效等，但该条款不能就此永久剥夺投资者最终获得补偿的权利，尤其是在东道国国内危机解除之后。同样，当国际习惯法规定了违反条约的法律后果时，例外条款也不应被视为特别法。据此，有学者认为 *CMS v. Argentina*（以下简称 *CMS* 案）、*Enron* 案和 *Sempra* 案的仲裁庭正确地适用了国际习惯法之 ILC 的《草案》第 27 条的规定，并且这些仲裁庭也正确地指出，无论根据条约法之例外条款还是国际习惯法之相关规定，对国家必要情势规定的援引都不能排除对国家行为造成的任何实质损失进行补偿的可能。[1]

然而，另有学者对该问题持完全不同的观点，认为例外条款能够免除东道国对投资者的国家责任与义务，包括任何金钱义务。该学者从例外条款本身的措辞和文意对该问题进行了剖析，认为东道国的行为在适用例外条款的情况下不存在行为违法性问题，并不是因为在此种情况下东

〔1〕 See Jose E. Alvarez: "On the contrary such a clause—that affects whether an action is wrongful, may permit reasonable delay in the payment of compensation, gives effect to national law, and precludes claims for specific performance but does not otherwise permanently deprive investors of their right to eventual compensation especially after the state's economic crisis is over... For these reasons, the CMS, Enron, and Sempra tribunals properly suggested... They were quite correct to suggest that any invocation of necessity (as well as of *force majeure* and distress) whether under Article XI or customary law should be without prejudice to... the question of compensation for any material loss caused by the act in question." Alvarez JE, Khamsi K., The Argentine Crisis and Foreign Investors, in Karl P Sauvant ed., *Yearbook on International Investment Law and Policy* 2008 - 2009, Oxford University Press, 2009, p. 460.

道国对条约义务的违反被合理化,而是因为条约义务首先并不适用于此种情况,也即根据条约规定,例外条款将东道国为了追求合理的公共政策目标所采取的行为从其承担的条约实体性义务中予以免除。而根据《草案》第2条的规定,要使国家行为的违法性得以成立,那么该国家行为首先应该构成对其承担的某一项国际义务的违反。但从例外条款的具体措辞来看,符合例外条款规定的行为"不应被条约排除在外"(shall not be precluded)。也就是说,条约本身承认这样的行为并不构成对条约的违反。既然不存在违反条约的情况,那么国家的行为也就当然不存在违法性问题,进而也就不存在任何国家责任和赔偿义务,因为根据《草案》第31条的规定,只有国际违法性行为造成的损害才存在赔偿的问题,行为违法性的欠缺不能引发任何国家责任和赔偿义务。[1]

虽然例外条款适用下并不存在国家行为违法性的问题,因而也不存在国家赔偿责任问题,但国家行为对另一缔约方投资者造成的损害是否存在补偿责任的问题仍然悬而未决。有学者认为,国家对另一缔约方投资者是否存在其他补偿责任问题的判断应寻求条约条款本身的规定。因为条约中例外条款已经明确规定,条约不应排除符合例外条款规定的国家行为,并且将此种国家行为排除在投资条约保护投资的范围之外,所以根据条约规定不存在其他补偿责任。同时,例外条款通过排除东道国的赔偿和补偿责任,将风险在东道国与投资者之间进行了转移,即成功地将东道国的行为引发的后果转移给投资者承担。[2]

可见,学术界对于例外条款是否免除东道国补偿责任的观点可谓见仁见智,究其根本还是条约内容和条款本身对该问题的含糊其词。该问题不仅在学术界存在争论,在仲裁实践中也存在截然不同的解读。

---

〔1〕 See Burke-White WW & Staden AV, Investment Protection in Extraordinary Times: The Interpretation and Application of Non-Precluded Measures Provisions in Bilateral Investment Treaties, *Virginia Journal of International Law*, 2008, 48(2), p. 307 - 410.

〔2〕 See Burke-White WW & Staden AV, Investment Protection in Extraordinary Times: The Interpretation and Application of Non-Precluded Measures Provisions in Bilateral Investment Treaties, *Virginia Journal of International Law*, 2008, 48(2), p. 307 - 410.

(二)仲裁实践中对东道国补偿责任的不同立场

仲裁实践中明确涉及东道国补偿性质的责任问题主要与阿根廷的几个典型案件相关。*CMS* 案仲裁庭援引了国际习惯法之《草案》第 27 条的规定，并认为第 27 条明确规定任何情况下，即使排除了国家行为的违法性，也不能排除对国家行为所造成的任何实质损失的补偿。该仲裁庭还认为《草案》第 27 条是国际法上关于国家责任问题的一项合理规则，因为如果按照东道国政府所声称的那样，无异于将其保护本国重大利益所产生的后果完全由缔约另一方来承担，这并非国际法的本意，也不符合大多数国家国内法体系的指导原则。[1]

Enron 案仲裁庭同样参照了《草案》第 27 条的规定，认为东道国在危急情况下采取的措施不应排除对造成的实质损失的补偿，而东道国政府则认为第 27 条仅仅指明东道国在其危急情况结束之后对所造成的损害进行补偿的可能性，而并不是在危急情况发生时对产生的损害进行补偿的问题。然而仲裁庭却坚持认为，尽管第 27 条并未明确在何种情形下存在补偿的问题，但这完全可以由争端双方协商确定，因此无论如何都不能排除受损害的投资者在危急情况结束后最终获得补偿的可能性。[2] *Sempra* 案的仲裁庭的推理和 *Enron* 案裁决几乎完全一致。[3]

因此，上述几个案件的仲裁庭在东道国补偿责任问题上均以《草案》第 27 条的规定作为指导和出发点，认为无论是适用国际习惯法之危急情形还是美国—阿根廷 BIT 第 11 条，都不应排除对东道国行为造成的任何实质损失的补偿。但是，实际上这几个案件的仲裁庭在法律适用方面存在问题，未严格区分条约法与国际习惯法的效力层级关系，优先适用了国际习惯法之《草案》的规定，却并未严格审查美国—阿根廷 BIT 第 11 条的适用问题。故严格来说，上述仲裁庭其实也仅认为《草案》第 27 条没有明确排除对任何实

[1] See CMS v. Argentine Republic, Award, paras. 383 – 390.

[2] Enron Corporation v. Argentine Republic, Award, paras. 344 – 345.

[3] Sempra v. Argentine Republic, Award, paras. 393 – 394.

际损失进行补偿的可能性，但却未确切地指明美国—阿根廷 BIT 中的例外条款是否能够免除东道国的补偿责任问题。

然而在随后的 *LG & E* 案中，仲裁庭却改变了立场，认为东道国在必要情况下采取的措施即使造成了投资者利益的损害，也免于承担国家赔偿责任与任何金钱义务。该案仲裁庭认为阿根廷政府采取的一系列措施符合国际习惯法上国家必要情势的要件，可以据此排除东道国的行为违法性和赔偿责任；与此同时，仲裁庭还提到《草案》第 27 条，认为该条款并未就是否应对投资者在东道国必要情势下遭受的部分或全部损失进行赔偿的问题予以确认，同时指出 ILC 对该条的评论也并未明确国家对必要情势期间造成的损失是否应进行赔偿，或者事后应进行赔偿的问题。在这种情况下，仲裁庭又进一步解释了美国—阿根廷 BIT 第 11 条的例外条款，认为条约中的例外条款构成了一种国家的必要情势并能够排除东道国行为的违法性，因此东道国免于承担国家义务与责任。[1]

Continental 案的仲裁庭则从条约义务的角度解释了东道国为何能免除条约义务与责任。仲裁庭认为美国—阿根廷 BIT 第 11 条明确表明缔约一方无论是出于维持公共秩序还是保护国家重大安全利益的目的，只要是合理地采取了必要的措施，那么该缔约方就不应被认为违反了条约义务，其结果就是根据该条约第 11 条，缔约一方采取的该种措施并不包含在条约义务规定的范围内，因此，采取该种措施的缔约一方自然也就不存在违反相关条约条款和条约义务的情况，那么也就不存在任何国家责任与赔偿或补偿责任。换言之，仲裁庭其实认为美国—阿根廷 BIT 中的例外条款承认了“保留权利”，实际上限制或者缩减了投资条约缔约方根据条约承担的实质性义务。[2]

另外，在 *CMS* 案的撤销裁决中，撤销委员会也认为美国—阿根廷 BIT 第 11 条已足够清楚地表明适用该条款能够排除投资条约实体义务，因而在该条款适用期间就不存在给付任何赔偿和补偿的可能性。[3]

---

〔1〕 LG & E v. Argentine Republic, Decision on Liability, paras. 259 – 261.

〔2〕 Continental Casualty Company v. Argentine Republic, Award, para. 164.

〔3〕 CMS Gas Transmission Company v. Argentine Republic, Annulment Proceedings, para. 146.

在上述仲裁实践中，仲裁庭认为美国—阿根廷 BIT 中的例外条款可以理解为能够免除东道国的补偿责任的看法其实也存在问题，因为从该条款的字面意思来看，其也并不能支持仲裁庭的观点。然而，无论仲裁庭对东道国补偿责任的阐述和推理是否合理或存在某些问题，这都反映出以往仲裁庭在同一类案件中，对东道国补偿责任问题存在明显的分歧，对案件具体问题的解释也存在较大的不确定性，享有较大的自由裁量权，这引发了对该问题的思考，以后在条款构建时应该考虑对该问题予以规范和明确。

第四节　条约法与国际习惯法的效力层级关系

前文分别探讨了条约法与国际习惯法上免除国家责任的相关问题，然而在以往的仲裁实践中，有时仲裁庭对于该两者规则的适用并未进行严格区分，从而引致学术界广泛的批判。条约法上免除国家责任的问题实质上由国际投资协定中的例外条款予以规定，因此属于条约法范畴的规定，其与上文阐述的国际习惯法中的免除国家责任的相关抗辩事由在实体内容、效力来源和适用范围等方面都存在区别。在效力来源方面，国际习惯法中的国家责任抗辩属于二级法律规则（secondary legal rules），国际投资协定中的例外条款属于一级法律规则（primary legal rules），后者内容直接源于条约法。国际习惯法中的国家责任抗辩属于国际习惯法的一部分，例外条款则源于条约法中的具体规定，其构成了两个国家之间的一种条约特别约定，处于特别法的地位。[1] 在具体的国际投资仲裁实践中，有些仲裁庭如 *CMS* 案、*Enron* 案和 *Sempra* 案仲裁庭常常没有区分条约法与国际习惯法的规定，将国际习惯法中的国家责任抗辩事由混同于条约法中的例外条款予以解释与类比适用，这种做法受到了学术界的批判。将该两种效力来源不同的规

---

〔1〕 See Burke-White WW & Staden AV, Investment Protection in Extraordinary Times: The Interpretation and Application of Non-Precluded Measures Provisions in Bilateral Investment Treaties, *Virginia Journal of International Law*, 2008, 48(2), p. 307 - 410.

则混同起来，会导致条约法的规定形容虚设，也违反了条约解释的有效性原则。因此，条约法中的规则应被解读为国家之间基于具体条约创设的有别于国际习惯法的独立规则。

第一，条约法与国际习惯法规则相互独立且并存。

既然条约法是有别于国际习惯法的独立的法律规则，那么条约法是否取代了国际习惯法的规则予以适用，还是两者并存？关于这个问题，国际法院曾在具体案件中认为，国际习惯法与条约法是互相独立且并存的，除非条约法中明确规定条约取代国际习惯法适用，或者国际习惯法的规则与条约法相抵触因而国际习惯法不能与条约法并存。然而条约法一般未对该问题作出明确规定，因此国际习惯法与条约法应该是独立且同时可供适用的法律规则。[1] 故国际投资协定中的例外条款与国际习惯法中的国家责任抗辩事由应是并存的两种可供适用的法律规定。

第二，条约法之例外规则优先适用于国际习惯法规则。

条约法与国际习惯法是两种并存的规则，在具体适用中，是否具有先后适用顺序？在国际投资仲裁实践中，*CMS* 案撤销委员会在裁决中认为条约法中的例外条款应优先于国际习惯法适用。具体而言，撤销委员会认为 *CMS* 案仲裁庭法律适用错误，仲裁庭应首先适用作为特别法的条约例外条款，应判断是否存在违反条约的情况发生，只有仲裁庭认为东道国采取的措施不能满足例外条款规定的条件，也即确实出现了违背条约义务的违法性行为，此时仲裁庭才能根据国际习惯法中的排除行为违法性的相关规则来判断东道国的行为能否被排除国家责任。[2] 此外，*Sempra* 案撤销委员会也持相同的看法，认为作为特别法的条约法应首先被充分审查与适用；*LG & E* 案和 *Continental* 案仲裁庭也均在裁决中明确了法律适用的问题，认为条约法作为国家间的一种特殊安排和约定，具有特别法的地位，在具体案件中应优先于国际习惯法适用；*Bear Creek v. Peru* 的仲裁员也明确指出条约例外

---

〔1〕 Handyside v. United Kingdom, 24 Eur. Ct. H. R. Judgment, 1976, p. 96.

〔2〕 CMS Gas Transmission Company v. The Republic of Argentina, ICSID Case No. ARB/01/8, Annulment Proceedings, Sept. 25, 2007, paras. 132 – 134.

条款的特别法地位问题。[1] 因此,条约法不仅是独立于国际习惯法并与国际习惯法并存的规则,还是应优先于国际习惯法适用的规则。在国家责任问题的判断上,条约法中的例外条款比国际习惯法之国家责任抗辩事由优先适用。

根据上文的仲裁实践分析,国际习惯法中一般性管制措施得以免除国家赔偿责任的前提和条件主要有三个方面,即非歧视的、符合正当程序、为了公共目的,这些条件实质上可以看作东道国外资规制权的一般界限。也就是说,在国际习惯法层面,一项实质的国家管制措施想要免除国家责任,需要符合东道国外资规制权的一般界限;而在作为特别法的国际投资协定层面,每一种具体的例外条款又对东道国外资规制权的边界进行了具体的规定,东道国采取的相关措施想要免责,必须满足这些具体的规定,以下章节将对此进行具体阐述。

本章小结

例外条款的适用效果表现为可以在特定条件下允许东道国采取与其承担的条约义务不符的措施并最终免除东道国的国家责任。考虑到国际投资仲裁实践中部分仲裁庭易将该问题与国际习惯法上的相关规定联系起来,故本章首先介绍了国际习惯法上排除行为违法性的一些基本问题和国家责任的抗辩事由。这一章的主要问题是,例外条款能否完全免除国家赔偿责任,学术界的观点存在分歧:一种观点认为,例外条款不能完全免除国家责任,即只能免除国家对另一国的国家责任,不能免除国家对该国投资者的赔偿责任;另一种观点认为,例外条款可以完全免除国家对投资者的赔偿责任。

有限免除责任说的学者认为国际投资协定义务存在两个层次:一个层

〔1〕 Bear Creek Mining Corporation v. Republic of Peru, ICSID Case No. ARB/14/2, Award, 30 November 2017, Partial Dissenting Opinion of Professor Phillippe Sands QC, para. 41.

次是缔约方之间的条约义务,另一个层次是国家与投资者之间的条约义务。例外条款仅能免除国家层面上的国家对另一国的国际法义务,而国家对投资者的责任,应该秉持私有财产不可侵犯的理念,对投资者进行赔偿。有限免除责任说的法律基础主要是《草案》第27条:即使排除了国家行为的违法性,也不妨碍对该行为所造成的任何"实质损失"的补偿。当然,有限免除责任说有其存在的问题。

而完全免除责任说的主要依据是国家经济主权原则和晚近国际投资仲裁实践。国家经济主权原则决定了国家有权力对境内的外国投资进行必要的规制和管理;同时,在晚近国际投资仲裁实践中,如在 *Continental* 案、*Sempra* 案、*Saluka* 案、*Philip Morris* 案、*Tecmed v. Mexico*、*Methanex* 案、*Chemtura v. Canada*、*S. D. Myers v. Canada* 以及 *Lauder v. Czech Republic* 等众多案件中,国际投资仲裁庭都阐述了一种国际习惯法原则,即东道国正常行使其国家规制权采取的措施只要是非歧视和符合正当程序的,且以公共福利为目的,则可以免除对外国投资者的赔偿责任。东道国采取的一般性管制措施已被广泛认可为国家警察权力范畴内的事,并且如今也成为一项被广泛认可的国际习惯法原则。

同时,该国际习惯法原则不断申明国家一般性管制措施免责的条件,包括:国家采取的措施必须是非歧视、正当程序和为了公共目的,这是国际习惯法对国家外资规制权一般界限的规定。而在国际投资协定层面,每一种具体的例外条款又对国家外资规制权边界作出了具体的规定,东道国采取的措施需要在这些例外条款规定的具体的权力边界范围内才能免责。关于条约法与国际习惯法在国家责任方面的效力层级关系问题,鉴于条约法作为特别法具有优先适用性,应首先适用条约法中的例外条款对于东道国权力边界的具体规定,国际习惯法的相关规定则次之。

CHAPTER 03 >>

第三章

国际投资协定中的一般例外条款

例外条款能否实现其条款目的的关键是东道国是否在其外资规制权的边界范围内行事,即东道国采取的措施是否非歧视、符合正当程序和为了公共目的,这个边界可看作国际习惯法对国家实质性管制措施免责的一般性条件。在一般例外条款中,有时条款序言中会作出非武断、非歧视或者不得构成对投资的变相限制等规定[1],这种规定与国际习惯法的规定有类似之处,都要求管制措施具有非歧视性,同时一般例外条款普遍要求管制措施具有公共目的性。不过,一般例外条款作为一种具体的例外条款,还具有一些具体的适用条件。

国际投资协定对一般例外条款的具体规定不尽相同,其中较典型的是2004年加拿大BIT范本第10条规定的一般例外条款,该条款文本内容非常详尽,同时包含了一

[1] 例如,2004年加拿大BIT范本第10条的一般例外条款规定:Subject to the requirement that such measures are not applied in a manner that would constitute arbitrary or justifiable discrimination between investments or between investors, or a disguised restriction on international trade or investment, nothing in this Agreement shall be construed to prevent a Party from adopting measures necessary: (1) to protect human, animal or plant life or health; (2) to ensure compliance with laws and regulations that are not inconsistent with the provision of this Agreement, or (3) for the conservation of living or non-living exhaustible natural resources。

般例外、安全例外和金融审慎措施等7款相关内容,其中关于一般例外的内容具体规定如下(仅节选第1款作为示例):

> 1. 只要相关措施不以武断或不合理之方式适用,或不构成对国际贸易与投资的变相限制,本协定中任何规定均不得被理解为阻止缔约方采取或维持下述必要的措施:
>
> (1)保护人类、动物或植物生命或健康;
>
> (2)确保遵守与本协定条款无不一致的法律法规;或
>
> (3)与保护有生命或无生命的可耗竭自然资源相关的措施。

当然,除加拿大外,其他国家对于该条款文本的具体规定也存在不同程度的差异。尽管不同的一般例外条款之间存在一些文本上的差异,但其具备一些结构上的基本共同点,即允许东道国在特殊情况下采取"必要的"措施,维护相关公共政策目的。在实际案件中援引一般例外条款,还须满足该条款对东道国规制权边界的上述两点具体要求。

第一节　一般例外条款的适用要件

一、"必要的"措施

一般例外条款通常都要求东道国采取的维护公共利益的措施须是"必要的"措施。所谓"必要",字面意思即措施与目标之间须存在足够的相关性或至少存在很密切的联系。那么问题是,如何定义"必要的措施"?怎样衡量东道国采取的措施是必要的还是非必要的?关于这两个问题,以往的WTO裁判实践和国际投资仲裁实践中存在几种不同的解释方法。[1]

---

〔1〕 See Juan Du, Balancing State's Regulatory Autonomy and Investor's Interests in IIAs: Is Exception Clause a Gateway for Government?, *Научные труды Ә дiлет*, 2015(4), p. 52 – 75.

（一）唯一性标准

该解释方法是国际习惯法中判断东道国针对其不法行为进行“必要性抗辩”（necessity defense）时采用的方法。ILC 认为，所谓“必要的”措施，是指唯一可以采取的措施，并且该措施没有严重损害另一国的安全利益。具体规定可见《草案》第 25 条，即国家可以援引“必要性抗辩”来排除其采取的违反国际义务的措施的违法性，除非该措施是该国家可采取的“唯一的”可以保护其根本利益免于重大侵害的措施。[1]

《草案》的评论对“必要性抗辩”进一步作出了解释，即所谓的“必要的”措施，是可以采取的唯一的措施，如果存在其他可供采取的措施，即便该措施的实施成本更大或更不方便，那么也不应认为实际采取的措施是必要的。[2] 因此，如果根据国际习惯法来解释一般例外条款的“必要性”要求，那么只有当东道国采取的措施是在实际情况中唯一能够采取的措施且不存在其他的可能性时，该措施才能被认为是“必要的”措施。

在国际投资仲裁案件（如 *CMS* 案、*Enron* 案和 *Sempra* 案）中，仲裁庭在解释案件涉及的安全例外条款中的“必要的措施”时，也采取了国际习惯法中判断东道国必要性抗辩的“唯一性标准”的解释方法，并据此认为阿根廷政府采取的措施对保护其本国的经济安全不具有必要性。[3] 国际投资仲裁庭之所以援引国际习惯法中的解释标准来解释投资法领域的术语，可能是因为例外条款中的“必要的措施”和国际习惯法中的“必要性抗辩”在措辞上具有相似性，导致仲裁庭自然联想到运用国际习惯法的解释标准作为指导或者参考。但是国际习惯法中的“必要性抗辩”较之国际投资协定中的“必要的措施”而言，实际上是一个独立的概念，二者并不等同，不可混用。

---

〔1〕 See ILC Draft Articles, Article 25 Necessity.

〔2〕 See ILC Draft Articles, Article 25, Commentary 15.

〔3〕 See CMS Award, ICSID Case No. Arb/01/8, May 12, 2005, para. 324; Enron Award, ICSID Case No. Arb/01/3, May 22, 2007, para. 308.

（二）自由裁量标准

和国际习惯法的唯一性解释标准不同的是，ECHR 对“必要性”的判断曾采取了一种非常宽泛的解释标准。较早期有一个案例，即 1976 年 *Handyside v. UK*，在该案中，裁判庭在解释何谓“必要的”措施时提到：“国家相关部门可以针对实际情况的紧迫性并在当时的情况下对采取的措施的必要性作出一个初步判断和决定。”[1] 这样的解释方法实际上为国家提供了一个自由裁量的空间，允许国家自己判断其采取的措施对所追求的目标是否具有必要性。

（三）最低限制措施标准

“最低限制措施”（least restrictive measures）标准的解释方法主要为 WTO 的裁判实践所采用，其实际含义是只要国家为维护既定目标而采取的措施是众多可以备选的措施中对相对方权益限制最少的措施，那么该措施即可被认为是“必要的措施”。

在 1990 年的泰国香烟案（*Thailand cigarettes*）中，GATT 专家组就采用该标准来判断泰国政府采取的限制外国香烟进口的措施对保护本国公民的健康是否构成必要的措施。[2] 在专家组报告中，裁判庭认为只要不存在与 GATT 相符的其他措施，或者存在较为不符的其他措施，就可以认为泰国政府采取的进口限制措施是必要的。[3] 然而，在该案中，美国辩称泰国政府仍

---

〔1〕 “The Court notes at this juncture that, whilst the adjective ‘necessary’, within the meaning of Article 10 para. 2 (art. 10 – 2), is not synonymous with ‘indispensable’ (cf., in Articles 2 para. 2) (art. 2 – 2) and 6 para. 1 (art. 6 – 1), the words ‘absolutely necessary’ and ‘strictly necessary’ and, in Article 15 para. 1 (art. 15 – 1), the phrase ‘to the extent strictly required by the exigencies of the situation’, neither has it the flexibility of such expressions as ‘admissible’, ‘ordinary’ (cf. Article 4 para. 3) (art. 4 – 3), ‘useful’ (cf. the French text of the first paragraph of Article 1 of Protocol No. 1) (P1 – 1), ‘reasonable’ (cf. Articles 5 para. 3 and 6 para. 1) (art. 5 – 3, art. 6 – 1) or ‘desirable’. Nevertheless, it is for the national authorities to make the initial assessment of the reality of the pressing social need implied by the notion of ‘necessity’ in this context.” Handyside v. UK, 24 ECHR Judgment, 1976.

〔2〕 See *Thailand-Restrictions on Importation of and Internal Taxes on Cigarettes*, Panel Report, WT/DS10/R, Oct. 5, 1990.

〔3〕 See Ibid., para. 75.

然可以通过采取其他措施，比如采取一些国内措施来达到保护本国公共健康的目的。因此，专家组继而探讨该问题并最终得出，泰国政府还可以采取其他措施来控制香烟消费并达到保护公共健康的目标，其实际采取的措施并不是对相对方权益限制最少的一种，因此该案中的措施并不符合 GATT 第 20 条 b 项中的“必要性”要求。[1]

2000 年的韩国牛肉案则采取了一种较为发展的解释方法来对待“必要的措施”。所谓“必要”标准不应是一种绝对的必要或必不可少，而应解读为从“必不可少”(indispensable)到“有助于”(make a contribution to)这个区间内的任何满足条件的措施。[2] 也就是说，衡量一个措施是否必要，取决于对一系列因素的衡量和平衡，其中最重要的因素就是采取的措施所影响的相关方的众多权益中哪一个具有更为重要的价值。[3] 除此之外，还须考虑其他因素，如该案裁判庭就进一步指出，这些其他因素包括采取的措施对目标的实现所做出的贡献大小和该措施对国际投资施加的限制程度。[4] 这些因素在很多案件中与裁判庭衡量“必要性”问题有着或多或少的联系。在国际投资仲裁案件中，典型的 *Continental* 案就借鉴了这一解释方法对美国—阿根廷 BIT 第 11 条中的“必要的”进行了解读。[5]

另外，2005 年美国博彩案(*US Gambling*)的裁决报告还进一步讨论了关于解释必要的措施时争端双方的举证责任分配问题。[6] 该案裁判小组最初认为，只有当一国已穷尽各种可以采取的与 WTO 相关规定相符的措施后，最后采取的与 WTO 规定不符的措施才能被认为是“必要的”措施。[7] 也就

---

[1] See *Thailand-Restrictions on Importation of and Internal Taxes on Cigarettes*, Panel Report, WT/DS10/R, Oct. 5, 1990, paras. 76 – 81.

[2] See *Korea-Measures Affecting Imports of Fresh, Chilled and Frozen Beef*, WTO Appellate Body Report, WT/DS161, 169/AB/R, 10 January 2001, para. 161.

[3] See Ibid., para. 166.

[4] See Ibid., para. 164.

[5] See Continental Casualty Company v. Argentine Republic, ICSID Case No. ARB/03/9, Award, paras. 193 – 197.

[6] See *US-Measures Affecting the Cross-border Supply of Gambling and Betting Services*, WTO Appellate Body Report, WT/DS285/AB/R, 20 April 2005.

[7] See *US-Measures Affecting the Cross-border Supply of Gambling and Betting Services*, Panel Report, WT/DS285/ R, 10 November 2004, para. 6. 528.

是说，该案的裁判小组所理解的“最低限制措施”实际上是一种“最后可用措施”，即穷尽所有可能采取的措施后，最后剩下的唯一可以采取的措施即为必要的措施。然而，该案上诉机构否决了裁判小组关于“必要的措施”的解释方法，因为上诉机构认为裁判小组并没有将关注点集中在美国追求其公共利益保护所可能采取的任何一种替代措施的问题上。[1] 并且，在关于列举可用的替代措施的举证责任方面，上诉机构进一步认为，只有当原告国首先提出存在一种或若干种可以采取的替代措施时，被告国才有义务对原告国提出的替代措施进行回应。[2] 也就是说，当原告国在一个具体案件中向裁判小组提出了另一个可供被告国采用的更合理的、对相对方权益限制更小的措施时，裁判小组才有必要对这两个措施进行比较并决定哪一个措施是更为“必要的”措施；如果相对方没有主动提出任何其他可供被告国采取的替代措施，被告国则没有义务主动向裁判小组证明其他替代措施的存在，只需证明该案中事实上采取的措施是必要的措施即可。

综上，通过分析上述三种不同领域的实践对“必要的措施”的解释方法，可以看出，在实际案件中，对“必要性”标准的不同解释在很大程度上会对措施产生的风险和代价在东道国和投资者之间的分配和归属问题产生立竿见影的影响：国际习惯法下狭义限制的解释会束缚东道国的规制权，使东道国承担更多的行为代价；而宽泛的解释又会将东道国违约行为的风险大量转移给投资者。[3] 因此，过于严格或者过于宽泛的解释规则都不可取，并且投资条约作为特别法，应被优先适用，而运用习惯法下的解释标准会违反条约解释的一般原则。

然而，在实际案件中，仲裁庭对一般例外条款的解释的现实情况是，不同仲裁庭对该条款关键术语——“必要的”措施的解释方法存在分歧，

---

〔1〕 See *US-Measures Affecting the Cross-border Supply of Gambling and Betting Services*, WTO Appellate Body Report, WT/DS285/AB/R, 20 April 2005, paras. 317, 320.

〔2〕 See *US-Measures Affecting the Cross-border Supply of Gambling and Betting Services*, WTO Appellate Body Report, WT/DS285/AB/R, 20 April 2005, paras. 310 – 311, 320.

〔3〕 See Juan Du, Balancing State's Regulatory Autonomy and Investor's Interests in IIAs: Is Exception Clause a Gateway for Government?, *Научные труды Ә ділет*, 2015(4), p. 52 – 75.

有些仲裁庭会受到 WTO 审判实践的影响，采用贸易法领域的标准对该术语的解释。[1] 例如，*Continental* 案仲裁庭就采纳了 WTO 审判实践中的解释方法。而另有一些仲裁庭则适用了国际习惯法的解释标准，出现对条约解释原则的背离，最典型的如 *CMS* 案、*Enron* 案和 *Sempra* 案，以致后来很多学者质疑这些仲裁庭没有把投资条约作为特别法优先适用并解释条约，违背条约解释的一般原则。因此，实践中对"必要的"措施的解释在不同的案件中较难达到一致，造成了一般例外条款在实际案件中的作用不稳定且难以被预测。

二、公共政策目标

一般例外条款得以被成功适用，除需要满足"必要的"措施的条件外，还需要满足的重要条件就是相关公共政策目标。只有当东道国采取的措施是为了维护和实现相关公共政策目标时，才能适用一般例外条款并免除国家责任。对公共政策目标的维护是一般例外条款的核心内容，在一般例外条款中，其具体规定通常包括"人类、动物和植物的生命或健康"(human, animal or plant life or health, 又称公共健康)、"生物或非生物的可用竭自然资源的保护"(conservation of living or non-living exhaustible natural resources, 又称环境)、"公共秩序"、"公共道德"(public morals/morality)等。[2] 表 3-1 列举了一些典型的一般例外条款中普遍存在的公共政策目标的种类。

[1] See Subedi Surya P., *International Investment Law: Reconciling Policy and Principle*, 4th ed., Hart Publishing, 2020, p. 236.

[2] See Kulick A., *Global Public Interest in International Investment Law*, Cambridge University Press, 2012.

表 3-1 一般例外条款的公共政策目标种类及条约实践

相关的公共政策目标	一般例外条款
公共健康	2003 年新加坡—EFTA FTA 第 33 条 2003 年新加坡—澳大利亚 FTA 第 21 条 2004 年加拿大 BIT 范本第 10 条 2005 年美国—澳大利亚 FTA 第 22.1 条 2011 年哥伦比亚—EFTA FTA 第 4.15 条 2008 年中国—新西兰 FTA 第 200 条 2009 年印度—韩国 FTA 第 10.18 条 2010 年中国—东盟 FTA 第 16 条 2009 年加拿大—EFTA FTA 第 22 条 2014 年中国—加拿大 BIT 第 33 条 2015 年中国—澳大利亚 FTA 第 9.8 条 2016 年欧盟—南部非洲发展共同体 EPA 第 97 条 2017 年加拿大—欧盟 CETA 第 8.9 条
环境	2003 年新加坡—澳大利亚 FTA 第 21 条 2004 年加拿大 BIT 范本第 10 条 2008 年中国—新西兰 FTA 第 200 条 2009 年印度—韩国 FTA 第 10.18 条 2009 年加拿大—EFTA FTA 第 22 条 2014 年中国—加拿大 BIT 第 33 条 2015 年中国—澳大利亚 FTA 第 9.8 条 2016 年欧盟—南部非洲发展共同体 EPA 第 97 条
公共道德	2003 年新加坡—EFTA FTA 第 33 条 2003 年新加坡—澳大利亚 FTA 第 21 条 2011 年哥伦比亚—EFTA FTA 第 4.15 条 2014 年海湾合作委员会—EFTA FTA 第 6.2 条 2010 年中国—东盟 FTA 第 16 条 2009 年印度—韩国 FTA 第 10.18 条 2016 年欧盟—南部非洲发展共同体 EPA 第 97 条 2017 年加拿大—欧盟 CETA 第 8.9 条

（一）公共健康

"公共健康"，字面意思一般指某种大面积的甚至是全国性的疾病或传染病的暴发或者其他很紧迫的、足以威胁全民安全的突发性公共健康事件的暴发，其在一般例外条款中通常被规定为"人类、动物和植物的生命或健康”。关于该政策目标,最主要的问题是如何判断某种危机构成对公共健康的严重威胁从而适用一般例外条款。该问题可以参考 SPS 协定,协定提供了一个广泛适用的衡量标准。

根据 SPS 协定第 2 条第 2 款的规定,采取的措施只能出于保护人类、动物和植物的生命或健康,且这些措施的采用和维持应以相关的科学依据和原理为基础。如果该科学依据不足,也可参照相关国际组织采取的与之有关的信息,或者在相同情况下参照其他成员方采取的措施。〔1〕

至于公共健康保护的范围问题,如今并不只关乎某个国家,而是一个全球合作的范畴。根据 2007 年《国际卫生条例》(International Health Regulations,IHR)的规定,公共健康合作并不局限于一系列具体的传染病防护,这种传统的防护领域已存在了一个世纪之久,如今的公共健康问题涉及任何一种能够严重威胁人类生命健康的疾病或医疗状况,无论其源于哪个或哪些国家和地区。〔2〕 公共健康保护已从对传染疾病防治的传统领域扩展到经济、贸易、人权、环境保护等一系列新的领域。〔3〕

因此,随着经济全球化程度的不断加深,一些危险或不合格的外来商品的流通、环境的变化以及其他可能危害公共健康的状况也同样有可能源于国界之外,一国应对本国公共健康危机以及全球性的公共卫生安全的措施也应视为是对公共健康的保护。

(二)公共秩序

对于“公共秩序”的概念存在多种解释,并没有一个统一的定义。〔4〕 在早期国际法院裁判实践中,大法官劳特派特认为,公共秩序指“国家最基本

〔1〕 参见 SPS 协定第 5 条第 7 款。

〔2〕 参见《国际卫生条例》第 1 条第 1 款,载 http://whqlibdoc. who. int/Publications/2008/9789241580410_eng. pdf,最后访问日期:2021 年 6 月 28 日。

〔3〕 参见 Max Planck Encyclopedia of Public International Law 对“公共健康”的定义。

〔4〕 对“公共秩序”的理解,可参见 Max Planck Encyclopedia of Public International Law 的解释。

的法律概念、礼仪、道德,以及对未成年人利益的保护”[1]。美国博彩案的专家组对公共秩序的理解为“通过实行公共政策和法律法规而达到的对根本的社会利益的维护,这些根本的社会利益包括基本的法律准则、社会安全和道德”[2]。

在国际投资协定实践中,美国双边投资条约将公共秩序解释为“应包括根据缔约一方的警察权力而采取的保护公共健康和安全的措施”[3]。并且,当对公共秩序的威胁达到一定的严重程度或面临巨大压力时,对公共秩序的保护也有可能转换为对根本安全利益的保护问题。此外,2013 年中国—哥伦比亚 BIT 第 12 条是与安全有关的公共秩序条款,其中列举了一系列援引公共秩序条款的标准,其规定的公共秩序包括对一国根本安全利益的保护措施,以及对社会最根本利益的保护。也就是说,该条款中的公共秩序是一个与国家安全密切相关的概念。

同时,OECD 的《保护外国财产公约草案》(Draft Convention on the Protection of Foreign Property)第 6 条规定:“缔约方在下列情况下可以采取措施减损对本公约的适用:在战争、敌对或因为不可抗力而产生的严重危急情况,或者不可预见的情况的发生以及有可能危及国家根本安全利益的情形。”[4]该条款也是一个与安全有关的公共秩序条款,对第 6 条的评论则将“战争、动乱、其他广泛性的社会动荡,以及由自然灾害引起的全国范围内的

[1] Case Concerning the Application of the Convention of 1902 Governing the Guardianship of Infants (Netherlands v. Sweden), 1958 ICJ 55, 90 (Judgment of 28 November) (sep. op. of J. Lauterpacht), in which the Judge Lauterpacht stated that "fundamental national conceptions of law, decency and morality... And the protection of the interest of minors... falls naturally within the notion of public order".

[2] *US Gambling and Betting Services*, Panel Report, in which the "public order" referred to "the preservation of the fundamental interests of a society, as reflected in public policy and law. These fundamental interests can relate, *inter alia*, to standards of law, security and morality". See *US-Measures Affecting the Cross-border Supply of Gambling and Betting Services*, Panel Report, WT/DS285/ R, 10 November 2004, para. 6. 467.

[3] 例如,1997 年美国—蒙古国 BIT 第 10 条规定。

[4] See OECD Draft Convention on the Protection of Foreign Property, Text with Notes and Comments, 1968.

危急情况,如飓风、地震、火山爆发等”情形都包含在公共秩序范畴内。[1]

(三)公共道德

“公共道德”是一个无形的概念,如何在实践中得到具体应用一直比较难以确定,直到WTO出现了第一个与公共道德问题有关的案件,即2004年的美国博彩案,该问题才得见分晓。[2] 专家组在该案件中认为,“公共道德”应该是“一个公共团体或国家所采纳和坚持的关于明辨行为的是非对错的标准”[3]。在2009年中国出版物与声像产品的案件中,专家组认为,公共道德的概念会随着时间和空间的转移而改变,这取决于一系列因素,包括为大众所普遍接受的一些社会、文化、宗教价值等。[4] 而成员方在适用这样一个社会性概念时,应该享有一定的空间和自由,根据其本国领土内盛行的社会价值观来定义和适用“公共道德”的概念。[5] 另外,2013年欧洲共同体海豹产品进口和营销保护措施案也涉及国际贸易领域中的“公共道德”问题,不同的是,此案的“公共道德”延伸到了一个全新的领域,即动物权益的保护。[6] 需要注意的是,不同的国家在政治、社会体系、社会文化、传统、道德信仰、宗教习惯等方面均存在差异,这就有可能使他们所遵守的公共道德和对公共道德的保护方式存在巨大差异。总而言之,不论采用何种方式保护公共道德,都应注意采取的保护措施符合正当程序原则且不应对其他国家

---

〔1〕 See Notes and Comments to Article 6 of OECD Draft Convention on the Protection of Foreign Property, 2(b), http://www.oecd.org/investment/internationalinvestmentagreements/39286571.pdf.

〔2〕 关于美国博彩案之后“公共道德”例外在国际贸易法领域的应用,可参见 Jeremy C. Marwell, Trade and Morality: The WTO Public Morals Exception after Gambling, *New York University Law Review*, 2006(81), p. 802 – 815。

〔3〕 *US Gambling* case, “standards of right and wrong conduct maintained by or on behalf of a community or nation”, Para. 6. 465.

〔4〕 See *China-Measures Affecting Trading Rights and Distribution Services for Certain Publications and Audiovisual Entertainment Products*, Panel Report, WT/DS363/R, 12 August 2009, para. 5. 11.

〔5〕 See *US Gambling* case, para. 6. 461; *China-Measures Affecting Trading Rights and Distribution Services for Certain Publications and Audiovisual Entertainment Products*, Panel Report, WT/DS363/R, 12 August 2009, para. 7. 759.

〔6〕 See *European Communities-Measures Protecting the Importation and Marketing of Seal Products*, Panel Report, WT/DS400/R, WT/DS401/R, 25 November 2013.

构成武断的歧视。

综上,在适用和解释一般例外条款中包含的这些不同种类的公共政策目标时,除了要对其基本内涵予以准确把握,还应以发展的眼光与时俱进地解释和适用,不能拘泥于其固有的意思,应看到其随着时代发展演化出的新的内涵。不过在实践中,国际投资仲裁机构对国际投资协定中涉及一般例外条款相关问题和术语的解释未达成一致,解释途径仍然充满不确定性。

第二节 一般例外条款的国际投资仲裁实践

一、仲裁庭的立场

在很多案件中都可看到投资者挑战东道国管理本国公共事务、保护公共利益的管制措施,但一般例外条款被审查与适用的机会却很少。到目前也仅发现有两个案件的仲裁庭对一般例外条款进行了审查,即 *Copper Mesa Mining v. Ecuador*(2016)[1]和 *Bear Creek v. Peru*(2017)[2]。另外,在个别案件里也可见仲裁庭阐述其对例外条款的一般性立场。例如,在 *Canfor Corporation v. United State of America* 和 *Terminal Forest Products Ltd. v. United States of America*(2006)两个案件中,仲裁庭在解释例外条款问题时,把参照点转向了 GATT 的裁判实践,并根据加拿大冰淇淋和酸奶产品进口限制案[3]中专家组的观点,认为仲裁庭应对例外条款持谨慎态度,进行限制

---

〔1〕 Copper Mesa Mining Corporation v. Republic of Ecuador, PCA No. 2012 – 2, Award, 15 March 2016, para. 6. 58.

〔2〕 Bear Creek Mining Corporation v. Republic of Peru, ICSID Case No. ARB/14/2, Award, 30 November 2017, paras. 473 – 474.

〔3〕 *Tariffs Applied by Canada to Certain U. S. – Origin Agricultural Products*, CDA – 95 – 2008 – 01, 2 December 1996, para. 122. "Exceptions to obligations to trade liberalization must perforce be viewed with caution."

解释。[1]

更典型的是 *El Paso v. Argentine*（2011），仲裁庭通过援引《维也纳条约法公约》第 31 条第 1 款，并根据国际投资条约的目的和宗旨，认为双边投资条约的目的是“为一缔约方投资者在另一缔约方领土内的投资营造一个良好的环境”。因此，如果将例外条款解释得太宽泛，将会使“东道国享有的权力太盛而投资者面临的风险太大”。关于东道国权力和投资者保护两者之间的平衡问题，仲裁庭指出：“当然，有些人可以辩称，双边投资条约是互惠的、相互的，对例外条款的宽容对待并不是只对缔约一方有利，这是对缔约双方都有利的事情，因为缔约双方都有可能成为争端中的东道国而享有例外条款赋予的管制自由的权力。”然而，更具说服力的观点是：“双边投资条约主要是规定外国投资者海外投资的协定，而不是关于国家之间外交关系的国际协定。”[2]

所以实践中确实会存在一些仲裁庭更倾向于从投资协定的条约目的和宗旨出发，认定在一个旨在规定投资问题的国际协定中，例外条款不应被扩大解释，而应以维护投资者的利益为主。不过，随着国际投资领域对东道国和投资者利益平衡的不断追求，此种对一般例外条款的解释立场和谨慎态度会逐渐得到改善。

二、仲裁庭对一般性管制措施的仲裁实践

投资者挑战东道国正当管理本国公共利益行为的案件屡见不鲜，然而在仲裁实践中，因为包含一般例外条款的国际投资协定数量有限，以及仲裁庭在适用例外条款时的谨慎态度，一般例外条款在实践中被充分审查与适用的机会很少。那么，在此种情况下东道国能否通过其他途径而同样享受

[1] 需要注意的是，*Canfor Corporation v. United States of America* 和 *Terminal Forest Products Ltd. v. United States of America* 两个案件在 2005 年被 UNCITRAL 仲裁庭合并。See Canfor Corporation v. United States of America and Terminal Forest Products Ltd. v. United States of America, UNCITRAL, Decision on Preliminary Questions, 6 Jun. 2006, para. 187.

[2] El Paso Energy International Company v. The Republic of Argentina, ICSID Case No. ARB/03/15, Award, 31 Oct. 2011, para. 604.

规制权力自由？这在国际习惯法层面通常是存在解决途径的。在案件实际审理过程中，仲裁庭通常将东道国出于保护公共利益而对外资行使的管制行为认定为东道国的一般性管制措施，并归于是对其"警察权力"的行使，将其与间接征收问题联系在一起，否定东道国的一般性管制措施构成间接征收，从而达到免除东道国国家责任的目的。但是，在这个问题上，也有仲裁庭持有相反的立场。

（一）认定一般性管制措施构成间接征收

在 *Santa Elena v. Costa Rica*（2000）（以下简称 *Santa Elena* 案）中，哥斯达黎加政府颁布了一部环境保护法规，仲裁庭认定该法规的颁布构成了间接征收。[1] 其中仲裁庭明确，东道国采取的环境保护措施，无论其对社会多么有益，在间接征收问题面前，都不能例外，即一旦东道国采取的措施构成征收，就应以间接征收对待，无论征收是出于环境保护目的还是其他公共目的，都不影响征收的法律本质，并且东道国的赔偿责任也仍然存在。[2] 正因如此，仲裁庭认为没有必要继续审查东道国承担的保护环境的国际义务方面的问题。

同样，在 *ADC v. Hungary*（2006）中，东道国辩称其享有管理本国内部事务的权力，而仲裁庭却否认东道国对投资者采取的措施仅仅是其在根据国际法行使国家主权权力以及管理本国经济和法律事务。在仲裁庭看来，尽管国家享有其固有的主权权力，但这些权力在行使过程中也并不是没有限制和界限的，双边投资条约的存在，使东道国承担了相应的协定义务，而这些协定义务就是东道国国家主权权力的界限。因此，只要东道国签订了双边投资条约，就应受到协定的约束，并应遵守协定，承担保护投资的义务，而不是一味地主张其国家规制权力。[3]

---

〔1〕 See Compania del Desarrollo de Santa Elena, S. A. v. The Republic of Costa Rica (Santa Elena v. Costa Rica), ICSID Case No. ARB/96/1, Award, 17 Feb. 2000.

〔2〕 See Ibid., paras. 71 – 72.

〔3〕 See ADC v. The Republic of Hungary, ICSID Case No. ARB/03/16, Award, 2 Oct. 2006, para. 423.

在上述两个案件中，仲裁庭均无视东道国正当的国家规制权，认为只要东道国签订了投资协定，在任何情况下都要受到协定义务的约束，此时的协定义务就是东道国外资规制权的边界，不存在任何例外。只要东道国的管制措施违反了条约义务，触碰到该边界，无论其出于何种目的，在何种情况下实施，都不影响东道国行为的违法性和国家责任的承担。因为倘若以公共利益保护为由，即使一项措施构成间接征收，东道国也可不给予投资者以赔偿或补偿，这似乎也与各国签订国际投资协定的目的相违背，同时也意味着在征收方面，国际投资协定对投资者提供的保护弱于国际习惯法所提供的投资保护。正如有学者所认为的，仲裁庭不太可能以公共利益保护作为排除间接征收应予补偿的规定，因为在一个旨在促进与保护投资的国际投资协定中，缔约各方的目的都是更好地保护投资，而不是减少或者限制这种保护，如果一项措施对于保护人类、动植物的生命或健康是必要的，那东道国当然可以采取该种措施，但对投资者造成的损害仍应给予补偿。[1] 因此，对于一项东道国的被诉措施，即使该措施是为了维护国内公共利益而采取的必要的措施，但如果该措施对投资者的投资构成一种实质性的侵害或剥夺，仲裁庭还是很可能会从投资协定的目的和宗旨出发，更倾向于对投资者利益的保护，认定东道国的该措施构成间接征收并应给予补偿。显然仲裁庭这类观点更加注重对投资者利益的保护，对东道国的规制权力自由持保守态度，不利于东道国与投资者之间利益的平衡。但情况并不总是如此，在另外一些案件中，仲裁庭对该问题持另一种态度。

（二）认定一般性管制措施不构成间接征收

在 *Feldman v. Mexico*(2002)中，仲裁庭对东道国的一般性管制措施与间接征收的关系持相反的立场，其认为国家为维护本国的公共利益有采取相应措施的行为自由，倘若任何经济主体因为东道国采取的这种措施遭受负面影响，而判令东道国承担赔偿责任的话，那么东道国维护公共利益的目

---

〔1〕 See Newcombe A., General Exceptions in International Investment Agreements, Draft Discussion Paper Prepared for BIICL Eighth Annual WTO Conference, May 2008, London.

标就很难实现。该案仲裁庭还认为,这已经构成了一种习惯国际法的做法。[1]

同样,在*Methanex*案中,尽管Methanex公司声称美国政府对其产品采取的措施违反了NAFTA项下的国民待遇义务和公平公正待遇义务,并且也构成了间接征收,但仲裁庭却认为,美国政府采取的措施并不构成间接征收,因为采取这些措施是保护公共利益的需要。除此之外,该仲裁庭还申明:"除非缔约双方有其他具体承诺,否则根据国际法的一般规定,只要一项措施的采取符合相应的正当程序,不构成歧视,且是为了维护公共利益,就不应该认为该措施构成征收,国家也无须承担赔偿责任。"[2]

*Saluka*案的仲裁庭遵循了*Methanex*案的先例,也同样认为只要东道国采取的措施属于国家主权范围内的政府行为,是为了维护国家公共利益,并且符合正当程序且非歧视,那么这种措施就不应该认定为构成间接征收,国家也无须对此承担经济赔偿责任。[3] 该案仲裁庭也认为这种观点是一种国际习惯法上的普遍认识。

在*Chemtura v. Canada*(2010)中,仲裁庭也同样支持东道国的一般性管制措施不构成间接征收的观点,认为该案中投资者挑战的东道国的管制措施属于东道国行使其"警察权力"的范畴,且是出于保护本国公民的公共健康和环境的目的,并未构成对原告投资者的歧视,因此,被告东道国在这种情况下采取的措施属于行使其国家主权权力,不应认定为间接征收。[4]

除此之外,在*Philip Morris*案中,仲裁庭也是从"警察权力"角度出发,认为东道国为了保护国家公共健康而采取的措施是其行使国家"警察权力"的体现,同时投资协定条款中也规定了东道国可以采取措施保护其国内公共安全和公共健康,故这种在警察权力范围内的非歧视性的管制措施不构

---

〔1〕 See Feldman v. United Mexican States, ICSID Case No. ARB (AF)/99/1, Award, 16 Dec. 2002, para. 103.

〔2〕 Methanex Corporation v. United State of America, UNCITRAL, Final Award, Aug. 3, 2005.

〔3〕 See Saluka Investments B. V. v. The Czech Republic, UNCITRAL, Partial Award, Mar. 17, 2006, para. 262.

〔4〕 See Chemtura Corporation v. Government of Canada, UNCITRAL, Award, 2010, paras. 254, 266.

成间接征收,也不存在赔偿的问题,并且仲裁庭也认为这已是一个被广泛接受的国际习惯法原则。[1]

综上,仲裁庭在 *Santa Elena* 案中的推理过程很引人注目,从表面上来看,该案的裁决结果似乎是合理的,因为每一个合法的征收都要求是为了公共目的,该案中的环境保护恰恰属于公共目的范畴,因而措施的目的性并不影响也并未改变间接征收本身的法律属性。但是试想一下,如果完全忽略东道国对公共利益保护的追求,在征收问题上完全不考虑公共目的保护的因素,这样的结果会对东道国造成极不合理的负担,不利于平衡东道国与投资者双方的利益。[2] 但是在接下来的一系列案件中,包括本部分提到的五个案件则完全颠覆了 *Santa Elena* 案的推理过程,仲裁庭也明确表明了其在一般性管制措施和间接征收问题上的立场。最近这些年的投资仲裁实践似乎反映出一种趋势,即除非双方事先明确约定,否则一般性管制措施只要是为了维护公共目的,且遵循正当程序和非歧视原则,就不应认定为构成间接征收,也不存在赔偿问题,而且这些仲裁裁决恰好也与国际投资法领域中的普遍观点一致。[3]

(三)一般例外条款与间接征收的联系与区别

一般例外条款与间接征收都涉及东道国的一般性管制措施,且这些管制措施都是出于公共利益保护的需要,所以两者具有一些相似性。例如,东道国的某项环境保护措施有可能损害投资者对其投资的所有权或者处置权。作为投资者,其会认为东道国的该项措施属于间接征收,应给予补偿;作为东道国,在存在可供援用的一般例外条款的情况下,东道国则会认为其采取的措施是保护国内公共利益的必要措施,非歧视且并不是为了变相地

---

〔1〕 See Philip Morris v. Oriental Republic of Uruguay, ICSID Case No. ARB/10/7, Award, July 2016, paras. 290 – 307.

〔2〕 See Kulick A., *Global Public Interest in International Investment Law*, Cambridge University Press, 2012, p. 234 – 237.

〔3〕 See Dolzer R., Schreuer C., *Principles of International Investment Law*, 2nd ed., Oxford University Press, 2012, p. 120 – 123.

限制投资，符合一般例外条款的要求，所以应该免除国家责任和赔偿责任。这就向仲裁庭提出了一个问题：当东道国采取了一项旨在保护公共利益的措施时，给投资者造成的损害究竟是应首先认定其构成间接征收，应给予投资者补偿，还是应首先适用一般例外条款，从而免除东道国赔偿责任？

正是因为间接征收也是为了公共目的，但东道国仍给予投资者以补偿，有些学者不免会将间接征收和一般例外条款进行比较，认为既然一般例外条款和间接征收都是为了保护公共利益，在间接征收情况下，东道国应给予投资者补偿，所以一般例外条款也应和间接征收一样，不能排除东道国的赔偿责任，至少也应给予投资者以适当补偿。其实，这样的推理不完全正确。美国 2004 年和 2012 年 BIT 范本规定对间接征收给予"及时、充分、有效"的补偿，所以，进行间接征收的前提是，东道国在条约中保证给予征收以补偿，即以保证给予补偿为前提，才能进行间接征收，否则就不能构成一项合法的间接征收，进而会引发国家行为违法性问题。所以，是否给予投资者以补偿，是间接征收合法与否，即国家行为是否存在违法性的前提。Lowenfeld 教授和 Sornarajah 教授也认为，东道国若不能对征收财产的所有人给予补偿将导致国家责任。[1] 而在适用一般例外条款的情况下，东道国的行为是否会引起国家责任，决定因素不是东道国是否对投资者给予赔偿或补偿，而是该行为本身是否符合一般例外条款规定的条件，即是否为了保护其本国的公共利益，以及采取的措施是否是必要的。故在一般例外条款下，国家行为是否会引起国家责任的前提是东道国行为是否为了公共目的和是否满足必要性条件。

---

〔1〕 See Lowenfeld Andreas F., *International Economic Law*, Oxford University Press, 2003, p. 391 – 415; Sornarajah M., *The International Law on Foreign Investment*, Cambridge University Press, 2004, p. 344 – 388.

第三节　一般例外条款的实践价值评析

面对国际投资协定可能会不适当束缚东道国正当管理本国公共事务能力的争论，一般例外条款是为了缓解这种束缚、为东道国提供一些规制空间和自由而存在的。然而学术界中有一种观点认为一般例外条款的此种价值可能有限。[1]

一、对"条款价值有限性"立场的剖析

持此立场的学者一般认为：首先，一般例外条款在实践中被仲裁庭审查与适用的机会很少。目前，在实际仲裁案件中，东道国援引一般例外条款进行抗辩的实践案例比较罕见，而在发生的大部分案件中，因为涉及的 BIT 中甚至都没有包含一般例外条款，或者因为仲裁庭对例外条款解释的谨慎态度，该条款也很少有被审查与适用的机会。

其次，仲裁庭对一般例外条款的解释，具有不确定性和不一致性。如本章所述，援引一般例外条款需要满足一些条件，而这些条件在实践中并不容易满足。如"必要性"要求，有时仲裁庭会参考 WTO 的审判实践和解释方法，有时又将条约例外中的"必要的措施"等同于国际习惯法中的国家不法行为必要性抗辩。另外，关于一般例外条款追求的一些诸如公共利益、公共

---

〔1〕 有几位学者认为一般例外条款在实践中的适用空间可能有限，例如，Celine Levesque 在其文章中认为"clarifying the interpretation of primary obligations has more potential than general exceptions to improve the balance in the regime between investment protection and other public policy objectives"。同样的观点还可参见 Andrew Newcombe 与 Barton Legum。See Legum B., Petculescu I, GATT Article XX and International Investment Law, edited in *Prospects in International Investment Law and Policy*, Roberto Echandi and Pierre Sauve eds., Cambridge University Press, 2013, p. 340 – 362; Levesque C., The Inclusion of GATT Article XX Exceptions in IIAs: A Potentially Risky Policy, edited in *Prospects in International Investment Law and Policy*, Roberto Echandi and Pierre Sauve eds., Cambridge University Press, 2013, p. 363 – 370; Newcombe A., General Exceptions in International Investment Agreements, edited in *Sustainable Development in World Investment Law*, in MC Cordonier Segger ed., M Gehring and A Newcombe, Kluwer, 2010, p. 351 – 370.

健康、公共道德、环境等政策目标,不同的仲裁庭通常也有不同的理解,各国在政治、经济、文化等领域存在区别,仲裁庭在对这些政策目标进行解读时就需要考虑更多的因素,这些使解释的结果变得难以预测。另外,在一般例外条款的适用过程中,除了要满足"必要性"要求和符合对公共利益的保护目的,还要满足额外的正当程序、非歧视等条件。[1] 然而,目前对这些问题的解释还远未形成较为一致的判例实践。

最后,国际习惯法上的警察权力理论能够为保障东道国规制权发挥必要的补充作用。因为很多仲裁庭在没有可适用的一般例外条款的情况下,似乎仍然给予了东道国管理本国事务、维护国家公共利益的行为自由。[2] 如在前文提到的一系列案件中,只要东道国采取的措施是为了维护本国合理的公共利益,以非歧视的方式进行,且遵循了正当程序原则,那么即便是没有可适用的一般例外条款,仲裁庭仍然根据国际习惯法上的警察权力的规定,将东道国为了保护公共利益而采取的措施与间接征收问题联系起来,通过否认间接征收的成立免除东道国的赔偿责任。因此,有些学者认为东道国出于公共利益保护而对外国投资进行规制的权力空间似乎可以依靠警察权力理论得到保障,而好像并不是非常需要一般例外条款的帮助,从而进一步形成了一般例外条款"无用论"的观点。

二、对条款价值的肯定及分析

尽管一些学者怀疑一般例外条款的实践价值,该条款也确实存在前文所述的问题和情况,然而一般例外条款的实践价值不应被低估。

首先,从警察权力理论的有限性角度看,国际习惯法上的国家警察权力理论的规定虽然对保障东道国规制权空间能起到一些补充作用,但警

---

〔1〕 See Chaisse J., Exploring the Confines of International Investment and Domestic Health Protection—Is a General Exceptions Clause a Forced Perspective?, *American Journal of Law & Medicine*, 2013, p. 332 – 360.

〔2〕 See SD Myers v. Canada (2000), para. 246; Pope & Talbot v. Canada (2001), para. 78; Feldman v. Mexico (2002), paras. 170, 182; GAMI Investment Inc. v. Mexico (Final Award of 15 November 2004), para. 114; Brown C., *Commentaries on Selected Model Investment Treaties*, Oxford University Press, 2013, p. 88 – 89.

察权力理论对东道国规制权力的维护是有限的，其仅仅只能排除东道国的一般性管制措施是否构成间接征收的问题，而即使否定了间接征收的成立，东道国的行为仍然可能违反其他的投资保护义务，如国民待遇或公平公正待遇等，此时警察权力理论就显得无能为力。而一般例外条款对东道国条约义务的排除是全面的，只要满足一般例外条款的适用条件，就能全面排除东道国承担的条约义务，而不只是对抗间接征收；另外，一般例外条款还能防止仲裁庭对投资协定义务的过度解释，更有效地保障了东道国的规制权。

其次，警察权力理论作为国际习惯法的一部分，属于二级法律规则，而一般例外条款作为条约法，是缔约双方的特别约定，处于特别法地位，相较于国际习惯法上的警察权力理论，一般例外条款具有优先适用性。当国际投资协定中存在一般例外条款时，条约条款能够首先保障东道国规制权，并在特定方面全面排除东道国的条约义务，只有当国际投资协定中缺失例外条款时，国际习惯法上的警察权力理论才有适用的空间和机会。不过此时，东道国的行为只能针对间接征收问题进行抗辩，而其他违反投资协定义务的行为仍然会面临投资者的起诉，因此此时东道国规制权的维护是非常有限的。鉴于此，例外条款确能全面提升东道国规制权的保障等级和程度，其作用也是不可替代的。

最后，该条款近年来在国际投资协定中的出现频率呈上升趋势也在很大程度上反映了国际社会对该条款价值的肯定。如前文所述，近年来一些国家对一般例外条款非常青睐，他们纷纷在其近几年的国际投资协定中引入一般例外条款，为东道国的规制权提供了清晰、明确的例外规定，能够在很大程度上防止仲裁庭对东道国承担的条约义务范围进行过度解释，目前它是国际投资协定实践中保障东道国规制权空间的重要的现实选择。

综上，虽然有学者质疑一般例外条款的实际作用，该条款确实在延伸东道国政策空间方面存在种种困难，但是相对来说该条款对于保证仲裁员在裁判案件时将国家政策空间问题纳入考虑范围是比较有效的。[1] 在国际投资协定中规定一个例外条款更有备无患，它对东道国规制权的维护是明确、具体和全面的。同时，东道国也应善意地适用一般例外条款，不能把该条款作为逃避条约义务的手段或途径。

本章小结

一般例外条款对东道国外资规制权边界的具体规定表现在两个方面：一方面是采取的措施必须具有"必要性"；另一方面是须维护一些相关公共政策目标。

在"必要性"的判断问题上，以往的裁判和仲裁实践存在几种不同的解释方法，本章也详细阐释了这些方法。在投资仲裁实践中，一方面是对必要性问题的解释存在分歧，一些仲裁庭倾向于将一般例外的必要性问题等同于国际习惯法上的国家不法行为之必要性抗辩来进行解释。这些情况都导致"必要性"解释存在极大的不确定性，造成一般例外条款在实践中的作用不稳定且难以被预测。

另一方面是有关公共政策目标的解释问题，包括公共健康、公共秩序、公共道德等，本章也通过相关裁判实践、仲裁实践和条约实践分别分析了这些公共政策目标，发现的问题是：有些概念存在多种解释，比如公共秩序，而对有些概念的解释则不能一成不变，应该以发展的眼光看待，比如公共健康，现在并不仅仅局限在对传染病的防护方面，而是已经扩展到经济、人权、环境保护等新的领域。另外，如公共道德，它是一个很无形的概念，不同国家在政治、社会文化、传统、道德信仰、宗教习惯等方面都存在不同，他们对公共道德的定义很可能存在巨大差异。这些都将导致一般例外条款在实际

[1] See Pathirana D. & McLaughlin M., Non-Precluded Measures Clauses: Regime, Trends and Practice, in Chaisse J., Choukroune L. & Jusoh S. eds., *Handbook of International Investment Law and Policy*, Springer, 2019, p. 1-23.

的解释与适用中面临较大的不确定性。

与此同时，目前一般例外条款在国际投资仲裁实践中的表现也并不明朗，一方面是很少有投资仲裁案件的仲裁庭对该条款进行充分审查与适用；另一方面是包含一般例外条款的国际投资协定很少，很多案件涉及的国际投资协定中都不存在一般例外条款，仲裁庭通常都是从国际习惯法层面的国家警察权力角度探讨东道国规制权自由的问题。少数投资仲裁案件的仲裁庭仅原则性地阐发了对例外条款的解释立场，他们主要考虑要避免国家享有的权力太盛而投资者面临的风险太大，所以应对例外条款持谨慎态度，进行限制解释。这也导致一般例外条款的适用变得更为困难。

另外，长期以来，在没有一般例外条款存在的案件中，东道国能否通过其他途径享有规制权自由？答案是肯定的。如本章所述，仲裁庭通常在国际习惯法层面将东道国的一般性管制措施归于对国家警察权力的行使，并与间接征收联系在一起。然而，关于一般性管制措施是否构成间接征收的问题，仲裁庭也存在不同意见，有些仲裁庭认为东道国采取的措施，无论对社会多么有益，在间接征收面前，都不能例外，一旦构成征收，就应以间接征收对待。不过，也有一部分仲裁庭认为一般性管制措施只要符合正当程序、非歧视且为了公共目的，就不构成间接征收，且他们认为这已经是一种习惯国际法的做法。近年来的投资仲裁实践似乎也不断证明了这一观点，反映出了这种仲裁趋势。

所以，在一般例外条款的实践价值判断上，一方面是一般例外条款被实际审查与适用的机会很少，同时因为仲裁庭对例外条款解释持谨慎态度，对相关术语概念解释的不确定性较大，另一方面国际习惯法层面的国家警察权力理论可以对东道国规制权力自由起到补充和弥补的作用，所以有些学者认为一般例外条款的实践价值可能有限。但笔者认为，不能因此低估一般例外条款的价值。因为国际习惯法上的国家警察权力理论对东道国规制权的维护是有限的，仅仅局限在否定了间接征收问题，而一般例外条款仍是投资协定中利益平衡的重要选择，因为它不仅可以防止仲裁庭对条约义务的过度解释，而且对东道国条约义务的排除是全面的，并不像国际习惯法那样，仅局限在间接征收问题上。

CHAPTER 04 >>

第四章

国际投资协定中的安全例外条款

安全例外条款是例外条款的一种，是规定东道国在特殊情况下可以采取相应的措施保护本国根本安全利益从而不引起国家责任的条款。一般来说，东道国违反条约义务，损害了投资者的利益，就应赔偿投资者的相应损失，但根据安全例外条款，如果东道国采取的措施是为了维护本国根本安全利益，符合该条款适用的特定情形，东道国的行为就处于条约允许的范围内，也就不存在行为违法性问题，继而无需赔偿投资者损失。因此，安全例外条款被学者们形象地称为“安全阀”或“风险调配器”。

第一节　安全例外条款的适用要件

2012 年美国 BIT 范本第 18 条是关于安全例外条款最经典的表述，其中安全例外条款对东道国规制权边界的规定主要围绕对两种核心利益的保护，即对一国“根本安全利益”的保护和对“国际和平与安全”的维护，其具体规定如下：

本条约不应被解释为：

一、要求缔约方提供或允许获得有可能违背缔约方根本安全利益的信息；或

二、排除缔约方适用其认为系履行有关维持或恢复国际和平与安全的义务或者保护其自身根本安全利益有必要的措施。

那么,如何界定“根本安全利益”,以及如何界定“国际和平与安全”,这些对厘清安全例外条款下东道国权力边界问题非常重要。表4－1例举了一些包含该两种利益保护的主要国际投资协定条款。

表4－1 安全例外条款的政策目标及主要条约实践

相关的政策目标	包含这些政策目标的例外条款
根本安全利益	USMCA 第32.2条 NAFTA 第2102条 2003年新加坡—EFTA FTA 第34条 2003年新加坡—澳大利亚 FTA 第22条 2003年印度 BIT 范本第12条 2004年加拿大 BIT 范本第10条 2005年美国—澳大利亚 FTA 第22.2条 2008年中国—新西兰 FTA 第201条 2009年东盟—澳大利亚—新西兰 FTA 第15章 2009年印度—韩国 FTA 第10.18条 2009年加拿大—EFTA FTA 第24条 2010年中国—东盟 FTA 第17条 2011年哥伦比亚—EFTA FTA 第4.16条 2012年美国 BIT 范本第18条 2013年中国—哥伦比亚 BIT 第12条 2014年中国—加拿大 BIT 第33条 2014年中国—日本—韩国 TIA 第18条 2014年中国—冰岛 FTA 第12条 2016年欧盟—南部非洲发展共同体 EPA 第98条
国际和平与安全	USMCA 第32.3条 NAFTA 第2102条 2003年新加坡—EFTA FTA 第34条 2003年新加坡—澳大利亚 FTA 第22条 2004年加拿大 BIT 范本第10条 2005年美国—澳大利亚 FTA 第22.2条 2008年中国—新西兰 FTA 第201条 2009年印度—韩国 FTA 第10.18条 2009年加拿大—EFTA FTA 第24条 2010年中国—东盟 FTA 第17条 2011年哥伦比亚—EFTA FTA 第4.16条 2012年美国 BIT 范本第18条 2014年中国—加拿大 BIT 第33条 2014年中国—日本—韩国 TIA 第18条 2014年中国—冰岛 FTA 第12条 2016年欧盟—南部非洲发展共同体 EPA 第98条

一、根本安全利益

“根本安全利益”是安全例外条款追求的主要政策目标,早期该政策目标也被称作“国家安全”(national security),现在已很少使用。[1]

从字面意思来看,“根本安全利益”为最基本的、最重要的国家及其居民的安全利益。在早期发展中,通常将“根本安全利益”解释为宏观层面的政治稳定和国防安全,但在当今经济全球化背景下,根本安全利益已不仅仅局限于此。当一国要援用安全例外条款时,就必须证明其目的是维护本国“根本安全利益”。那么,如何定义一个国家的根本安全利益?它包括哪些内容?是仅仅包括一个国家的政治安全、军事安全和领土完整,还是也包括国家的经济安全和对公共利益的严重威胁?

(一)条约实践中的“根本安全利益”

相关国际条约中存在关于“根本安全利益”的规定,它们界定的根本安全利益不仅包括本国的政治和军事安全利益,还包括本国根据《联合国宪章》承担的维护国际和平与安全的义务。最典型的就是 GATT 第 21 条列举的属于“根本安全利益”的规定,包括不得要求缔约方提供危害其安全的信息、阻止其采取一系列的相关行动等。此外,GATS 第 24 条和 TRIPs 第 73 条也有类似的规定,只是在细节表述上与 GATT 第 21 条稍微有所差异。

双边投资条约中也涉及“根本安全利益”的表述,这以美国双边投资条约的规定为代表,但具体做法并不一致。一些协定规定了关于保护根本安全利益的措施范围,即包括在战时或国家发生紧急情况时采取的与安全有关的措施等,而另一些双边投资条约则没有对“根本安全利益”的具体范围作出明确的解释说明,似乎意在将这一问题抛给仲裁庭,待其在审理案件时根据具体情况进行界定。[2]

---

〔1〕 1994 年秘鲁—巴拉圭 BIT 第 11 条第 1 款中使用的就是“国家安全”的概念。

〔2〕 例如,2006 年美国—卢旺达 BIT 第 18 条。

但是，有些双边投资条约则明确将根本安全利益限制在特定范围内，例如，2004 年加拿大 BIT 范本第 10 条第 4 款就明确将一国的根本安全利益限制在：军火或军事供给运输；战时或其他国际关系中的紧张局势；与防止核武器扩散有关的措施。[1] 也就是说，在相关条约如此规定的情况下，除非仲裁庭进行扩大解释，否则一国的根本安全利益很可能就无法包含其他因素，如一国的经济安全问题。[2]

（二）案例实践中的"根本安全利益"

在 2003 年石油平台案（美国—伊朗石油平台案）中，国际法院将一国的经济安全也包括在根本安全利益范围内。该案中，美国政府辩称伊朗国家的行为很明显地威胁到美国的根本安全利益，并给其造成了严重的经济损失，因为美国认为海湾地区的贸易利益对包括美国在内的很多国家的经济和根本安全都是至关重要的。[3] 国际法院在最后的判决中支持了美国的观点，还提到争端双方在案件中都认可美国的根本安全利益包括美国的船舶和船员以及贸易利益。[4] 因此，从这一案件可以看出，由美国政府提出并经国际法院承认的根本安全利益不仅包括一国的领土和军事利益，还包括该国的经济利益。

然而，美国当时的双边投资条约体系与其在石油平台案中关于根本安全利益范围的态度自相矛盾，其 BIT 中的具体条款是这样规定的：协定允许一方采取的保护其根本安全利益的措施包括在战时或国家紧急情况时采取的与安全有关的措施；或虽不直接源于战争状态或国家紧急情况，但与保护

---

〔1〕 类似的规定还可参见 NAFTA 第 11 章第 2102 条、《能源宪章条约》第 24 条、GATS 第 14bis 条等。

〔2〕 Chester Brown 在其书中也提出了这样的观点，条约如果明确列举了保护根本安全利益的措施的种类和范围，那么经济安全问题很可能就无法包含在一国的根本安全利益范畴内。See Brown C., *Commentaries on Selected Model Investment Treaties*, Oxford University Press, 2013, p. 90.

〔3〕 Oil Platforms (Islamic Republic of Iran v. United States of America), Counter Memorial of the United States, June 23, 1997, para. 3. 11.

〔4〕 Oil Platforms (Islamic Republic of Iran v. United States of America), Judgment, ICJ Reports 2003, para. 73.

根本安全利益有明显的直接关系的措施。[1] 也就是说，在美国看来，只有当一个措施是与安全有关的，或在战时采取的，或直接因为战争原因而采取的，才被认为是与保护根本安全利益有关的措施，这似乎并未意图将经济安全包括在根本安全利益范畴内。

而在阿根廷系列案件中，美国—阿根廷 BIT 第 11 条没有明确界定“根本安全利益”，协定仅规定缔约一方有权实施必要的措施维护公共秩序，履行维持、恢复国际和平与安全的义务，保护其本身最基本的安全利益。另外，美国投资者在该系列案件中也普遍坚持一国的根本安全利益只包括军事行动和战争，或直接威胁到一国生死存亡的外部危机，而经济安全则不应包含在根本安全利益范围内。但是，ICSID 仲裁庭却明确了“根本安全利益”的范围并对其作出了广义的解释，即尽管美国投资者提出抗辩称美国—阿根廷 BIT 不适用于经济危机的情况，但仲裁庭却主张一国的经济危机也应属于本国根本安全利益，应属于允许东道国政府违约的情形之一。例如，在 *LG &E* 案中，仲裁庭就明确反对将经济危机排除在根本安全利益范围外，仲裁庭认为，如果将严重的经济危机排除在一国根本安全利益范畴之外，则会忽略经济对人民生活和政府能力的巨大作用，“如果当一国的经济安全濒临绝境，那么问题的严重程度将不亚于任何一场军事侵略”[2]。不仅如此，就连与 *LG &E* 案仲裁庭作出相反裁决的 *CMS* 案仲裁庭也认为，无论是从国际习惯法还是从协定的目的和宗旨角度来讲，都不能将严重的经济危机从一国的根本安全利益中排除。[3]

因此，从案例实践中可以看出，仲裁庭基本倾向于将一国的根本安全利益从传统的军事侵略或战争扩展到经济安全领域。

---

〔1〕 例如，1997 年美国—蒙古国 BIT 第 10 条。

〔2〕 LG & E Energy Corp. v. The Republic of Argentina, ICSID Case No. ARB/02/1, Decision on Liability, Oct. 3, 2006, para. 238.

〔3〕 See CMS Gas Transmission Company v. Argentine Republic, ICSID Case No. Arb/01/8, Award, May 12, 2005, paras. 359 – 360.

（三）“根本安全利益”与“公共目的”的关系

“根本安全利益”与“公共目的”两个概念应是有所区别并适用不同的规则，但两者之间也存在相互转化的可能。一般根据国际投资协定的规定，缔约方为了公共目的而进行的征收或国有化，需要以给予投资者充分、及时、有效的补偿为前提，而缔约方如果是出于保护本国根本安全利益而采取的措施，对投资者就无需承担赔偿责任，所以国际投资协定对不同的利益采用了不同的风险分担机制。[1] 然而，各国对“公共目的”范围的界定一般都非常广泛，它不仅包括了公共健康（public health）、公共道德、公共安全（public security）及其他方面，还包括在平常时期对法律执行的公共秩序（public order），其涉及一国的经济稳定、政治安全、社会公共福利发展、环境保护等各个领域；而“根本安全利益”仅涉及“公共目的”中关系一国安危存亡的重大经济、政治、军事、社会、生态利益，两者之间是一种包含与被包含的关系。公共目的本身因为武装敌对行动或严重的危机而面临巨大压力时，该情况有可能会转变为对根本安全利益的侵犯。[2]

综上，“根本安全利益”的概念在当今世界不是一成不变的，实际上是一个不断发展的概念，因为各国如今面临军事侵略和战争的概率越来越小，而面临其他新型的难以预测的威胁的可能性却越来越大，如突发性的公共健康危机、自然灾害、网络攻击等。因此，一个国家的根本安全利益的范围是不断变化的，能够触及国家安全的威胁或危机的种类越来越多样，任何一种危机的爆发，一旦达到某种严重程度，完全有可能侵害到一个国家的根本安全利益。所以在实际案件中，仲裁庭也应以一种发展的眼光，根据案件的具体情况界定根本安全利益。

---

〔1〕 参见刘京莲：《国际投资条约根本安全例外条款研究》，载《国际经济法学刊》2010 年第 1 期。

〔2〕 See Burke-White WW & Staden AV, Investment Protection in Extraordinary Times: The Interpretation and Application of Non-Precluded Measures Provisions in Bilateral Investment Treaties, *Virginia Journal of International Law*, 2008, 48(2), p. 307 – 410.

二、国际和平与安全

一般对国际和平与安全概念的理解没有太大争论。在安全例外条款中,其通常被规定为:本协定的任何规定不得被解释为……阻止缔约方采取措施履行其在《联合国宪章》下承担的维护国际和平与安全的义务。而根据《联合国宪章》第 24 条的规定,各成员国有责任履行联合国安全理事会(United Nations Security Council,以下简称安理会)发布的关于维护国际和平与安全的决议。因此,当一国根据安理会的决议采取相关措施行使维护国际和平与安全的义务,且该措施不可避免地违反了其根据国际投资协定承担的保护投资的义务时,该政策目标就为国家提供了一个违反投资协定规定的免责空间。

三、不同性质的安全例外条款对东道国权力边界的影响

国际投资协定中的安全例外条款一般有两种类型:

一是自行判断性质(以下简称自判性)的安全例外条款,协定中通常采取"其认为必要的"(it considers necessary)此类措辞。该类条款允许东道国自行判断本国危机情况并采取措施保护本国的基本安全利益。也就是说,东道国可以自行判断国内是否存在威胁或紧急状态,是较大的自由裁量权的体现。2004 年美国 BIT 范本后的一系列 BIT 均采取了此种类型的安全例外条款[1],2012 年美国 BIT 范本第 18 条也继续沿用自判性的安全例外条款。

二是非自行判断性质(以下简称非自判性)的安全例外条款,这种类型的安全例外条款在协定中通常没有"其认为必要的"这样的措辞,东道国是否存在紧急状态或根本安全利益是否受到威胁并采取相应措施,不应由其自行判断,而应交由国际投资仲裁庭来衡量。也就是说,东道国根据该条款采取的措施要接受国际仲裁庭的全面审查,因此这种类型的安全例外条款

〔1〕 例如,2004 年美国—乌拉圭 BIT 和 2006 年美国—卢旺达 BIT 等。

赋予仲裁庭较大范围的管辖权。

既然安全例外条款存在这两种类型,那么,这两种类型的条款是否会对东道国保护本国根本安全利益的权力边界造成不同程度的限制或影响?应将国际仲裁实践中仲裁庭对上述两种不同类型的安全例外条款的审查程度和审查范围问题联系起来考虑该问题。也就是说,东道国在危急情况下采取的保护本国根本安全利益的措施,是接受仲裁庭的一般审查,还是实质的、全面的审查?

(一)非自判性的安全例外条款

仲裁庭对非自判性的安全例外条款的审查权限和范围问题,可以从美国的条约实践以及以往的国际仲裁实践中找到参照。第二次世界大战以后,美国同其他国家签订的所有的FCN和BIT中都含有安全例外条款,但那时的安全例外条款均属于非自判性的,即将东道国是否存在紧急状态或根本安全利益是否遭受威胁的甄别权力交给仲裁庭,东道国无权自己决定。

同时,在国际仲裁实践中,如早期的1986年尼加拉瓜诉美国案和2003年石油平台案都涉及安全例外条款的非自判性问题。在尼加拉瓜诉美国案中,涉案条约就是1956年美国与尼加拉瓜签订的FCN,条约仅规定了缔约方维护自己的根本安全利益及其援引条款的条件,因此国际法院认为条约不能排除法院管辖权。[1] 而在石油平台案中,国际法院遵循了尼加拉瓜诉美国案的先例,并认为应由国际法院裁定行为国采取的措施是否构成"必要的"措施。[2]

因此,在非自判性的安全例外条款中,针对仲裁庭是否有权对情势的判断和措施的必要性问题进行全面审查这一问题,无论是从国际仲裁庭的仲裁实践还是从国际法院的审判实践来看其答案都是肯定的,即仲裁庭对非自判性的安全例外条款要进行全面的、实质的审查。所以,非自判性的安全

[1] See Case Concerning Military and Paramilitary Activities In and Against Nicaragua (*Nicaragua v. United States of America*), ICJ Judgment, June 27, 1986, paras. 221 – 222.

[2] See Oil Platforms (Islamic Republic of Iran v. United States of America), Judgment, ICJ Reports, 2003.

例外条款因为要接受仲裁庭的全面审查，故会对东道国权力边界造成较大的约束和限制。

（二）自判性的安全例外条款

对于自判性的安全例外条款，实践中仲裁庭又应如何解释，如何审查？

由于2001～2002年阿根廷系列案件的爆发，美国意识到非自判性的安全例外条款会面临仲裁庭的全面审查，这有可能导致东道国败诉。为了保护本国利益，自2004年BIT范本之后，美国在其新的双边投资条约中将安全例外条款改为现在使用的自判性的安全例外条款，以便将行动自由掌握在自己手中，为自行判断本国情势及采取相应的措施留下了充分的权力空间，这种自判性的条款有时也被理解为对仲裁庭审查权的绝对禁止。

但是，在国际投资仲裁案件中，仲裁庭通常认为自判性条款不能完全禁止或排除仲裁庭对条款的审查。虽然在阿根廷系列案件中，只有*Sempra*案的仲裁庭肯定了其中安全例外条款的自判性，但是*Enron*案和*Sempra*案的仲裁庭均认为如果赋予东道国自行决定情势是否必要并援引条款的自由，则将与条约的目的和宗旨不符。仲裁庭进一步认为审查范围不应仅局限于审查东道国是否善意履约，还应涵盖对实体问题的审查，并且还要审查东道国的行为是否同时满足了习惯国际法和投资协定的相关要求和规定。[1] *LG & E*案的仲裁庭则认为，只要安全例外条款是自判性条款，则仅排除仲裁庭对实体问题的审查，但当事国仍应受制于善意履约原则。[2] *Continental*案的仲裁庭则认为，如果自判性条款赋予缔约一方不受约束自由援引条款的权利和剥夺仲裁庭任何审查的权利，那么仲裁庭就无法对案件实体问题进行进一步的判断，因此缔约一方至少要接受仲裁庭对其是否善意履约的审查。[3]

其实，目前国际社会达成的普遍共识是，自判性的安全例外条款需要接受仲裁庭对行为国是否善意履约的审查。那么实践中善意履约的审查标准

〔1〕 See Enron Award, paras. 332, 339; Sempra Award, paras. 374, 388.

〔2〕 See LG & E, Decision on Liability, para. 214.

〔3〕 See Continental Casualty Award, para. 182.

是什么？善意履约原则一直是国际法中的一项重要原则，该原则出现于1949年《国家权利与义务宣言草案》第13条〔1〕，ILC又将其作为“条约必须遵守”原则的重述。〔2〕但由于善意履约原则缺乏一个具体的判断标准，仲裁庭需要在具体案件中进行具体分析。根据学者的观点和相关国际机构的长期实践，一般认为判断是否善意履行条约应考虑两个基本要素：(1)国家行为是否诚实与公平；(2)安全例外条款的援引是否具有合理根据。〔3〕对诚实与公平行为较早的诠释来自1935年哈佛研究院的表述，即行为国需要同时遵守条约的字面文义和条约精神，对其承担的条约义务须诚实并全力履行。〔4〕是否具有合理根据这一问题可参考《联合国海洋法公约》对“善意”标准的论述。〔5〕据此，善意履约要求“公平、合理、完整、诚实地履行条约义务”〔6〕，其中的“合理”就要求国家的行为应存在合理的依据。

因此，自判性安全例外条款体现了投资协定的契约本质，一国可以在善意履约的同时自行决定紧急状态时的应对措施，同时，该条款明确地避免了仲裁庭对国家决策的重新审查，仲裁庭只需审查一国是否诚实并合理地援引安全例外条款。另外，通过对国家行为诚实性与合理性的审查，善意履约原则仍然对东道国规制外资的权力设置了必要的限制，以便达成东道国与投资者之间的利益平衡关系。

总之，无论是非自判性还是自判性的安全例外条款，都要接受仲裁庭的审查，只是两者的审查范围和标准不同，前者要接受仲裁庭的全面、实质性审查，

〔1〕 See Draft Declaration on the Rights and Duties of States, Article 13: “Every state has the duty to carry out in good faith its obligations arising from treaties and other sources of international law, and it may not invoke provisions in its constitution or its laws as an excuse for failure to perform this duty.”

〔2〕 See Draft Declaration on Rights and Duties of States with Commentaries, *Yearbook of the International Law Commission*, 1949, p. 288.

〔3〕 See Draft Declaration on Rights and Duties of States with Commentaries, *Yearbook of the International Law Commission*, 1949, p. 379 – 381.

〔4〕 See Codification of International Law, Jurisdiction with Respect to Crime, *American Journal of International Law* (*Supplement*), 1935(29), p. 435.

〔5〕 See United Nations Convention on the Law of the Sea, article 300: “States parties shall fulfill in good faith the obligations assumed under this convention and shall exercise the rights, jurisdiction and freedoms recognized in this convention in a manner which would not constitute an abuse of right.”

〔6〕 United Nations Convention on the Law of the Sea, Dec. 10, 1982, para. 135.

在该条款下仲裁庭的审查权限和范围更大,而后者一般至少也要接受仲裁庭的善意审查。由此可见,自判性和非自判性的安全例外条款对东道国外资规制权的边界带来的限制和影响也是不同的,非自判性的条款将更多的自由裁量权交由投资仲裁庭,在一定程度上可能限制了东道国自由管制本国事务和外资的权力边界,而自判性的安全例外条款则在东道国善意履约的前提下保障了东道国的行动自由,使东道国的权力边界不至于被过度限制和挤压。

第二节　安全例外条款的国际投资仲裁实践:阿根廷系列案

虽然安全例外条款在各国的双边投资条约中大量存在,但长期以来,ICSID 受理的投资争端还是以违反投资者待遇以及相关的投资者保护问题为主,甚少涉及对安全例外条款的审查与适用。直到 2002 年阿根廷国内爆发经济危机,这场经济危机引发了一系列针对阿根廷政府应对国内危机而致使投资者利益受损的案件,这些案件均是与安全例外条款的审查与适用有关的投资争端。

根据联合国贸易和发展会议统计的数据,截至 2021 年 6 月,提交 ICSID 管辖的案件有 860 起,以阿根廷政府为被告的案件已达 56 起,这种众多投资者陆续仅针对单一东道国提起的仲裁在历史上也是前所未有的。[1] 近年来这一系列典型案件包括 *Enron* 案、*CMS* 案、*LG &E* 案、*Sempra* 案、*Continental* 案、*Metalpar v. Argenina*、*Suez v. Argentina*、*Total v. Argentina*、*Impregilo v. Argentina*、*EL Paso v. Argentina*、*BG v. Argentina*、*Mobil v. Argentina* 和 *National Grid v. Argentina* 等。[2] 在这些案件中,美国海外投资者在阿根廷

---

〔1〕 参见 ICSID 统计数据,载 https://icsid. worldbank. org/en/Pages/cases/AdvancedSearch. aspx.,最后访问日期:2021 年 6 月 28 日。

〔2〕 另外近年来还有两起案件也涉及安全例外条款,即 *CC Devas v. India*(2016)和 *Deutsche Telekom v. India*(2017)。

经济危机后首先向 ICSID 提出了针对阿根廷政府的仲裁申请,其中的五起案件,即 *CMS* 案、*Enron* 案、*LG & E* 案、*Sempra* 案以及 *Continental* 案一直被学术界广泛讨论,这几起案件存在相似的案情和完全相同的抗辩理由,但仲裁庭作出的仲裁结果却各不相同。目前这五起案件均已仲裁终结。这五起案件的共同之处在于,阿根廷政府提出了一系列理由针对其在面临经济危机时采取的措施进行抗辩,这些抗辩基本上可以归为两大类:(1)根据美国—阿根廷 BIT 第 11 条的根本安全例外条款的抗辩;[1](2)根据国际习惯法上的必要性抗辩,该类抗辩意在排除国家行为的不法性。但是,最终的仲裁裁决分歧很大,其中三个案件的仲裁庭(*CMS* 案、*Enron* 案和 *Sempra* 案)裁决阿根廷政府对美国投资者造成的损害承担全部责任,而另外两个案件的仲裁庭(*LG & E* 案和 *Continental* 案)则接受了阿根廷政府的抗辩理由,并裁决阿根廷政府对美国投资者的大部分损失无需承担责任。当然,在这之后,ICSID 关于这五起案件的仲裁实践也引发了学术界的大量关注和争论。[2]

一、反面案例:*CMS* 案、*Enron* 案和 *Sempra* 案

(一)*CMS* 案

该案仲裁庭于 2005 年 5 月发布了仲裁裁决,接着阿根廷政府于 2005 年 9 月提出撤销裁决的申请,临时委员会于 2007 年 9 月公布了关于裁决撤销

---

〔1〕 美国—阿根廷 BIT 第 11 条的根本安全例外条款的表述为:“本协定的任何条款不得被解释为阻止缔约国采取必要的措施,履行其承担的维护和恢复国际和平与安全的义务,或者采取其认为必要的措施保护本国的基本安全利益。”

〔2〕 See Burke-White WW, The Argentina Financial Crisis: State liability under BITs and the legitimacy of the ICSID System, *Asian J. WTO & Int'l Health L & Pol'y*, 2008(3), p. 199 – 234; Alvarez JE, Khamsi K., The Argentine Crisis and Foreign Investors, in Karl P. Sauvant ed., *Yearbook on International Investment Law and Policy* 2008 – 2009, Oxford University Press, 2009; Waibel M., Two Worlds of Necessity in ICSID Arbitration: CMS and LG & E, *Leiden Journal of International Law*, 2007, p. 637 – 648; Mitchell AD & Henckels C., Variations on a Theme: Comparing the Concept of "Necessity" in International Investment Law and WTO Law, *Chicago Journal of International Law*, 2013, 14(1), p. 93 – 164.

问题的最终裁决。目前该案已仲裁结束。[1]

在该案件中，阿根廷政府基于其签订的双边投资条约的规定提出国家根本安全例外，并认为协定作为本案适用的法律，具有特殊法的地位，赋予东道国采取必要措施的权力来维护国家公共秩序和根本安全利益。[2] 仲裁庭则首先确定美国—阿根廷 BIT 第 11 条的根本安全例外条款是非自判性的例外条款并应受到仲裁庭全面的实质审查。接下来，根据《草案》第 25 条及 ILC 对该条款的评论，仲裁庭认为严重的经济危机应该被视为能够构成对一国的根本安全利益的威胁，但是却否认阿根廷的经济危机达到可能导致经济与社会的整体崩溃从而威胁到其本国的根本安全利益这种严重的程度，且阿根廷政府采取的措施并不是唯一可以采取的保护措施，因此不能援引国际习惯法中的东道国必要性抗辩。[3] 至于损害赔偿问题，仲裁庭根据 ILC 的《草案》第 27 条并参照 *Gabcikovo-Nagymaros* 案，认为无论阿根廷政府援引美国—阿根廷 BIT 第 11 条条约例外的结果如何，都不影响其向投资者承担损害赔偿的责任。

临时委员会在阿根廷政府提出的裁决撤销程序中认为，仲裁庭将美国—阿根廷 BIT 第 11 条的条约例外等同于国际习惯法中的东道国必要性抗辩的做法是不正确的，美国—阿根廷 BIT 第 11 条作为特别法，在案件中应予优先适用，如果条约例外能成功适用于本案并排除东道国国家责任，则在这种情况下，美国—阿根廷 BIT 中东道国承担的具体保护投资的义务则会因例外条款的适用而暂不适用。而《草案》第 25 条作为国际习惯法，只有当仲裁庭确定美国—阿根廷 BIT 第 11 条不能成功被适用于本案，东道国违反条约义务的行为确实存在时，才能进一步根据《草案》第 25 条的规定来判断这种违约行为的不法性能否再根据国际习惯法的规定予以排除。基于这

---

〔1〕 案件相关程序细节请参见 ICSID 官网，载 https://icsid.worldbank.org/ICSID/FrontServlet，最后访问日期：2021 年 5 月 20 日。

〔2〕 See CMS Gas Transmission Company v. Argentine Republic, ICSID Case No. Arb/01/8, Award, May 12, 2005, para. 344.

〔3〕 See CMS Gas Transmission Company v. Argentine Republic, ICSID Case No. Arb/01/8, Award, May 12, 2005, para. 355.

一点，临时委员会还进一步阐述了美国—阿根廷 BIT 第 11 条和《草案》第 25 条的区别，即美国—阿根廷 BIT 第 11 条的适用条件和《草案》第 25 条的适用条件是不同的，美国—阿根廷 BIT 第 11 条的条约例外中并没有"不得对其他国家和整个国际社会的根本安全利益造成损害"以及"东道国行为对案件中的'必要性'问题的贡献程度"的要求。遗憾的是，临时委员会最终并没有推翻仲裁庭的裁决，仅仅只是认为仲裁庭的有些推理过程是不恰当的。因为虽然仲裁庭适用美国—阿根廷 BIT 第 11 条有些含糊，但至少仲裁庭适用了该条款，所以判定本案仲裁庭并没有明显的法律适用错误。[1]

（二）*Enron* 案

该案仲裁裁决发布于 2007 年 5 月，但是阿根廷政府又于 2008 年 5 月申请撤销裁决，临时委员会于 2010 年 7 月发布了关于裁决撤销问题的最终裁决。然而紧接着于 2010 年 10 月，ICSID 秘书处又收到了组建新仲裁庭重新仲裁本案的申请，经过重新仲裁后，该案已于 2018 年 7 月 19 日仲裁终结。

在本案中，阿根廷政府同时根据美国—阿根廷 BIT 的规定和国际习惯法的规定提出国家在紧急情况下采取的违反条约义务的行为应被免除国家责任。首先，仲裁庭根据国际习惯法认为阿根廷政府的经济危机构成一个严重的危机，但是该危机并没有威胁到国家的根本安全利益；其次，仲裁庭认为阿根廷政府采取的措施并不是在本案具体情况下唯一可以采取的措施，因为实际情况中总是存在各种其他同样可以解决问题的替代措施，而阿根廷很难证明这些其他替代措施在本案中是否同样可取；最后，仲裁庭认为阿根廷政府本身对导致此次经济危机也有一定的责任。[2] 因此，本案中阿根廷政府不能援引国际习惯法中的国家危急情况进行抗辩。而关于美国—阿根廷 BIT 中规定的条约例外，仲裁庭认为该例外是非自判性的例外条款，

---

〔1〕 See CMS Gas Transmission Company v. The Republic of Argentina, ICSID Case No. ARB/01/8, Annulment Proceedings, Sept. 25, 2007, paras. 129 – 136.

〔2〕 See Enron Creditors Recovery Corporation (formerly Enron Corporation) and Ponderosa Assets, L. P. v. Argentine Republic, ICSID Case No. Arb/01/3, Award, May 22, 2007, paras. 306 – 312.

故仲裁庭严格审查了该例外条款在国际习惯法层面和投资协定层面是否满足了可以适用的条件，而根据ILC《草案》第25条的规定，阿根廷的经济危机未能满足严重的或紧迫的程度，因此仲裁庭裁决认为"没有必要再进一步审查BIT第11条是否可以适用于本案，因为第11条的条约例外与国际习惯法的相关规定并无任何不同"[1]。

在裁决撤销程序中，阿根廷政府认为，仲裁庭的裁决只是简单地将美国—阿根廷BIT第11条的条约例外等同于ILC《草案》第25条来对待，导致作为特别法的条约例外条款在很多方面都未能得到充分的审查和适用。[2]通过最终审查，临时委员会认为仲裁庭在本案的推理过程中遗漏了一系列需要查明的问题，包括《草案》第25条中关于"唯一的措施"(the only way)的定义，以及其他的替代措施的有效性问题是否被纳入考虑。[3] 关于临时委员会指出的这两个问题，仲裁庭认为这并不是他们需要解答的问题，但是临时委员会最终还是撤销了原仲裁庭关于本案的裁决。

(三)*Sempra*案

本案仲裁裁决发布于2007年9月，随后阿根廷政府于2008年1月申请撤销该仲裁裁决，2010年1月临时委员会发布了关于撤销仲裁裁决的裁决。2010年11月，申请组建新仲裁庭重新仲裁的程序被启动；2015年4月，该案仲裁程序已结束。

阿根廷政府的抗辩理由和此前案件中的理由一致。[4] 尽管本案仲裁庭在案件推理过程中特别关注了*LG &E*案的推理过程和最终裁决结果，然而最终的裁决结果却与*LG &E*案的结果有所背离，而与*CMS*案和*Enron*案的

〔1〕 See Enron Creditors Recovery Corporation (formerly Enron Corporation) and Ponderosa Assets, L. P. v. Argentine Republic, ICSID Case No. Arb/01/3, Award, May 22, 2007, paras. 339.

〔2〕 See Enron Creditors Recovery Corporation (formerly Enron Corporation) and Ponderosa Assets, L. P. v. Argentine Republic, ICSID Case No. Arb/01/3, Annulment Decision, July 30, 2010, para. 353.

〔3〕 See Ibid., paras. 369 – 372.

〔4〕 See Sempra Energy International v. Argentine Republic, ICSID Case No. Arb/02/16, Award, Sept. 28, 2007, paras. 325 – 326.

裁决结果一致,即都认为阿根廷政府所面临的国内经济危机还未达到威胁到一国根本安全利益的程度,且阿根廷政府采取的措施并不是唯一能够采取的措施,因此不能援引习惯法中的国家不法行为必要性进行抗辩。[1] 故本案仲裁庭最终认为无论是危机的严重程度还是措施的必要性的问题,都不能够排除国家行为不法性,并且仲裁庭同样认为没有必要再进一步分析美国—阿根廷 BIT 第 11 条的条约例外是否适用于本案,因为条约例外与习惯法的必要性抗辩在适用方面并无任何不同。[2]

阿根廷政府在撤销程序中主张原仲裁庭在案件审理过程中存在严重的越权和法律适用错误。[3] 临时委员会认可了阿根廷政府主张的理由,并撤销了原仲裁裁决,临时委员会认为仲裁庭未能充分适用美国—阿根廷 BIT 第 11 条的规定,以及错误地将美国—阿根廷 BIT 第 11 条直接等同于 ILC《草案》第 25 条予以适用,这种简单粗暴的法律适用方式构成了明显的越权。[4]

二、正面案例:*LG & E* 案和 *Continental* 案

(一)*LG &E* 案

该案于 2007 年 7 月形成仲裁裁决,此后争端双方陆续于 2008 年 9 月和 12 月申请部分撤销该仲裁裁决,2015 年 2 月该案撤销程序也已终结。

阿根廷政府在该案中仍旧援引国际习惯法中的紧急情况下国家不法行为必要性抗辩和条约例外,认为国家在必要的情况下采取的必要措施应免于承担国家责任。在裁判之前,仲裁庭首先明确了法律适用的问题,认为首先应适用美国—阿根廷 BIT,如果需要,则接下来应该适用国际习惯法,最后才应适用阿根廷国内法。在该 BIT 第 11 条安全例外条款的性质方面,本案

---

[1] See Sempra Energy International v. Argentine Republic, ICSID Case No. Arb/02/16, Award, Sept. 28, 2007, paras. 346 - 351.

[2] See Ibid., para. 388.

[3] See Sempra Energy International v. Argentine Republic, ICSID Case No. Arb/02/16, Annulment Decision, June 29, 2010, paras. 119 - 135.

[4] See Ibid., paras. 159 - 165.

仲裁庭和 *CMS* 案以及 *Enron* 案仲裁庭的观点一致,认为该例外条款是非自判性条款,因此仲裁庭有权对本案情况进行全面审查。不同的是,本案仲裁庭从经济、政治、社会角度分析了阿根廷的国内实际情况后,不仅认为阿根廷国内的经济危机足以威胁国内的根本安全利益,还认为阿根廷政府为应对经济危机而采取的一系列措施,包括颁布的紧急法令等均是必要的且是合理的。也正因为仲裁庭如此认为,本案最后的裁决在很大程度上不同于 *CMS* 案和 *Enron* 案的仲裁裁决,阿根廷政府最终被免除了大部分国家责任。[1]

(二) *Continental* 案

本案于 2008 年 9 月公布仲裁裁决,2009 年 2 月仲裁庭修改了部分裁决,该修改决定未对外公开。随后原告 Continental 公司提出撤销仲裁裁决,临时委员会于 2011 年 9 月发布了关于撤销仲裁裁决的最终裁决。本案仲裁程序已结束。

与前四个案件一样的是,阿根廷政府仍然依据条约例外和习惯国际法的规定进行抗辩。本案仲裁庭首先明确了一个问题,即这两种抗辩在本质上是不同的。[2] 美国—阿根廷 BIT 第 11 条的安全例外条款是特别法,是争端双方通过条约协商共同确定的约束双方行为的具体准则,关于严重的经济危机能否根据美国—阿根廷 BIT 中的安全例外条款被视为是对一国根本安全利益的侵害,*CMS* 案、*Enron* 案和 *Sempra* 案仲裁庭均认为:“不论是根据国际习惯法还是根据 BIT 的目的和原则,都没有将严重的经济危机排除在 BIT 第 11 条安全例外条款的适用范围外。”[3] 在这个问题上,本案仲裁庭

---

〔1〕 See LG & E Energy Corp. v. The Republic of Argentina, ICSID Case No. ARB/02/1, Decision on Liability, Oct. 3, 2006, paras. 201 - 240.

〔2〕 See Continental Casualty Company v. Argentine Republic, ICSID Case No. Arb/03/9, Award, Sept. 5, 2008, para. 163.

〔3〕 CMS Gas Transmission Company v. Argentine Republic, ICSID Case No. Arb/01/8, Award, May 12, 2005, para. 359; Mitchell A. D. & Henckels C., Variations on a Theme: Comparing the Concept of "Necessity" in International Investment Law and WTO Law, *Chicago Journal of International Law*, 2013, 14(1), p. 93 - 164; Sempra Energy International v. Argentine Republic, ICSID Case No. Arb/02/16, Award, Sept. 28, 2007, para. 332.

同意之前这几个仲裁庭的观点。除此之外,本案仲裁庭还认为阿根廷的经济危机已达到足够严重的程度,可以援引美国—阿根廷 BIT 第 11 条进行抗辩,因为“BIT 第 11 条规定的对根本安全利益的侵害并未要求一国经济或社会濒临完全崩溃的状态”。而且,仲裁庭认为,“如果需要保护的利益已所剩无几,那么就不存在任何继续保护的必要”[1]。

至于美国—阿根廷 BIT 第 11 条的安全例外条款的性质,仲裁庭均无一例外地认为该条款是非自判性的安全例外条款,因此,仲裁庭需要对“必要的措施”的判断进一步审查。与 *Enron* 案不同,本案仲裁庭认为有必要参照 GATT 和 WTO 的审判实践,而不是参照习惯国际法中对“必要的”这个概念的认定,因为在这个问题上,GATT 和 WTO 下发生的众多关于“必要的措施”的判例更适合为本案提供一些参考和借鉴。[2]在审查了阿根廷政府采取的各项措施后,仲裁庭认为,鉴于阿根廷国内经济危机的实际状况,其采取的这些措施“对于有效回应这些危机来说是不可避免的,也是必不可少的”[3]。所以,这些措施对于稳定阿根廷国内金融市场和银行业来说应该被视为是合情合理的措施,符合美国—阿根廷 BIT 第 11 条关于“必要的措施”的要求。[4] 至于阿根廷政府本身是否因为不作为或政府失灵等原因而对经济危机的产生负有不可推卸的责任,本案仲裁庭认为,这与美国—阿根廷 BIT 中的安全例外条款的适用没有关系,不能因为阿根廷政府自己的行为存在问题而拒绝美国—阿根廷 BIT 第 11 条的适用。[5]

---

〔1〕 Continental Casualty Company v. Argentine Republic, ICSID Case No. Arb/03/9, Award, Sept. 5, 2008, para. 180.

〔2〕 See Continental Casualty Company v. Argentine Republic, ICSID Case No. Arb/03/9, Award, Sept. 5, 2008, para. 192.

〔3〕 Ibid., para. 197.

〔4〕 See Ibid., paras. 219, 227.

〔5〕 See Ibid., para. 236.

第三节　仲裁庭的条款适用实践分析

一、条约法与国际习惯法的适用之争

从上述仲裁庭对阿根廷系列案件的裁决中，可以发现这样一个问题：在必要情况下采取必要措施保护本国根本安全利益的法律适用问题上，国际习惯法是否能优先于国际投资协定被适用？之所以要区分国际习惯法与投资协定的法律适用顺序，是因为这两种法律渊源在国家责任的成立条件方面的具体要求是不同的，优先适用不同的法律，将直接关系到安全例外条款能否适用和国家责任是否成立。

在上述五个案件中，只有 *LG &E* 案和 *Continental* 案仲裁庭在适用法律时区分了国际投资协定和国际习惯法，且将国际投资协定作为特别法来对待，而 *CMS* 案、*Enron* 案以及 *Sempra* 案的仲裁裁决却极具争议，因为这三个案件的仲裁庭都简单地将国际习惯法中的国家不法行为必要性抗辩直接等同于条约法中的安全例外条款予以适用。例如，*Sempra* 案仲裁庭在审查后认为阿根廷政府采取的措施没有满足国际习惯法下的国家不法行为责任必要性抗辩的要求，就直接断定没有必要进一步审查投资协定中的安全例外条款是否还可以适用。[1]

这样的裁决和推理很具有误导性，导致作为特别法的国际投资协定如同下位法一般，但事实上，国际投资协定是缔约双方具体协商同意的，应作为特别法具体适用于缔约双方之间产生的争端，具有优先适用地位。正如 *CMS* 案裁决撤销程序的临时委员会明确指出的那样："原仲裁庭本应先适用

〔1〕 See Sempra Energy International v. Argentine Republic, ICSID Case No. Arb/02/16, Award, Sept. 28, 2007, para. 388.

作为特别法的美国—阿根廷 BIT 第 11 条,而不是国际法委员会《草案》第25 条。"[1]

也就是说,仲裁庭首先应该根据投资协定的规定,审查东道国的行为是否符合协定中安全例外条款的相关适用条件,如果东道国行为符合安全例外条款规定的条件,自然就不存在违反条约义务的情况,也就不存在任何行为违法性问题及国家责任问题,法律适用就到此为止。只有当东道国的行为不符合安全例外条款的规定,从而构成了对条约义务的违反,并出现了违法性的国家行为时,仲裁庭才能进一步审查该违法性行为能否再根据国际习惯法上国家不法行为必要性抗辩的规定来排除相关行为的违法性。[2]

二、对"必要的措施"的解释分歧

对"必要的措施"问题的解释,上述案件的仲裁庭要么参照国际习惯法的必要性抗辩,要么参照 WTO 的审判实践。然而,国际习惯法之《草案》中的必要性抗辩对"必要性"的问题要求非常高,几乎难以被满足,而投资案件的仲裁参照 WTO 的审判实践似乎也有不妥之处。

CMS 案、*Enron* 案和 *Sempra* 案仲裁庭在解释"必要的措施"的问题上都适用了国际习惯法上的唯一性方法,均认为案中阿根廷政府采取的措施不是唯一可以采取的措施,故而得出该措施不能满足安全例外条款中"必要的措施"的要求。而在 *Continental* 案中,原告 Continental 公司也援引了国际习惯法之《草案》第 25 条,认为所谓"必要的措施"应该是唯一可以采取的措施,如果实际情况中还存在其他可以采取的替代措施的话,即便采取这些替代措施成本更大,或更不方便,那么也不应该认为争议措施是"必要的"。[3]但是该案仲裁庭认为,既然 1994 年美国—阿根廷 BIT 第 11 条反映了当时的美国 FCN 的条款模式,而 FCN 的安全例外条款又源于 GATT 第 20 条,因此

[1] CMS Gas Transmission Company v. The Republic of Argentina, ICSID Case No. ARB/01/8, Annulment Proceedings, Sept. 25, 2007, para. 133.

[2] Ibid., para. 134.

[3] See Continental Casualty Company v. Argentine Republic, ICSID Case No. Arb/03/9, Award, Sept. 5, 2008, para. 190.

有必要参照 GATT/WTO 下的审判实践经验。[1] 为此，*Continental* 案仲裁庭参考了韩国牛肉案中专家组对“必要的措施”的理解，即所谓“必要的”措施不应是一种绝对的必要或必不可少，而应解读为从“必不可少”（indispensable）到“有助于”（make a contribution to）这个区间内的任何满足条件的措施。[2] 此外，在 *Continental* 案中，仲裁庭还审查了其他的替代措施，并认为原告提供的一些其认为可以采取的替代措施，对阿根廷政府来说实际上是不切实际的，即便阿根廷政府采取了这样的替代措施，这对应对阿根廷国内危机来说也不一定有意义或不一定能取得有效的效果。[3] 因此，仲裁庭最终认为阿根廷政府已经作出了合理的努力，采取了合理的措施，符合安全例外条款中“必要的”措施的要求。可以说，从 *CMS* 案、*Enron* 案、*Sempra* 案到 *LG & E* 案，再到 *Continental* 案，仲裁庭对安全例外条款的解释也在逐渐放宽，解释方法也各不相同。

三、对“根本安全利益”的解释分歧

关于对“根本安全利益”的解读，五个案件都肯定了经济危机可以构成对根本安全利益的侵害，只是对于侵害的严重程度，不同仲裁庭的看法不同。在阿根廷系列案件中，投资者们几乎均否认经济危机能够构成对一国根本安全利益的侵害，因为他们认为，无论是公共秩序还是根本安全利益，在投资协定起草和谈判时，缔约双方均有意将这些概念的范围限制在仅与安全有关的一些外来威胁方面，而阿根廷政府显然从未面临这种外来威胁。[4] 然而相反的是，这五个案件的仲裁庭都一致认为经济危机对一国的根本安全利益可以产生足够的威胁和侵害，他们只是在认定阿根廷政府面

---

[1] See Continental Casualty Company v. Argentine Republic, ICSID Case No. Arb/03/9, Award, Sept. 5, 2008, para. 192.

[2] See *Korea-Measures Affecting Imports of Fresh, Chilled and Frozen Beef*, WTO Appellate Body Report, WT/DS161, 169/AB/R, 10 January 2001, para. 161.

[3] See Continental Casualty Company v. Argentine Republic, ICSID Case No. Arb/03/9, Award, Sept. 5, 2008, para. 210.

[4] See LG & E Energy Corp. v. The Republic of Argentina, ICSID Case No. ARB/02/1, Decision on Liability, Oct. 3, 2006, paras. 203, 170.

临的本国经济危机的严重程度上存在分歧，即阿根廷政府面临的本国情势是否构成一个真正严重的、足以威胁到国家根本安全利益的经济危机。如在 *LG &E* 案中，仲裁庭就明确反对根本安全利益仅包括军事行动或战争带来的侵害，仲裁庭认为，如果判定经济危机不属于根本安全利益的范畴，则会忽略经济对人民生活和政府能力的巨大作用，“如果一国的经济安全濒临绝境，那么问题的严重程度绝不亚于任何一场军事侵略”〔1〕。

因此，阿根廷系列案件的仲裁庭无疑都肯定了安全例外条款可以适用于经济危机的情况，但是对于危机的损害程度和严重程度方面，无论是在阿根廷系列案件中，还是在将来任何一个案件中，都很难预测仲裁庭会以什么样的标准进行判断和划分。就像阿根廷系列案件，即便每个案件的实际情况都是一样的，仲裁庭还是根据不同的标准作出了不同的解释，故仲裁庭对安全例外条款中一些重要术语的解释常常具有不确定性。在实际案件中，也只能根据具体情况的不同逐一区分对待。

综上，美国同时作为主要的资本输入国和资本输出国，不仅注重提高投资者保护标准，也注重保护东道国利益，其在 BIT 范本中也规定了全面的安全例外条款，并且从阿根廷系列案件中吸取教训，将最初的非自判性的安全例外条款变成了自判性的条款，以便掌握本国更大的经济事务管理权力，同时，美国非常重视安全例外条款维护东道国主权权力的作用。因此，对于该条款，我国也应给予足够的重视，加之阿根廷危机所带来的经验和教训，更应以史为鉴，进一步完善安全例外条款的条款文本，使其更全面、更具有可操作性，以便充分发挥该条款的“安全阀”作用。

本章小结

安全例外条款对东道国外资规制权边界的具体规定表现在三个方面：

〔1〕 See LG &E Energy Corp. v. The Republic of Argentina, ICSID Case No. ARB/02/1, Decision on Liability, Oct. 3, 2006, para. 238.

一是对“根本安全利益”概念的界定；二是对“国际和平与安全”的界定；三是自判性和非自判性条款对国家权力边界的影响。

第一，投资协定实践和仲裁实践对“根本安全利益”概念作出了一些界定与理解，本章也进行了详细的阐述。但更重要的是，“根本安全利益”的内涵和外延不是一成不变的，而是一个不断发展的概念，首先表现在它和“公共目的”之间具有可转化性，一国的“公共目的”本身因为严重的危机而面临巨大压力时，就有可能转变为对国家“根本安全利益”的侵犯。其次，现在各国面临军事侵略和战争威胁的概率几乎越来越小，而面临其他新型威胁的可能性越来越大，如公共健康危机、自然灾害、网络攻击等。任何一种危机如果达到足够严重的程度，都完全能够侵害到一国的“根本安全利益”。所以在仲裁实践中，仲裁庭也应以一种发展的眼光，根据案件具体情况来界定“根本安全利益”的概念。

第二，关于“国际和平与安全“的概念，实践中没有太多争论，其主要是指《联合国宪章》第 24 条关于各成员方都有责任履行安理会发布的关于维护国际和平与安全的决议。

第三，安全例外条款一般存在两种类型：一类是自判性的条款；另一类是非自判性的条款。这两类条款会对东道国权力边界造成不同程度的影响。非自判性的条款在适用中要接受仲裁庭的全面审查，对东道国权力边界会造成较大的约束和限制。而根据对 *Enron* 案、*Sempra* 案、*LG & E* 案和 *Continental* 案仲裁裁决的分析，仲裁庭至少要审查东道国适用自判性条款时是否是善意的。自判性条款保障了东道国的行动自由，并保证了国家的权力边界不至于被过度限制。

安全例外条款的投资仲裁实践，主要体现在仲裁庭对阿根廷系列案件的裁判上，其中美国海外投资者针对阿根廷政府提起的五起案件最为著名。这五起案件案情基本相似，阿根廷政府的抗辩理由也基本相似，都是根据美国—阿根廷 BIT 第 11 条的安全例外条款和国际习惯法上的东道国不法责任之必要性问题来进行抗辩。但最终仲裁庭的裁决却存在很大分歧。总结一下基本可以分为两大类：一类是仲裁庭适用法律错误，援引国际习惯法来解释条约条款,导致作为特别法的条约例外条款未能得到充分的审查与适用。另一类是仲裁庭首先明确法律适用问题,认为应优先适用投资协定来解释条款,如果有需要再适用国际习惯法;认可阿根廷经济危机的严重性,认为政府采取的措施是必要的,最终认为阿根廷政府的行为满足安全例外条款的适用条件。

这些案例实践反映出一些问题:一是条约法与国际习惯法的适用问题,因为这两种法律渊源在国家责任的成立条件方面的具体要求是不同的,国际习惯法之《草案》的要求更为苛刻,优先适用不同的法律渊源直接关系到安全例外条款能否适用和国家责任是否成立。二是对“必要的措施”问题的解释,要么参照国际习惯法的必要性抗辩,要么参照 WTO 的审判实践,国际习惯法上的必要性抗辩对必要性的要求非常高,几乎难以被满足,而投资案件的仲裁参照 WTO 的审判实践似乎也有不妥之处。三是对“根本安全利益”的解读,五个案件都肯定了经济危机可以构成对根本安全利益的侵害,只是对于危机的严重程度,不同仲裁庭的看法不同。所以,在安全例外条款重要术语的解释上,仲裁判例也总是存在不一致性和不确定性。

CHAPTER 05 >>

第五章

国际投资协定中的金融服务例外条款

如今国际金融领域在追求金融服务贸易自由化的同时,又需要维持金融体系的安全与稳定,这也是国家在签订国际投资协定时所关心的问题,同时单个国家对于国际金融的管理和控制力似乎也显得不足,所以有必要在国际投资协定中规定东道国采取金融措施的权力。因此,一些晚近的国际投资协定中出现了关于"金融服务例外"的条款,该条款允许东道国在特殊情况下可以采取维护本国公共权益与金融安全所必需的审慎监管措施,是对东道国管理本国金融市场和金融体系权力的保障,也是东道国维护本国经济稳定与金融安全的一项重要规定。另外,晚近也有不少投资争端就是因为东道国采取金融措施而引起的,最为典型的就是阿根廷被诉诸 ICSID 的众多投资争端,引发了广泛关注。

金融服务例外条款源于国际贸易领域,最初见于 NAFTA 第 14 章"金融服务",WTO 的 GATS"金融服务附件"中也有与 NAFTA 类似的金融服务例外条款,但金融审慎例外的范围与 NAFTA 稍有不同。GATS"金融服务附件"明确规定了 WTO 成员方不得将金融服务例外条款作为逃避协定承诺或协定义务的手段。[1] 在国际投资协定实践中，2004 年美国 BIT 范本和 2004 年加拿大 BIT 范本是率先引入金融服务例外条款的国际投资协定范本，这两个范本专门规定了该条款的实体和程序问题，并在后续条约实践中不断进行完善。所以，目前较为典型和成熟的金融服务例外条款是 2012 年美国 BIT 范本和 2004 年加拿大 BIT 范本中的规定。2018 年 11 月 30 日签订的 USMCA 的金融服务章节也有专门关于金融服务例外条款的规定，是美国关于该条款的最新条约实践。现将 2012 年美国 BIT 范本第 20 条的金融服务例外条款第 1 款和第 2 款的实体性规定简要示例如下：

> 一、尽管本条约有其他规定，缔约一方不应被阻止出于审慎原因而采取或维持与金融服务有关的措施，包括保护投资者、存款人、投保人或金融服务提供者对其负有信托义务的人或确保金融系统的完整与稳定的措施。[2] 如果此类措施与本条约的规定不符，则其不应被该缔约方用来规避本条约项下的承诺和义务。
>
> 二、（一）本条约的任何规定不适用于公共实体在执行货币或相关信贷政策或汇率政策时采取的普遍适用的非歧视性措施。本条款不应影响缔约方在第七条［转移］或第八条［业绩要求］项下的义务。[3]
>
> （二）为本条款之目的，“公共实体”是指中央银行或缔约方的货币机构。

---

〔1〕 参见温树英、李俊星：《国际投资协定中的审慎例外条款研究》，载《武大国际法评论》2016 年第 2 期。

〔2〕 “审慎原因”这一用语理解为，包括维持单个金融机构的安全、稳定、完整和金融责任，以及维护支付和清算制度的安全和金融运作的完整性。

〔3〕 进一步明确，为执行货币或者相关信贷政策或者汇率政策而采取的普遍适用的措施，不包括明确地取消或者修改合同中有关货币单位或者汇率的条款。

第一节　金融服务例外条款的主要内容

一、实体性条款

美国的金融市场是世界上最为发达和开放的金融市场之一,拥有较其他国家来说更加完备的金融监管体系。在国际投资协定中,2012 年美国 BIT 范本第 20 条也拥有最为典型的金融服务例外条款,该条款在美国国际投资协定实践中首次出现于 2004 年 BIT 范本,2012 年范本又对该条进一步完善。该条款从文字上看比较复杂,但基本可分为四部分:第 1 款和第 2 款规定了两个金融服务例外;第 3 ~ 5 款主要规定的是争端解决程序;第 6 款是关于透明度的问题;第 7 款和第 8 款则是一些补充性说明。2012 年美国 BIT 范本对金融服务例外条款的增补和完善,为美国政府提供了更多的金融管制空间。[1] 这里就以 2012 年美国 BIT 范本第 20 条为例分析金融服务例外条款。

(一)对“金融服务”和“金融机构”的界定

金融服务例外条款中有两个基本概念,即“金融服务”和“金融机构”。我国“金融服务”的类别与美国等其他国家不同,并且我国对哪些属于“金融机构”的理解也与其他国家不同。例如,在 2012 年美国诉中国电子支付服务措施案中,中国和美国的争议焦点之一就是“金融机构”的范围问题。[2] 因此,有必要对这两个概念做出界定,作为探讨东道国金融规制权边界的前提。

2012 年美国 BIT 范本第 20 条第 7 款将“金融服务”概念的界定与 GATS 联系起来,其规定的“金融服务”应与 GATS“金融服务附件”第 5(a)

---

〔1〕 参见祁欢、阎聪:《2012 美国 BIT 范本对中美 BIT 谈判之影响的再研究》,载《山西大学学报(哲学社会科学版)》2015 年第 1 期。

〔2〕 See *China-Certain Measures Affecting Electronic Payment Services*, WT/DS413, July 16, 2012.

条规定的意思相一致。[1] 同时,2012 年美国 BIT 范本还列举了诸多应定义为金融服务的类别。2012 年美国 BIT 范本对“金融服务”的界定与 GATS“金融服务附件”看齐,而我国目前关于金融服务的分类却与 GATS“金融服务附件”存在诸多不同之处。[2] 因此,我国在签订国际投资协定时,对“金融服务”的概念和范围应注意作出适当的界定,必要时可以考虑采用负面清单的做法。[3]

另外,“金融机构”的概念也多次出现在 2012 年美国 BIT 范本第 20 条的金融服务例外条款中,但该条对“金融机构”没有作出具体的定义。2014 年中国—加拿大 BIT 第 1 条定义条款的第 9 款对“金融机构”作出了具体的定义。[4] 同时,在 2012 年美国诉中国电子支付服务措施案中,双方对“金融机构”的范围问题产生了争议,争议焦点在于电子支付服务的提供者是否属于金融机构。[5] 所以在条约实践或仲裁实践中,为了避免出现对“金融机构”不一致的理解,在条约起草时不妨考虑像中国—加拿大 BIT 一样对这两个概念作出适当的界定。

(二)审慎例外

金融服务例外条款中两个基本的例外是审慎例外和货币信贷政策例外,这两个例外构成金融服务例外条款的主体。2012 年美国 BIT 范本第 20 条第 1 款是关于审慎例外的规定,其内容主要是因审慎原因采取的涉及金融服务的相关措施。

---

〔1〕 GATS“金融服务附件”第 5(a)条规定:“A financial service is any service of a financial nature offered by a financial service supplier of a member. Financial services include all insurance and insurance-related services, and all banking and other financial services (excluding insurance)。”

〔2〕 参见龚柏华:《中美双边投资协定谈判中的金融服务条款》,载《法学》2013 年第 10 期。

〔3〕 例如,2014 年中国—加拿大 BIT 第 1 条第 8 款中对于“金融服务”的界定就采用了与 GATS 一致的做法,规定“金融服务”应与 GATS“金融服务附件”第 5(a)条具有相同含义。

〔4〕 2014 年中国—加拿大 BIT 第 1 条第 9 款规定:“Financial institution means any financial intermediary or other enterprises that is authorized to do business and is regulated or supervised as a financial institution under the law of the contracting party in whose territory it is located。”

〔5〕 See *China-Certain Measures Affecting Electronic Payment Services*, WT/DS413, July 16, 2012, para. 7. 192.

本条款在适用时应注意以下几个方面：首先，采取措施的一方是作为缔约方的东道国，具体则是制定相应国内法规和措施并对外国金融投资者产生实质性影响的权力机关或金融主管机关，采取措施的内容应是对缔约另一方金融投资的市场准入和国民待遇或者为了维护国内金融市场的稳定而采取的必要限制；其次，并非所有的涉及金融监管的措施都可被认作例外，只有为了“投资人、存款人、投保人或金融服务提供者对其负有信托义务的人”的利益，或者是为了维护“金融系统的统一与稳定”所采取的措施才符合审慎例外的要求；最后，采取的措施必须是出于“审慎原因”，但是何为“审慎原因”，该条款却没有具体规定。

1. 对“审慎措施”的界定

审慎例外条款允许缔约一方采取措施的关键在于这些措施必须基于“审慎原因”，所以认定何为“审慎原因”是界定“审慎措施”的关键。但该条款并未具体定义“审慎原因”，只是在条款注解中列举了几种符合“审慎原因”的情况，包括维持单个金融机构的安全、稳定、完整和金融责任，以及维护支付和清算制度的安全和金融、运作的完整性。这样的规定方式表明该条款对东道国采取的金融整顿措施可能会持较为开放的态度，因为实践中缔约双方的金融市场发展程度可能不尽相同，对“审慎原因”和“审慎措施”的解释也需要具体问题具体分析，不能一概论之。然而，无论如何“目的的正当性”都是解释和认定“审慎措施”时必须坚持的首要条件，即采取措施时的主观目的必须是维护“投资人、存款人、投保人或金融服务提供者对其负有信托义务的人”的利益，或者是维护“金融系统的统一与稳定”。

2. “审慎措施”的解释主体

本条款的最后一段规定了“反滥用条款”，由该条款引申出一个问题，即应由谁来认定审慎措施是否被滥用？或者某项措施是否构成“审慎措施”应由谁来认定？遗憾的是“反滥用条款”对此没有作出明确规定。然而，由于不同缔约方之间金融市场的发展程度和结构特点存在差异，以及金融行业不断发展的特点，在认定某项措施是否构成审慎措施时，都应根据采取措施的东道国具体的法律规定及现实情况进行判断。在仲裁实践中，有仲裁庭认为是否属于“审慎原因”及是否构成审慎措施应当由仲裁庭来判断，接受仲裁庭的审查。[1] 当然也有国家建议将金融审慎例外条款设置为类似于安全例外条款的自判性条款，由当事国自行决定是否属于审慎原因及是否构成审慎措施。

3. 货币信贷政策例外

货币信贷政策例外中采取措施的一方是缔约一方的中央银行或者其他货币主管机构，采取的措施是根据货币或相关信贷政策、汇率政策实施的一般性措施，且该措施必须是普遍适用的、非歧视性的措施。同时缔约方不应滥用该条款而采取措施，因为货币信贷政策例外条款本身还存在两个例外：(1)该条款规定缔约方在第7条(转移)或第8条(业绩要求)项下的义务并不受此例外条款的影响，这意味着无论如何缔约方仍要受第7条和第8条的约束；(2)该条款的注解还进一步明确，根据该条款采取的普遍适用的措施，不包括对具体投资协议项下有关货币单位或者汇率条款的修改或取消。

货币政策和信贷政策是东道国调整国内经济平稳运行和调控宏观经济的重要手段，对这些政策的发布实施，投资者在给予相应谅解的同时，也不必过分担忧东道国在进行经济宏观调控时对其具体投资合同的变更，因为该“例外的例外”限制了东道国对该条款的滥用，一定程度上给予了投资者信心和保障。

二、程序性条款

2012年美国BIT范本第20条第3～5款则详细规定了由“金融服务例外”引起的争议的解决程序，其也是第20条金融服务例外条款篇幅最大的部分。这几款争议解决条款不仅援用了2012年范本第二部分“投资者与东道国争端解决程序”和第三部分“缔约方间争端解决程序”的一般性规定，同时又对这两种争端解决程序作出了一定的调整：一方面，缔约双方金融主管机关在投资者与东道国间发生金融投资类争端并提请仲裁后，应根据被申

[1] See Fireman’s Fund Insurance v. United Mexican States, ICSID Case No. ARB(AF)/02/01, Award, July 17, 2006.

请人的书面请求,就该争端的相关问题进行协商并作出一份共同决定(joint determination),该共同决定对仲裁庭具有约束力;另一方面,在缔约方之间发生金融服务投资争端后,缔约双方金融主管机关在仲裁程序开始前应先行就相关问题进行磋商并作出磋商报告,磋商应是缔约方间争端解决程序的前置程序。

(一)投资者—东道国争端解决模式

2012 年美国 BIT 范本第 20 条第 3 款规定了由金融服务例外条款引发的投资者与东道国间的特殊争端解决程序。当投资者与东道国发生金融投资类争端,投资者提请仲裁,而东道国进行抗辩时有以下程序事项。

首先,作为被申请人的东道国应在投资者提请仲裁之日起 120 日内,向缔约双方的金融主管机关提出一份书面请求,请求缔约双方主管机关进行协商,协商内容是东道国提出的金融服务例外抗辩是否成立或在多大程度上成立,并就此问题作出一份共同决定。此共同决定实际上是仲裁庭对金融服务例外条款的事实部分进行裁决的先决问题。也就是说,缔约双方金融主管机关需要根据具体情况判断被申请人提出的“金融服务例外”作为抗辩理由是否成立,因为金融服务主管机关作为具备专业知识的金融实体,对金融服务争议作出一个初步判断可能更为合适。

其次,在被申请人提请缔约双方金融主管机关作出共同决定后,会出现两种情况:第一种情况是缔约双方金融主管机关在 120 日内作出了共同决定的,则应立即将共同决定送达争端双方和仲裁庭(如果仲裁庭已经成立),此时共同决定对仲裁庭具有拘束力,仲裁庭应根据该共同决定进行裁决;第二种情况是争端双方的金融主管机关在收到被申请人书面请求后的 120 日内没有作出共同决定的,此时仲裁庭则有权根据 2012 年美国 BIT 第 20 条第 3 款第 3 项对双方金融主管机关的未决问题自行裁决。在此种情形下,2012 年美国 BIT 第 20 条第 3 款第 3 项同时还规定了自行裁决先决问题的仲裁庭成员应具备金融领域的专业知识和经验,如果已经指定了仲裁员,则应先通过更换仲裁员来保证仲裁员具备金融领域的专业素质等。另外,2012 年美国BIT范本还明确规定,在第二种情况下,仲裁庭不能根据缔约双方金融主管机关未作出共同决定的事实,对金融服务例外条款(第20条第1款和第2款)的适用作出推论。

最后,仲裁庭应在收到共同决定后10日,或者在120日届满的10日后(未收到共同决定的情况)继续仲裁程序,并优先裁决“金融例外”抗辩是否成立的问题(金融主管机关的未决问题)。另外,被申请人未提出书面请求,也并不影响其在仲裁过程中的任何合适阶段根据2012年美国BIT第20条第1款和第2款提出抗辩的权利。这也在一定程度上反映了对金融服务例外条款的援引对于通常作为被申请人的东道国的重要性,因为若被申请人由于未向缔约双方主管机关提出书面请求而丧失援引金融服务例外条款进行抗辩的权利,则很有可能最终影响仲裁庭对整个案件事实的认定和裁决,所以,此规定也在平衡投资者和东道国利益问题上进行了适当考量。

(二)缔约方间争端解决模式

2012年美国BIT范本第20条第4款和第5款规定了东道国之间发生争端的解决模式,此争端解决模式只处理缔约方之间涉及金融服务的争议。具体而言,一旦发生了争议,缔约一方的金融主管机关应首先书面通知缔约另一方金融主管机关该争议涉及金融服务,然后双方金融主管机关针对有关争议作好磋商准备,并在收到书面通知之日起180日内作出磋商报告,缔约一方在该180日磋商期限届满后方可将争议提交仲裁庭,所以,缔约双方进行磋商是争议被提交仲裁庭的前置程序。任何缔约一方都可以将该磋商报告提交仲裁庭作为仲裁庭裁决的参考。也就是说,此处的磋商报告与前述共同决定不同,对仲裁庭不具有拘束力。

(三)两种争端解决模式的区别

比较金融服务例外条款的“投资者—东道国争端解决模式”和“缔约方间争端解决模式”可以看出,这两种争端解决模式具有以下三点区别:第一,前一种争端解决模式要求缔约双方金融主管机关作出“共同决定”，而后一种争端解决模式要求缔约双方金融主管机关出具“磋商报告”即可；第二，“共同决定”对仲裁庭具有拘束力，而“磋商报告”只是仲裁庭裁判案件的参考，对仲裁庭并不具有拘束力；第三，缔约双方金融主管机关作出“共同决定”的期限是120日，而作出“磋商报告”的期限则被延长至180日。这种规定保证了国家金融主管机关可以充分参与案件的争端解决，并有机会对“金融例外条款”的实践应用作出认定和判断，体现了国家金融管制机关的影响力正在逐渐被扩大。[1]

三、透明度及附则

2012年美国BIT范本第20条第6款规定了透明度条款，该款实际上源于该范本第11条的有关透明度的相关内容，但其同时也对第11条作出了一些修订。根据该款规定，缔约方应当在可行的情况下（to the extent practicable）发布其拟颁布的有关金融服务的任何普遍适用的法规及颁布该法规的目的，并且应给利害关系人和缔约另一方合理的机会对该法规进行评论。此规定与范本第11条第2款基本一致，二者的不同之处在于“金融服务例外”的透明度条款仅包括对“任何法规”（any regulations）的发布，而范本第11条还包括了“所要采取的任何措施”（any measures），所以第20条第6款的透明度条款涵盖的范围较范本第11条的一般透明度义务来说有所限制。另外，在措辞方面，第20条第6款使用的是“在可行的情况下”，而第11条使用的是“在可能的情况下”（to the extent possible）。有学者认为，这应该仅是条约起草者各自习惯的不同而导致的修辞上的区别，因为该两个条款分别由美国不同部门起草，起草人只是使用了自己习惯的措辞。[2] 笔者认为两者是存在区别的，“可能”仅仅是一种或然性，而“可行”则比“可

---

〔1〕 See Vandevelde KJ, *U. S. International Investment Agreements*, Oxford University Press, 2009, p. 229.

〔2〕 See Vandevelde KJ, *U. S. International Investment Agreements*, Oxford University Press, 2009, p. 430.

能”更重视结果,更强调法规公布之后对市场和投资者的实际影响。

2012 年美国 BIT 范本第 20 条第 7 款和第 8 款是“金融服务例外”的附则部分。第 20 条第 7 款对“金融服务”作了界定,规定“金融服务”应与“GATS‘金融服务附件’第 5(a)条”中的“金融服务”具有相同含义,其还列举了诸多应定义为金融服务的类别。需要注意的是,本款直接提到了对 GATS 的援引,将 GATS 的规定明确纳入自身体系中。这可能导致仲裁庭在解决金融服务投资争端时,有可能援引除 BIT 外的其他协定。这虽然为投资争端的解决提供了更多依据,但在具体案件中,仲裁庭会在多大程度和范围内援引 GATS 来审查 BIT 的规定仍无法确定。虽然在 WTO 下已经形成了一些关于金融服务例外方面的判例,而国际投资仲裁实践领域还没有专门以适用金融服务例外条款为争端核心的案件发生,所以国际投资仲裁庭未来是否会将 WTO 的判例作为参考,以及在多大程度上参考 WTO 判例也是未知数,毕竟贸易和投资具有明显区别,对经济的影响也不同,这种对贸易领域判例的借鉴到底存在何种风险还不得而知。

2012 年美国 BIT 范本第 20 条第 8 款还是一个反滥用条款,实际上重申了东道国可以采取必要措施来适用或执行金融方面的法规,但该款对该措施的采用附加了两个条件:第一,这些措施不得与本协定内容相抵触;第二,不得造成任意的、不公正的歧视或者对投资的变相限制。这样的一个最后澄清实际上也再次为东道国的权力划出了边界。

第二节　金融服务例外条款与一般例外和安全例外条款的关系

如前文所述,安全例外条款保护的对象是东道国的根本安全利益,根本安全利益就是最基本、最重要的国家和居民的安全利益。早期国际社会理解的根本安全利益仅为宏观层面的政治稳定和国防方面的安全,后来爆发的阿根廷经济危机将一国的经济危机与金融安全也包含在根本安全利益的范围内,因此,安全例外条款的保护范围就与金融服务例外条款的保护范围发生了重合,即金融服务例外条款的保护范围包括国家的金融安全,而金融安全也包含在一国的根本安全利益范围内。同时,金融服务例外条款还涉及国家对日常金融秩序的管理和维护,国家的金融秩序也涉及公共秩序和利益,而这也是一般例外条款的保护范围。

尽管如此,金融服务例外条款与一般例外条款、安全例外条款之间也存在很大的不同。首先,适用标准不同。一般例外条款和安全例外条款得以被成功适用的前提是必须符合严格的“必要性”标准,当然自判性的安全例外条款可由东道国自行判断措施的必要性问题。然而对一般例外条款来说,实践案例中的“必要性”标准一般很难被满足,所以援引一般例外条款较为困难,安全例外条款也需要接受仲裁庭对东道国是否善意的审查。而金融服务例外条款的适用则不要求满足“必要性”,所以适用门槛较低。其次,对金融安全的要求程度不同。安全例外条款一般要求发生非常严重的金融安全情形,且该情形足以威胁到一国的最根本、最重要的安全利益,而金融服务例外条款涉及的金融安全主要针对国家日常的金融安全,是对金融安全的日常管理、预防和维护。所以在预防金融危机的发生和金融危机发生初期,还达不到安全例外条款要求的严重程度,此时不能适用安全例外条款,而金融服务例外条款则能够满足东道国对本国金融安全的日常维护。

第三节 金融服务例外条款的主要问题

一、“与金融服务有关”措施的界定不明

金融服务例外条款规定缔约方可采取“与金融服务有关”的措施,什么叫“与金融服务有关”?如此规定通常就存在广义与狭义两种解释,从广义上来理解,任何与金融服务有关的措施,哪怕只与金融服务有很细微的联

系,都可以被包含在“与金融服务有关”的措施中,那么审慎例外的适用门槛就非常低了,这使东道国在日常金融管制活动中更自由甚至更随意,这无疑是不合适的。而如果对“与金融服务有关”的措施进行狭义理解,那么有些本应属于审慎例外范围的措施就有可能被排除在外,从而不利于东道国维护本国金融安全和金融秩序。对“与金融服务有关”这个短语界定不明确,在仲裁实践中就极有可能出现以上两种极端的解释,而无论哪种解释,对东道国和投资者都会造成不必要的负担。因此,条款既然作了“与金融服务有关的措施”的规定,在仲裁实践中就难免要对此问题作出判断和界定,而条款的疏漏则又把该问题留给仲裁庭来解释,这也就使金融服务例外条款的解释与适用变得更不确定。

二、“审慎原因”的定义模糊

金融服务例外条款要求采取的与金融服务有关的措施必须基于审慎原因,但条款文本并未具体定义“审慎原因”,只是在条款注解中列举了两种符合“审慎原因”的情况。美国 BIT 范本在此问题上沿袭了 GATS 的规定,两者都没有定义“审慎原因”,仅列举了两项属于审慎原因的情况,日本等国也与美国 BIT 范本的做法一致,而欧盟也仅是在美、日等国规定的基础上在列举方面增加了一项“为保护金融机构的完整、稳定、安全或其采取责任”〔1〕。那么,在没有具体定义“审慎原因”的情况下,除条款中明确列举的审慎原因情况外,是否还存在其他的审慎原因呢?当然,符合“审慎原因”的情况应当是多种多样的。但如果发生了未被条款明确列举出来的“审慎原因”,由于其未被明确包含在内,是否会导致其不能满足审慎例外要求?〔2〕因此,该条款应该采用开放式列举的方式列举符合“审慎原因”的情况,或者具体定义“审慎原因”,以免全球化带来的市场过度开放导致某

---

〔1〕 参见徐昕:《区域贸易协定中的金融审慎例外条款研究》,载《上海对外经贸大学学报》2015年第2期。

〔2〕 参见彭岳:《例外与原则之间——金融服务中的审慎措施争议》,载《法商研究》2011年第3期。

些金融风险情况可能明明符合“审慎原因”，却因不属于已列举的情况而被排除在审慎原因范围外，从而使金融服务例外条款不能真正维护东道国金融市场的稳定。

三、反滥用条款的规定含糊

美国BIT范本和GATS等条约中的金融审慎例外条款大都规定反滥用条款，这种规定实际上强调了条约善意履行原则，东道国应当善意履行条约，不得滥用金融服务例外条款逃避其承担的条约义务。这就引发了一个问题，即由谁来认定东道国是否善意及审慎措施是否被滥用？遗憾的是，“反滥用条款”并没有对此作出明确规定。欧盟的金融服务例外条款对反滥用规定作出了调整，即将该规定修改为：“不得超出实现目标所必要的限度，并且不得在类似的金融服务提供者之间构成武断或不正当的歧视或对服务贸易构成变相的限制。”然而欧盟的规定似乎也并未指明应由谁来认定采取的措施是否超出必要的限度以及是否构成歧视和限制，实践中该问题恐怕要留给仲裁庭逐案进行解释和判断。

四、审慎措施的认定方法不明

一般来说，认定金融审慎措施的方法包括自我认定、共同协商决定和以国际标准认定。在自我认定的情况下，由采取措施的东道国自行决定是否采取以及如何采取金融审慎措施，仲裁庭无权决定措施的采取是否正当，此时仲裁庭一般仅能从善意角度来裁决东道国是否善意地履行了条约，除非东道国违反了善意履约原则，否则应该尊重东道国的决定。共同协商决定则是金融服务例外条款通常规定的争端解决方式，其中确定了以缔约双方当事国的金融主管机关共同协商决定的方式来认定金融服务例外抗辩是否成立，也即审慎措施的采取是否恰当、是否符合审慎原因等，双方共同协商决定在实践中也是争端解决的前置程序，仲裁庭应充分参考甚至受当事国双方共同决定的拘束。以国际标准认定的方式通常将有关国际组织制定的金融监管标准作为参考或标准。[1] 所以,采用不同的认定方法,审慎措施的判断结果也不同,大多数金融服务例外条款都没有规定以何种方法来认定审慎措施[2],加之如上所述该条款在审慎措施的适用范围、审慎原因的界定、反滥用条款的界定等方面都存在较大的含糊之处,这些都使金融服务例外条款在实际适用中可能会出现较大的争议。

第四节　金融服务例外条款的国际投资仲裁实践

在国际投资仲裁实践中,目前还没有出现专门针对金融服务例外条款解释与适用问题的仲裁案件。虽然有案件涉及金融服务例外的相关问题,但该条款并未实际有被审查与适用的机会。

例如,2012 年的 *Ping An Life Insurance v. Belgium* 是中国投资者主动提起的仲裁数额较大的投资案件,涉及东道国应对金融危机所采取的措施的合理性问题及东道国金融规制权问题,该案实质上属于金融服务例外条款的适用情况。然而无论是 1984 年中国—比利时 BIT 还是 2005 年新修订的中国—比利时 BIT 中均没有金融服务例外条款,甚至也没有安全例外条款。比利时政府对于应对金融危机所采取的措施的合理性问题的抗辩,也主要是从国际习惯法之一般性管制措施不构成间接征收的角度进行的。[3] 因此,该案虽然属于金融危机下东道国行为合理性与金融规制权问题,但由于条约中并不存在金融服务例外条款,所以实际上也并未涉及仲裁庭对该条款的审查与适用问题。

虽然该案的投资协定中缺少金融服务例外条款,使东道国政府不能

---

〔1〕 See Bismuth R., Financial Sector Regulation and Financial Services Liberalization at the Crossroads: The Relevance of International Financial Standards in WTO Law, *Journal of World Trade*, 2010,44(2),p.489 - 514.

〔2〕 然而也有极少数条约的金融服务例外条款中规定了应尽力遵守国际组织制定的相关审慎措施标准来界定何为审慎措施,如新加坡—欧盟 FTA 第 8.50 条。

〔3〕 See Ping An Life Insurance v. The Government of Belgium, ICSID Case No. ARB/12/29, Award, Apr. 30,2015.

以采取的措施是为了维护国内金融市场和金融机构的稳定性为由抗辩中国投资者，但是中国目前兼具资本输入国与资本输出国双重身份，中国政府未来在金融市场的监管和维护方面也将存在重大的国家利益，面临更严峻的挑战。历史已经表明，截至目前，在WTO审判实践中共发生过四起涉及GATS“金融服务附件”的案件，这四起案件分别由美国、加拿大和欧盟在2008年和2010年发起，全都针对中国，对中国金融服务市场的稳定性、金融市场的日常监管和维护都提出了极大的挑战。[1] 因此，金融服务例外条款作为金融领域的“安全阀”，无论是在中国还是在其他国家和组织的国际投资协定实践中，都应引起足够的重视。

本章小结

金融服务例外条款始于国际贸易领域，最初见于NAFTA第14章“金融服务”。USMCA的出现替代了NAFTA，其第17章金融服务章节也规定了具体的金融服务例外条款，是美国在该条款方面的最新条约实践。在国际投资协定中，2004年美国BIT范本是率先引入金融服务例外条款的投资协定，且该范本对该条款的实体性问题和程序性问题都进行了专门的详细的规定；2012年美国BIT范本又在此基础上进行了修改和完善，该范本的金融服务例外条款是目前最为典型和成熟的金融服务例外条款。

2012年美国BIT范本第20条的金融服务例外条款总共包括8款。第1款是关于审慎例外的规定，即因审慎原因采取的涉及金融服务的相关措施的例外；第2款是货币信贷政策的例外，这两款共同构成该条款的实体部分；第3~5款规定了非常详细的争端解决程序，也是第20条篇幅最大的部

〔1〕 在这四起案件中，2008年美国、欧盟、加拿大分别针对中国发起了影响金融信息服务和外国金融信息服务提供者的措施案，这三起案件的结果均是案件双方协商解决并撤回申请。2010年美国又针对中国发起了影响电子支付服务的相关措施案，2012年仲裁庭就该案作出裁决报告。参见https://www.wto.org/english/tratop_e/dispu_e/dispu_agreements_index_e.htm，最后访问日期：2019年9月15日。

分。争端解决程序包括两类:一类是投资者—东道国争端解决程序,主要处理金融投资类争端;另一类是缔约方间的争端解决程序,主要处理缔约方间涉及金融服务的争端。第6款是透明度条款,实际上源于2012年美国BIT范本的第11条有关透明度的相关规定,但同时对其作了一些调整。第7款和第8款是附则部分,主要对"金融服务"进行了界定,并规定了反滥用的相关内容。

通过对2012年美国BIT范本第20条的具体分析,本章也阐述了该条款仍然存在的问题:它与安全例外条款在适用中可能出现竞合的现象,因为一国的经济危机和金融安全其实都包含在国家的根本安全利益的范畴内,所以,安全例外的保护范围与金融服务例外的保护范围就发生了重合,在严重的金融危机面前,这两个条款都有适用的可能。但两个条款也存在很大的不同:首先,适用条件不同。安全例外对措施的采取有"必要性"方面的要求,而金融例外没有,所以金融例外适用门槛较低。其次,对经济危机和金融安全威胁的程度要求不同。安全例外要求发生非常严重的金融安全情形,而金融例外主要针对国家金融安全的日常管理、预防和维护。另外,该条款还存在一些其他问题,如与"金融服务有关"的措施的界定不明确、"审慎原因"的定义比较模糊、反滥用条款的规定含糊、审慎措施的认定方法也不明确,这些在本章中也都有具体的阐述,这些问题都使金融例外条款在实际适用中可能存在较大的争议。

至于2012年美国BIT范本第20条的仲裁实践,目前投资仲裁中很少有专门针对该条款的仲裁案件出现,但是WTO审判实践中却出现了一些涉及GATS"金融服务附件"的案例,截至目前,这类案件共发生了四起,分别是由美国、加拿大和欧盟发起,全部针对中国。而在国际投资仲裁中,2012年*Ping An Life Insurance v. Belgium*实际上已经涉及金融审慎例外的问题,但是由于1984年中国—比利时BIT和2005年新修订的中国—比利时BIT中均没有金融服务例外条款和安全例外条款,比利时政府也主要是根据国际习惯法上的东道国的一般性管制措施不构成间接征收的规定来进行抗辩,所以这个案件实际上也没有涉及对金融服务例外条款的审查与适用问题。

CHAPTER 06 >>

第六章

中国国际投资协定中的例外条款

第一节 中国国际投资协定例外条款的实践概况

自1982年与瑞典签订第一个双边投资条约开始，截至2021年6月，中国对外签订了145个双边投资条约，其中与21个国家签订的双边投资条约签订后没有生效，在其余124个签订后生效的双边投资条约中，15个条约已经终止，所以目前仍处于生效状态的双边投资条约为109个。另外，签订的具有投资章节的其他协定有24个。[1] 然而，在中国国际投资协定的实践历史中，例外条款并不是协定缔结时的必备条款，例外条款仅出现在极少数投资协定中。具体统计发现，在中国对外签订并生效的124个双边投资条约和24个具有投资章节的其他协定中，仅有大概20个国际投资协定中包含不同形式的例外条款。[2] （见表6-1）

---

〔1〕 参见联合国贸易和发展会议统计数据，载 https://investmentpolicyhub.unctad.org/IIA/CountryBits/42#iiaInnerMenu，最后访问日期：2021年6月28日。

〔2〕 这一数据是笔者逐一查阅中国对外签订的124个双边投资条约和24个具有投资章节的其他协定条款得出的，在这些投资协定中，仅有大概20个投资协定中含有例外条款，或者是条款本身名称不叫例外条款，但条款内容却反映出例外条款的相关内容。

表6-1 中国对外签订的国际投资协定中的例外条款汇总

生效年份	BIT 或 FTA 或其他 IIAs	具体条款
1986	中国—新加坡 BIT(已终止)	第11条 禁止与限制
1987	中国—斯里兰卡 BIT	第11条 禁止与限制
1989	中国—新西兰 BIT	第11条 禁止与限制
1997	中国—毛里求斯 BIT(已终止)	第11条 禁止与限制
2006	中国—芬兰 BIT	第3条 投资待遇
2006	中国—智利 FTA	第99条 一般例外 第100条 安全例外
2007	中国—马达加斯加 BIT	第3条 公平公正待遇
2007	中国—印度 BIT(已终止)	第14条 例外(安全例外)
2008	中国—新西兰 FTA	第200条 一般例外 第201条 安全例外 第203条 审慎措施
2009	中国—新加坡 FTA	第105条 一般例外 第106条 安全例外
2010	中国—东盟 FTA	第16条 一般例外(包括审慎措施) 第17条 安全例外
2010	中国—秘鲁 FTA	第193条 一般例外 第194条 安全例外 第197条 审慎措施
2011	中国—哥斯达黎加 FTA	第159条 一般例外 第160条 安全例外
2013	中国—哥伦比亚 BIT	第12条 例外(包括一般例外和安全例外) 第13条 金融部门审慎措施
2014	中国—日本—韩国 TIA	第18条 安全例外 第20条 审慎措施
2014	中国—坦桑尼亚 BIT	第10条 健康、安全和环境
2014	中国—加拿大 BIT	第33条 一般例外(包括一般例外、安全例外和审慎措施)
2015	中国—澳大利亚 FTA	第9.8条 一般例外
2015	中国—韩国 FTA	第12.14条 安全例外
2022	RCEP	第17.12条 一般例外 第17.13条 安全例外

一、例外条款的演进历史

中国国际投资协定的缔约实践大体经历了从相对保守到逐渐自由开放再到今天注重利益平衡这三个时期，在这三个不同的历史阶段，中国缔结的国际投资协定也呈现不同的特点。20 世纪八九十年代，中国缔结国际投资协定的态度相对保守，这个时期中国刚刚迎来改革开放，经济实力不强，还不具备海外投资的能力，主要考虑的是吸引外资的问题，缔结的国际投资协定其实更多关注的是国家自身利益的维护，对外资提供的保护水平相对较低。[1] 投资协定的模式也主要是以德国投资范本为代表的欧洲模式，投资协定的内容和条款都相对比较简单。[2] 到了 20 世纪 90 年代末 21 世纪初，由于中国国内经济的发展和进一步吸引外资的需要，中国开始改变在投资协定上的立场，逐渐开始尝试与国际上的通行做法接轨，走向了自由与开放的缔约态势。但这一时期缔结的多数协定的内容和条款仍然较为原则性和简单，与中国早期签订的投资协定内容差别不是很大。21 世纪初至今，随着中国经济快速发展，中国企业在国际上的经验也日益丰富，并逐渐具备了走出去的能力。中国也逐渐转变身份，从单一的资本输入国向资本输入与资本输出并重国的方向发展，中国的对外投资也开始进入快速发展阶段。这一时期，中国国际投资协定实践不仅重视对东道国利益的维护，也开始关注对海外投资的保护。总体而言，进入 21 世纪后，中国缔结的投资协定在内容上有了很大改进，较之前更加具体明确，可操作性更强，同时，对某些条款的立场也作了修正，一些新的条款也开始出现在投资协定中。这些变化表明了中国国际投资协定在经历了短暂的自由主义后，开始向新的利益平衡范式迈进。新时期的中国国际投资协定范式应适应中国资本输入国与资本输出国的双重身份，不仅应立足于维护中国作为东道国的利益，也应致力于

---

〔1〕 参见李玲：《中国双边投资保护协定缔约实践和面临的挑战》，载《国际经济法学刊》2010 年第 4 期。

〔2〕 参见曾华群：《论双边投资条约范本的演进与中国的对策》，载《国际法研究》2016 年第 4 期。

国家利益与私人利益的平衡。[1]

（一）早期缔约实践中的“禁止与限制”条款

中国国际投资协定中例外条款的发展历程与中国国际投资协定本身的实践历程在一定程度上是相适应的。如上所述，中国国际投资协定的缔约实践大致经历了从20世纪八九十年代的相对保守主义到21世纪初期的自由主义再到如今的平衡主义的发展过程，相对保守主义时期是中国对外缔结双边投资条约最多的时期。这个时期对外缔结的双边投资条约内容大都比较原则性和简单，主要是为了配合国家外交工作和实行对外开放的国家政策而进行的国际法实践，政治方面的意义胜过缔结协定本身的目的。[2]

在这一阶段，中国缔结的双边投资条约条款中未包含任何例外条款，但有四个双边投资条约中规定了一种“禁止与限制”条款，该条款可以看作中国国际投资协定例外条款的雏形。[3] 该条款虽并未直接采用例外条款的名称，但明确了东道国基于其根本安全利益保护和公共利益维护可以采取相应措施的权利。只不过该条款的适用范围仅限于对缔约一方基本安全利益、公共健康和动植物健康的保护，范围非常有限，且条款内容极其简单，缺乏对东道国外资规制权边界的具体规范。可见当时这一条款也仅是一种原则性的规定，缺乏可操作性。

所以，中国早期缔结的双边投资条约主要还是将限制准入后国民待遇和仲裁管辖权这两种方式作为管理外国投资的一般做法，几乎未规定任何例外条款，但这种方式缺乏透明度和可预见性，也不符合国际投资协定的缔约目的和宗旨。[4] 随着世界性投资体制的发展，这种规定方式也逐渐被中

---

[1] 参见胡斌、程慧：《中国双边投资协定的实践与发展》，载《国际经济合作》2013年第6期。

[2] 参见曾华群：《论双边投资条约范本的演进与中国的对策》，载《国际法研究》2016年第4期。

[3] 指1986年中国—新加坡BIT（已终止）第11条、1987年中国—斯里兰卡BIT第11条、1989年中国—新西兰BIT第11条和1997年中国—毛里求斯BIT（已终止）第11条。

[4] 参见柯静：《中国双边投资协定实践分析与新一代双边投资协定战略定位》，载《国际关系研究》2018年第2期。

国投资协定缔约实践所改变。

（二）新一代国际投资协定中的例外条款

21世纪，国际投资协定体系进入了新时期。首先，美国等发达国家不断扩大和提升对投资者的保护范围和标准，国际投资仲裁庭也往往更青睐于保护投资者利益，致使东道国的国家安全利益和公共利益以及东道国外资规制权受到不同程度的威胁，导致监管“寒流”。其次，伴随全球化对全球经济的推动，传统的资本输入国与资本输出国的身份逐渐混同，两者之间的界限越来越模糊，传统的资本输出国也开始面临越来越多潜在的被诉风险，单纯保护海外投资者利益的投资协定缔约思维开始遭到摒弃。在保护投资和促进投资自由化的同时，如何更好地平衡投资者与东道国双方的利益，在国际投资协定中确保东道国外资规制权，实现可持续的发展，正在成为国际投资协定体系改革的重点。[1]

伴随国际投资协定体系改革的呼声越来越强，中国新一代国际投资协定对这种利益平衡的缔约理念也开始作出回应。相较于中国20世纪缔约实践中寥寥无几的例外条款记录，2006年后例外条款在中国国际投资协定中呈现一种爆发式增长的趋势，中国在2006年后签订的绝大部分FTA中都纳入了不同种类的例外条款。[2] 这客观反映出中国的一种缔约倾向和态度，即中国国际投资协定缔约实践从过去长期对例外条款的忽视开始转为对该条款的重视，中国从把过去的双边投资条约实践主要作为配合国家对外开放政策的一个环节，到现在开始重视发挥双边投资条约本身的作用，更加注重东道国外资规制权，也反映了中国对促进其国家投资协定实践改革和顺应国际投资条约体系改革的思考与应对。

〔1〕 参见柯静：《中国双边投资协定实践分析与新一代双边投资协定战略定位》，载《国际关系研究》2018年第2期。

〔2〕 2006年后中国对外签订的FTA中，除了2007年中国—巴基斯坦FTA中没有例外条款，其他新签订的FTA中都规定了不同形式的例外条款。

二、例外条款的地缘分布

中国在国际投资协定的缔结方面,早期主要是与欧洲的发达国家缔结投资协定;20世纪90年代后,中国与发达国家缔结投资协定的数量增势有所放缓,而与发展中国家缔结的投资协定数量则增加显著。主要与亚洲、非洲和拉丁美洲等地区的国家签订投资协定,特别是21世纪,中国与非洲国家缔结投资协定的数量增长非常迅速。

(一)分布区域

表6-1的统计结果显示,在中国缔结的国际投资协定中,目前仅有20个左右的国际投资协定中包含不同种类的例外条款,其中,例外条款大部分分布在与亚洲国家签订的投资协定中,在与拉丁美洲、非洲和大洋洲国家签订的投资协定中也有少量分布,在欧洲国家中仅与芬兰签订的BIT中含有例外条款。可见,由于中国国际投资协定中例外条款的总量很小,致使该条款的效力覆盖范围非常有限。在中国吸引外资、对外投资、鼓励中国企业"走出去"和推进"一带一路"倡议等发展的过程中,中国缔结的国际投资协定的实践没有跟上中国吸引外资与对外投资发展的步伐。在未来国际投资合作中,作为利益平衡的例外条款必将面临相当大的需求。

(二)"一带一路"国家投资便利化发展中的条款需求评析:以中东欧国家为例

近年来,世界各国签订的国际投资协定中,涵盖国家安全利益,环境、健康等公共利益保护内容的各类例外条款的数量都有显著增加,这反映了国际投资法制可持续发展与追求协定双方利益平衡的发展趋势。中国自"一带一路"倡议实施以来,与"一带一路"沿线国家的经济交往日益密切,"一带一路"倡议的共商、共建、共享的发展理念自然要求中国重视与沿线国家投资合作中的利益平衡问题,以及注重对投资东道国的环境保护等国家公共政策的维护,以真正实现经济合作的可持续发展。

"一带一路"沿线国家共包括65个,目前中国与这些沿线国家已经签订了53个BIT和4个FTA。[1] 然而,在这些投资协定中,大部分协定都签订于20世纪八九十年代,协定条款本身非常简单,很少包含例外条款。据统计,目前中国与"一带一路"沿线国家签订的国际投资协定中也只有3个BIT和3个FTA中含有例外条款,该条款在"一带一路"沿线国家的效力覆盖范围非常有限,主要集中在与东盟十国、斯里兰卡和新加坡签订的投资协定中。[2] 而在"一带一路"沿线国家中,中东欧地区[3]是"一带一路"向西拓展的重要目标区域,中国与中东欧16国(除黑山外)都签订了双边投资条约,然而这些投资协定中没有包含任何种类的例外条款,这种国际投资协定状况难以满足"一带一路"倡议发展的需求。

中国与中东欧地区国家自2011年就不断开展经贸论坛以及领导人会晤等交流活动,中国政府为此还专门设立了上百亿美元的专项贷款和投资合作基金,并派团队去中东欧地区国家进行考察,目的就是推进与中东欧地区国家在贸易和投资领域的合作。[4] 中东欧地区国家的经济发展对外资的依赖程度较高,中国与中东欧地区国家在共商、共建、共享的发展理念下,应该强调投资者与东道国之间利益的平衡问题,否则也难以支撑"一带一路"倡议倡导的发展理念和长期稳定发展的需求。具体而言,从东道国的角度来看,中东欧地区国家的经济增长很大程度上要依赖外资,它们主要作为资本输入国,而如果双边投资条约中纳入例外条款,则可以防止外国投资者对资源的过度开发和对环境的过度破坏等不当投资行为,有

---

〔1〕 参见商务部:《中国自由贸易区服务网统计数据》,载http://fta.mofcom.gov.cn,最后访问日期:2020年7月30日。

〔2〕 包括1986年中国—新加坡BIT(已终止)第11条、1987年中国—斯里兰卡BIT第11条、2007年中国—印度BIT(已终止)第14条、2009年中国—新加坡FTA第105条和第106条、2010年中国—东盟FTA第16条和第17条、2014年中国—日本—韩国TIA第18条和第20条。

〔3〕 中东欧地区是一个地缘政治概念,包括以下16个国家:波兰、捷克、斯洛伐克、匈牙利、斯洛文尼亚、克罗地亚、波黑、塞尔维亚、黑山、罗马尼亚、保加利亚、阿尔巴尼亚、马其顿、爱沙尼亚、立陶宛和拉脱维亚。

〔4〕 参见杜娟:《"一带一路"贸易投资便利化之中东欧国家法律环境评析》,载《西安交通大学学报(社会科学版)》2017年第6期。

利于维护中东欧地区国家的社会稳定和生态良性发展。而从投资者角度来看,中国作为中东欧地区国家投资者母国,虽然投资协定中引入例外条款,会对本国投资者的利益产生一定的影响,但与此相比更为重要的是,强调投资者在海外投资行为的规范,能够反映出中国“负责任投资”和“可持续投资”等可持续发展的投资价值取向,也能够体现投资者母国在对外投资关系中愿意承担一定责任的态度。[1] 因此,中国与“一带一路”沿线国家的双边投资条约更应该体现投资者与东道国利益的平衡和成果的共享等价值取向,这样更有助于达成互利共赢和多元平衡的目的,因此,加入维护国家公共政策空间的例外条款是中国同中东欧地区国家投资合作发展的内在需要。

同时,大部分中东欧地区国家为发展中国家,中国与这些国家的双边投资条约大部分都是在20世纪八九十年代缔结的,投资协定的条款较为简单,发展水平较低,对公共利益等相关公共政策的保护认知不足。在中国与这些国家间的投资协定中引入例外条款,也有助于纠正国际投资协定中一直存在的经济利益至上的缔约观念,以便这些中东欧地区国家在“一带一路”倡议下依法加强对外国投资的规制和管理,提升这些国家对国际投资法制中新的可持续发展价值的认识,鼓励这些国家依法保护公共利益和环境健康。[2] 因此,例外条款也是中东欧地区国家国际投资法制向前发展的客观需求。

综上所述,因为中国大部分国际投资协定签订于20世纪,含有例外条款的国际投资协定的数量非常有限,而且该条款的地域分布范围也很狭窄。在中国大力推进与“一带一路”沿线国家的国际经贸合作的背景下,中国与这些沿线国家的投资协定中含有例外条款的更是少之又少,甚至在与“一带一路”重要目标区域之一的中东欧地区国家签订的投资

[1] 参见吴智、钟韵漪:《中外双边投资协定中的“一般例外”条款研究——以“一带一路”倡议为视角》,载《中南大学学报(社会科学版)》2017年第4期。

[2] 参见吴智、钟韵漪:《中外双边投资协定中的“一般例外”条款研究——以“一带一路”倡议为视角》,载《中南大学学报(社会科学版)》2017年第4期。

协定中完全不包含任何种类的例外条款。目前中国国际投资协定中例外条款的地域分布和效力范围非常有限,而从可持续发展的角度来看,中国在与"一带一路"沿线国家的未来投资合作中对以利益平衡为目的的例外条款将有很大的需求。

三、例外条款的仲裁实践

中国是世界上对外签订国际投资协定最多的国家之一,近年来随着引进外资与对外投资双向的不断发展,中国也越来越多地牵涉国际投资仲裁之中。据统计,截至2021年6月底,在国际投资仲裁庭发生的涉及中国的国际投资仲裁案件有16起,其中中国投资者针对其他国家(老挝、也门、坦桑尼亚、比利时、秘鲁、韩国、乌克兰、希腊、蒙古国)发起的仲裁案件为9起,而在另外7起案件中中国则是作为东道国身份受到他国投资者(英国、日本、德国、韩国、马来西亚、新加坡)的起诉。[1] (见表6-2)

表6-2　中国国际投资仲裁案件一览

中国投资者诉他国案件			
案件编号	投资者	东道国	案件进展
ARB/20/26	Fengzhen Min	韩国	中止
PCA Case No. XX	Wang Jing and others	乌克兰	中止
—	Jetion Solar Co. Ltd. and Wuxi T-Hertz Co. Ltd.	希腊	终止
ADHOC/17/1	Sanum Investment Limited(澳门世能公司)	老挝	中止
ARB/15/41	Standard Chartered Bank (HongKong) Limited(香港渣打银行)	坦桑尼亚	已结案
ARB/14/30	Beijing Urban Construction Group Co. Ltd.(北京城建)	也门	和解

〔1〕 参见联合国贸易和发展会议网,载 https://investmentpolicy. unctad. org/investment-dispute-settlement/country/42/china; IA Reporter,载 https://www. iareporter. com/arbitration-cases/,最后访问日期:2021年6月28日。

续表

案件编号	投资者	东道国	案件进展
ARB/12/29	Ping An Life Insurance Company(中国平安)	比利时	已结案
PCA Case No. 2010 - 20	Beijing Shougang and others(北京首钢)	蒙古国	已结案
ARB/07/6	Tza Yap Shum(香港谢业深)	秘鲁	已结案
外国投资者诉中国案件			
案件编号	投资者	东道国	案件进展
ARB/20/34	Mr. Goh Chin Soon(新加坡吴振顺)	中国	中止
ADM/21/1	AsiaPhos(新加坡亚化集团)	中国	中止
ARB/20/22	Macro Trading Co., Ltd.(日本宏大通商公司)	中国	中止
PCA Case No. 2019 - 39	Yu Song(英国宋宇)	中国	中止
ARB/17/19	Hela Schwarz GmbH(德国海乐·西亚泽公司)	中国	中止
ARB/14/25	Ansung Housing Co., Ltd.(韩国安城公司)	中国	已结案
ARB/11/15	Ekran Berhad(马来西亚伊佳兰公司)	中国	和解

在外国投资者诉中国的7起案件中,2020年陆续发生的*Marcro Trading Co.,Ltd. v. China*,*AsiaPhos v. China*和*Mr. Goh Chin Soon v. China*三起案件目前都尚未进入仲裁程序;2017年德国海乐·西亚泽公司诉中国案中,仲裁庭目前也仅就程序问题发布了五份程序令,该案尚未进入实体审理阶段;2014年韩国安城公司诉中国案则因为仲裁申请超过了仲裁时效,仲裁庭已驳回全部仲裁请求;2011年马来西亚伊桂兰公司诉中国案则未进入实体审理阶段就已经和解结案。

在中国投资者诉他国的9起案件中,2020年发生的Fengzhen Min诉韩国案和Wang Jing and others诉乌克兰案两起案件目前都处于等待状态尚未进入程序;2019年的Jetion Solar公司和Wuxi T-Hertz公司诉希腊案因中国投资者撤回了向希腊政府的仲裁通知而结束;2014年北京城建诉也门政府案中,北京城建在管辖权阶段取得胜诉，随后仲裁双方当事人根据 ICSID 仲裁规则提出了终止仲裁程序的申请，该仲裁案件就此结案，并未进入实体审理阶段；2012 年中国平安诉比利时政府案则进入了案件实体问题的审理，涉及东道国的金融规制权和金融危机的应对措施是否合理以及间接征收、公平公正待遇等问题，该案的一个重要争议问题是新旧条约的过渡问题，然而在最终的案件裁决中，仲裁庭也仅对于该问题涉及的条约进行了解释，未涉及其他实体性问题。另外，还有 3 起案件由中国香港特别行政区和澳门特别行政区投资者提起，主要涉及中国对外签订的 BIT 在港澳地区的适用问题。2017 年澳门世能公司诉老挝政府案主要关注的是中外 BIT 是否适用于澳门地区投资者提起的投资仲裁案件，此前新加坡最高法院作出裁决认为中国—老挝 BIT 适用于澳门地区投资者提起的仲裁，仲裁庭有权管辖案件实体问题，然而目前该案在 ICSID 下仍处于中止审理状态。香港渣打银行诉坦桑尼亚政府案主要涉及间接征收等问题，仲裁庭在裁决对本案具有管辖权后，进一步裁决认为坦桑尼亚政府构成直接和间接征收，应对投资者支付赔偿金。2007 年香港谢业深诉秘鲁政府案在实体审理过程中，主要争议问题是东道国政府作出的临时措施是否构成对谢业深投资的间接征收，仲裁庭最终裁决认为政府行为构成任意获取（arbitrary taking），因此构成对中国—秘鲁 BIT 第 4 条的违反，属于间接征收，应予赔偿。

通过上述对涉及中国的投资仲裁案件的简要回顾，可以看出目前一部分投资仲裁案件还处于仲裁开始阶段，尚未进入仲裁程序，而有些仍处于管辖权等程序性阶段，还有些则在管辖权阶段就已结束并未进入实体审理阶段。在几起进入实体审理阶段并已结案的案件中，仲裁庭也主要围绕投资待遇或者间接征收等问题进行了裁决，并未涉及例外条款的解释与适用。同时，在这一系列案件中，除韩国安城公司诉中国案外，其他案件涉及的 BIT 中都不存在任何例外条款，何谈例外条款的适用实践？而在韩国安城公司诉中国案中，虽然中国—韩国 FTA 中存在安全例外条款，但该案在程序阶段就已被驳回仲裁请求。由此可见，目前中国的国际投资仲裁实践中并未出现过任何有关例外条款的适用实践，不过随着中国开始重视例外条款并在越来越多新签订的国际投资协定中纳入例外条款,以及国际投资领域中对东道国外资规制权的重视和国家安全及公共利益维护的需要,未来例外条款在仲裁实践中也将逐渐被适用。

第二节 中国国际投资协定例外条款的现状分析

虽然21世纪后中国在对外缔结的BIT和FTA中开始频繁引入例外条款,但相较于中国投资协定的基数而言,包含例外条款的中国国际投资协定也仅是少部分。同时,如前文所述,例外条款的效力覆盖范围也非常有限,尤其是与"一带一路"沿线国家签订的投资协定中更是缺乏该条款。目前中国国际投资协定缔约实践中的例外条款主要有三种,即一般例外、安全例外和金融服务例外,这些例外条款总体现状分析如下。

一、条款数量方面

中国国际投资协定中的例外条款在条款数量方面主要表现为不同种类的例外条款在投资协定实践中的普遍应用程度不同。首先,一般例外与安全例外是最常出现的例外条款,普遍性强,中国近几年签订的大部分FTA中都包含一般例外与安全例外这两种例外条款,如中国与智利、新西兰、新加坡、东盟、秘鲁、哥斯达黎加、哥伦比亚、加拿大、韩国、澳大利亚等国家和地区签订的BIT和FTA中都包含了这两种例外。其次,金融服务例外相较于一般例外与安全例外来说,数量少,普遍性弱。只有极少数几个投资协定中可以见到金融服务例外条款。据统计,只有中国与秘鲁、哥伦比亚和新西兰这3个BIT和FTA以及中国和日本、韩国的TIA中含有独立的金融服务例外条款。不过,在2010年中国—东盟FTA第16条的一般例外条款和2014年中国—加拿大BIT第33条的一般例外条款中,金融服务例外的内容则被包含其中,未以独立条款的形式出现。

二、条款形式方面

中国国际投资协定中的例外条款在条款形式方面，主要表现为协定实践中是以具体规定例外条款的形式还是以概括性援引外源法的形式规定例外条款。这里援引的外源法主要是 GATT 和 GATS 中关于例外条款的规定。

具体而言，在中国国际投资协定实践中，只有一般例外和金融服务例外这两个条款存在以概括性援引外源法的形式规定例外条款的情况，而安全例外条款则不存在此种做法。例如，在包含一般例外条款的投资协定中，2006 年中国—智利 FTA 第 99 条、2008 年中国—新西兰 FTA 第 200 条、2010 年中国—秘鲁 FTA 第 193 条和 2011 年中国—哥斯达黎加 FTA 第 159 条这几个一般例外条款都规定 GATT 第 20 条和 GATS 第 14 条纳入本协定，成为协定的一部分。这也成为中国国际投资协定纳入一般例外条款的较为普遍的做法。同时，还有一个国际投资协定是以概括性援引 GATS 金融附件的形式规定了金融服务例外条款。〔1〕

三、条款内容方面

中国国际投资协定中例外条款在条款内容方面主要表现为：首先，中国不同的国际投资协定中规定的例外条款类型存在较大差异；其次，同一种例外条款在不同的国际投资协定中也存在较大差异。

第一种情况：在包含例外条款的中国国际投资协定中，并不是每一个协定都完整规定了三种例外条款，据统计，只有 5 个协定同时包含了一般例外、安全例外和金融服务例外，即 2008 年中国—新西兰 FTA、2010 年中国—东盟 FTA、2010 年中国—秘鲁 FTA、2013 年中国—哥伦比亚 BIT 和 2014 年中国—加拿大 BIT。而 2015 年中国—澳大利亚 FTA 中只包含了一般例外，2015 年中国—韩国 FTA 中只包含了安全例外，还有一部分协定只是同时包

---

〔1〕 例如，2010 年中国—东盟 FTA 第 16 条一般例外条款中关于金融服务例外的内容就是如此规定的：GATS 的“金融服务附件”被纳入本协定并成为本协定的一部分。

含了一般例外和安全例外,却没有金融服务例外。由此可见,不同协定之间规定的例外条款差异性较为显著。

第二种情况:同一种例外条款的文本内容在不同协定中也存在较大差异。以一般例外条款为例,2014 年中国—加拿大 BIT 第 33 条的一般例外条款是中国国际投资协定缔约实践中措辞最为详细的一般例外条款,该一般例外条款实际上包含了一般例外、安全例外和金融服务例外的内容。条款第一项是关于文化产业的例外;第二项是关于对法律法规的遵守,人类、动植物生命健康保护和自然资源保护等环境保护的一般例外;第三、四项则是金融服务例外,包括了审慎措施例外和货币信贷政策例外的规定;第五项则是安全例外的相关内容。[1] 同时,有些一般例外条款具体内容之间也存在较大差异,如 2010 年中国—东盟 FTA 第 9.8 条在公共政策目标方面包含了对公共道德,公共秩序,人类、动植物生命健康和法律法规的遵守几个方面的保护;而 2015 年中国—澳大利亚 FTA 第 9.8 条又将公共政策目标的保护范围扩展至对具有艺术、历史和考古价值的国家宝藏和自然资源的保护。[2]

---

[1] 参见 2014 年中国—加拿大 BIT 第 33 条一般例外条款的部分内容:"一、本协定中任何规定均不适用于与文化产业相关的措施。'文化产业'系指从事如下任一活动的自然人或企业:……二、只要相关措施不以武断或不合理之方式适用,或不构成对国际贸易或投资之变相限制,本协定中任何规定均不得被理解为阻止缔约方采取或维持下述措施,包括环境措施:(一)确保遵守与本协定条款无不一致的法律法规所必要的措施;(二)保护人类、动物或植物生命或健康所必要的措施;或(三)与保护有生命或无生命的可耗尽自然资源相关的措施,如果此类措施与限制国内生产或消费的措施同时有效实施。三、本协定中任何规定均不得被理解为阻止缔约方基于审慎原因采取或维持的合理措施,例如:……四、本协定中任何规定均不得适用于公共实体为实施货币和相关信贷政策或汇率政策而普遍适用的非歧视性措施。本款不应影响缔约方依据第十二条应承担的义务。五、本协定中任何规定均不得被理解为:(一)要求缔约方提供或允许获得其认定披露后将违背其根本安全利益的信息;(二)阻止缔约方采取其认为保护其根本安全利益所必要的任何如下措施:……"

[2] 参见 2015 年中国—澳大利亚 FTA 第 9.8 条的一般例外:"一、就本章而言,在此类措施的实施不在投资或投资者之间构成武断的或不正当的歧视,或构成对国际贸易或投资的变相限制的前提下,本协定任何规定均不得解释为阻止一方采取或执行以下措施:(一)为保护人类、动物或植物生命或健康所必需的措施;(二)为保证与本协定规定不相抵触的法律法规得到遵守所必需的措施;(三)为保护具有艺术、历史或考古价值的国宝所采取的措施;或者(四)与保护有生命的或无生命的可用尽自然资源相关的措施。二、双方理解,本条第一款(一)项所述措施包含与保护人类、动物或植物的生命或健康有关的环境措施,本条第一款(四)项所述措施包含与保护有生命的或无生命的可用尽自然资源相关的环境措施。"

中国缔结的安全例外条款的内容却较为相似，只是在国家安全利益的范围问题上稍有差异。例如，2006 年中国—智利 FTA 第 100 条、2008 年中国—新西兰 FTA 第 201 条、2010 年中国—秘鲁 FTA 第 194 条、2011 年中国—哥斯达黎加 FTA 第 160 条、2014 年中国—日本—韩国 TIA 第 18 条和 2015 年中国—韩国 FTA 第 12.14 条都包含了相似的安全例外条款，其中，缔约方采取的保护国家安全利益的措施基本都包括：(1)与裂变或衍生此类物质有关的物质；(2)与直接或间接为军事机关提供供应的交易有关的行动；(3)战时或国际关系中的其他紧急情况。而 2009 年中国—新加坡 FTA 第 106 条和 2010 年中国—东盟 FTA 第 17 条除关于保护国际安全利益的措施外还包括一项对关键公共基础设施的保护。[1]

目前，在金融服务例外条款的实践中，只有极少数投资协定中含有独立的金融服务例外条款或者涉及金融服务例外的相关内容。例如，2008 年中国—新西兰 FTA 第 203 条、2010 年中国—秘鲁 FTA 第 197 条、2013 年中国—哥伦比亚 BIT 第 13 条、2014 年中国—日本—韩国 TIA 第 20 条这 4 个条款中包含了独立的金融服务例外；同时，在 2010 年中国—东盟 FTA 第 16 条的一般例外条款和 2014 年中国—加拿大 BIT 第 33 条的一般例外条款中还涉及了金融服务例外的相关内容。然而，中国的大部分金融服务例外条款仅规定了实体性事项，未规定程序性的争端解决事项，只有 2014 年中国—加拿大 BIT 的做法稍微不同，其在一般例外中规定了金融服务例外的具体内容，又在争端解决条款中规定了适用于金融服务例外的争端解决程序。因此，同一种例外条款在不同协定中的差异性也较为显著。

---

[1] 参见 2009 年中国—新加坡 FTA 第 106 条规定："本协定的任何规定不得解释为：(一)要求任何一方提供其认为如披露则会违背其基本安全利益的任何信息；(二)阻止任何一方采取其认为对保护其基本国家安全利益所必需的任何行动：1. 与直接或间接为军事机关提供供应的交易有关，2. 与裂变和聚变物质或衍生此类物质的物质有关，3. 在战时或国际关系中的其他紧急情况下，4. 为保护关键的公共基础设施，包括重要通信设施免受故意破坏，防止这些设施丧失或降低功能；或者(三)阻止一方为履行其根据《联合国宪章》规定的维护国际和平与安全的义务而采取的任何行动。"

第三节　对中国国际投资协定例外条款的问题评估

通过上述对中国国际投资协定中的例外条款现状的分析，中国的例外条款存在的问题可从两个层面进行归纳和总结，即一般问题和具体问题。

一、一般问题

（一）绝大多数协定未包含例外条款

中国早期尤其是第一代和第二代双边投资条约中很少包含例外条款，主要还是通过限制准入后的国民待遇和限制ICSID仲裁管辖的方式来确保东道国对本国外资的规制权。进入21世纪后，虽然我国签订的BIT和FTA开始纳入例外条款，但还是少数，在地缘分布方面，例外条款的效力范围也非常有限，与"一带一路"沿线国家签订的投资协定中更是很少出现例外条款。同时，中国对外缔结的国际投资协定通常也只是纳入一般例外和安全例外，金融服务例外条款非常少见。所以亟待更新和启动新一轮国际投资协定的商签工作。从理论上讲，当这些双边投资条约涉及东道国外资规制权问题时，东道国也只能根据国际习惯法上的"必要情势"来抗辩，然而这种情况下，《草案》对其规定了非常严格的适用条件，对其适用设置了重重限制，以防止该抗辩事由被意在逃避国际义务的国家滥用。因此在缺少例外条款的情况下，东道国虽然可以选择国际习惯法的相关规定，但国际习惯法规定的条件更为苛刻，其适用反倒限制了东道国的政策空间。

（二）例外条款的规定形式与文本内容混乱

中国缔结的不同投资协定中的例外条款各不相同，同一种例外条款的规定也不统一。如有些一般例外条款以加拿大BIT范本为蓝本，设置了内容极尽详细的一般例外，有些又仅仅以概括性援引的方式将GATT和GATS

的一般例外条款纳入作为协定的一部分进行适用。同时,有些协定规定了各自独立的一般例外与安全例外条款,有些又仅仅规定了一个一般例外,并将安全例外的内容并入一般例外中,通常这种情况下的安全例外条款内容都很简短。而且,很多例外条款的规定过于简单,虽然中国双边投资条约尚需更新换代,但在更新之前仍然有效;有些有待更新的协定中的例外条款,由于规定过于简单,缺乏明确的适用性和可操作性,在仲裁中也存在不可预见的风险。由此可见,过去我国对外签订BIT或FTA时,对于是否纳入例外条款的做法缺乏统一性,且对于纳入其中的例外条款的具体规定也尚无比较统一的做法和条款文本。

(三)照搬贸易法领域中例外条款的做法普遍

中国有相当一部分国际投资协定是直接将GATT和GATS中的例外条款的规定并入投资协定中,模仿其中关于例外条款的相关规定。[1] 尤其以一般例外条款更为常见。GATT和GATS对例外条款的规定和解释相较于国际投资协定来说可能更为完善,国际投资领域受贸易领域中例外条款规定的影响和对例外条款的借鉴也是不可避免的。然而国际投资相较于贸易来说也具有特殊性,国际投资条约对东道国的经济、社会和政治状态有更深的影响。[2] 那些适用于贸易领域的例外条款能否不加调整直接适用于投资领域,还有待观察,在未来的投资争端解决中,GATT/GATS式的例外条款能否实现维护东道国外资规制权的目的,恐怕也不容乐观。[3]

---

〔1〕 例如,2006年中国—智利FTA第99条、2008年中国—新西兰FTA第200条、2010年中国—东盟FTA第16条、2010年中国—秘鲁FTA第193条和2011年中国—哥斯达黎加FTA第159条。

〔2〕 参见单文华、[美]娜拉-伽拉赫:《中外投资条约研究》,魏艳茹、李庆灵译,法律出版社2015年版,第428页。

〔3〕 参见曾建知:《国际投资条约一般例外条款研究——兼论我国的选择》,载《武大国际法评论》2015年第1期。

二、具体问题

(一)例外条款重要概念的条款解释缺失

与其他国家的条款缔约实践类似,中国国际投资协定中的各类例外条款在具体概念的解释方面缺乏规定和说明。例如,第一,"必要性"措施的解释问题一直是关乎一般例外能否成功被适用的关键问题,以往的仲裁实践要么参照国际习惯法的唯一性解释标准,要么参照国际贸易法中的最低限制措施的解释标准,导致仲裁判例在该问题上缺乏一致性和可预见性,也违背了条约解释的一般原则。第二,公共政策目标的解释和范围在不同例外条款中的规定也比较混乱,一些公共政策目标如公共秩序、公共道德都是比较主观的概念,在仲裁实践中的界定一直缺乏一致性,争端双方容易发生分歧,而中国的一般例外条款中缺乏对这类概念的说明。第三,"根本安全利益"的概念在当今世界中不是一成不变的,它是一个不断发展的概念,各国对"根本安全利益"的理解与它们的政治立场、民族文化以及发展程度等因素都具有密切的联系,并且,各国如今面临军事侵略和战争的概率越来越小,而面临其他新型的难以预测的威胁的可能性却越来越大,加之全球化的推进、产业的发展及技术的革新等因素都在不断改变各国对"根本安全利益"的固有理解。[1] 因此,一个国家的"根本安全利益"的范围是不断变化的,能够触及国家根本安全的威胁或危机越来越具有多样性,任何一种危机的爆发,一旦达到某种严重程度,都完全有可能侵害到一个国家的根本安全利益。所以,对"根本安全利益"概念的界定就需要在条款中作出一些说明,同时不能拘泥于传统的理解,而应保持适度的灵活性。第四,金融服务例外下对"审慎原因"缺乏合理的说明,"审慎原因"的概念是变化发展的,随着缔约方金融行业的发展和金融监管实践的变化而变化,且"审慎原因"也会随着不同国家金融行业的结构和发展水平的变化而发生变化,因此条款本

〔1〕 参见葛辰:《论国际投资条约下自裁决式根本安全利益条款的审查进路——兼论中国的选择》,载《东北大学学报(社会科学版)》2017 年第 6 期。

身对“审慎原因”的界定和说明就显得尤为重要。

（二）例外条款对仲裁庭审查范围的立场选择存在困境

根据前文所述，自判性的安全例外条款体现了投资协定内在的契约本质，东道国可以在善意履约的同时自行决定紧急状态时的应对措施。但是，自裁决式安全例外在没有明确规定排除仲裁庭审查的情况下，从以往相关仲裁实践来看，通常至少要接受仲裁庭的善意审查，即审查东道国是否善意履行了协定。但是，已经有一些国家鉴于国家根本安全利益的重要性及敏感性，在投资协定实践中将自判性的安全例外条款明确排除在仲裁庭的审查范围外，这类条约实践主要以印度为代表。例如，2005 年印度—新加坡 CEPA 第 6. 12 条第 4 款和 2010 年印度—韩国 CEPA 第 10. 18 条第 3 款及其附件相关规定均明确有关安全例外条款产生的争端不接受仲裁庭的审查。

中国国际投资协定中的安全例外条款都是自判性的条款，但没有明确地规定排除仲裁庭的审查，面对国际社会上述全面排除仲裁庭审查的条约实践，中国应如何选择？实际上，中国条约实践中已经出现了这种全面排除仲裁庭审查的缔约先例，如 2014 年中国—加拿大 BIT 在第 34 条附件第 2 款就规定，关于是否准许投资的国家安全审查决定不适用本协定第 15 条和第三部分的争端解决规定。

这种明确排除仲裁庭全面审查和适用争端解决的规定，固然保障了东道国在面对重大和敏感的国家安全利益时的行动自由，但完全由东道国对自己的行为自行决定和评判却缺乏中立性和公平性。加之“根本安全利益”概念的外延不断扩张，如此规定极有可能导致东道国行为的合法性无从追究，协定项下的权利义务形同虚设。如此考虑的一个重要原因是，安全例外条款是一把“双刃剑”，近年来随着中国海外投资的发展，西方某些国家很可能利用安全例外条款限制中国海外投资的发展，以保护国家安全为由损害中国海外投资者利益，故而中国对安全例外条款的立场不能够一味地追求东道国的行动自由，而是更应该注重其利益平衡的价值考量，一方面保证安全例外的自判性，另一方面接受仲裁庭对条款的适度审查。

另外,是否将金融服务例外条款设置为自判性的条款也同样值得考虑。因为“审慎原因”的概念在条约实践中较难界定清楚,其定义和范围不免存在模糊之处,条约实践中一般对“审慎原因”的界定含糊其词,以期将该问题留给仲裁庭在具体案件中进行裁判。然而回顾历史,从以往金融危机的严重性来看,只有当事国最清楚本国金融危机对国家安全的威胁程度,所以也只有当事国最有权根据自己的判断基于审慎的原因采取其认为必要的措施来规制和管理本国金融行业。因此,也有国家建议将金融审慎例外设置为自判性的条款,由当事国自行决定本国出现的危机情况是否属于审慎原因。[1] 虽然目前在国际投资协定实践中,金融审慎例外条款并未被规定为自判性的条款,但基于以往阿根廷金融危机和美国金融危机的严重影响和中国对外开放及金融业也逐渐开放的背景,是否将该条款设置为自判性条款是非常值得考量的一个问题,这对国家保留金融监管的灵活性和政策空间非常重要。

(三)金融服务例外适用的程序性风险突出

包括中国在内的很多国家在金融服务例外问题上仅对实体问题作出了规定,而未规定争端解决等程序性事项。例如,在中国缔约实践中,仅有2014年中国—加拿大BIT在第33条一般例外中规定了金融审慎例外的实体部分,又在第20条规定了金融审慎例外具体适用的争端解决程序,而其他含有金融服务例外条款的投资协定中,均未出现对该条款的程序性规定。程序性规定的缺失也存在较大的潜在风险,因为随着中国不断开放投资市场,金融领域的开放力度必将不断加大,中国金融行业的监管问题在新时期必将面临全新的挑战,这种滞后于现实需求的金融服务例外条款确实亟待完善,以便为应对未来潜在的风险提供明确的程序性依据。

---

〔1〕 美国国务院曾针对2004年BIT范本的修改问题提出了一份报告,该报告认为范本中的金融审慎例外条款应当修改为类似于安全例外条款中规定的自裁决式的措辞。

第四节　迈向新一代中国国际投资协定例外条款

通过对中国国际投资协定中的例外条款的整体评估，本节提出了构建新一代中国国际投资协定例外条款的总体思路与具体建议，在此基础上，尝试提出了一个中国国际投资协定例外条款的建议文本（建议文本详见附录一）。

一、总体思路

鉴于国际投资仲裁实践中仲裁庭常常将对投资者的保护凌驾于对东道国利益的保护之上，造成东道国外资规制权的现实困境，以及在条款解释中易参考和援引外源法来解释条约条款，造成条款解释的困境，加之中国国际投资协定中例外条款的条款形式与内容混乱的问题，因此，构建新一代中国国际投资协定例外条款的总体思路应从投资协定缔约宗旨、条款的文本形式和法律适用这几个角度予以规范。

（一）在条约序言中宣示东道国管理权的缔约宗旨

条约的序言虽然不能为缔约方创设任何条约义务，却可以在仲裁庭进行条约解释时提供指引。如前所述，以往确实存在一些仲裁庭倾向于从条约序言申明的目的和宗旨出发，认定国际投资协定缔约双方的目的是明确的，即旨在促进和保护投资，应以维护投资者利益为主，而忽视了东道国对国家安全利益、公共利益的保护和对外国投资的规制权。根据《维也纳条约法公约》第31条的规定，条约应依其用语按其上下文并参照条约之目的及宗旨所具有之通常意义，善意解释之。所以序言也是条约重要的一部分，是仲裁庭进行条约解释时的重要参照。例如，2017年欧盟—加拿大CETA在序言中就直接规定了保障东道国国家规制权的缔约宗旨。因此，中国以后在缔结国际投资协定时，也可以考虑在条约序言中增加申明东道国规制权的条款规定(条约序言的建议文本详见附录一)。

(二)条款文本采取集中式规定

关于例外条款的文本模式,2014 年中国—加拿大 BIT 第 33 条的例外条款就是一个典型的集中式规定,一个例外条款集中了文化产业例外、一般例外、金融服务例外和安全例外的内容。而 2012 年美国 BIT 范本中只有根本安全和金融服务条款,没有出现一般例外,其做法是将一般例外的内容分散规定在其他实体性条款中,这是一种较为分散式的规定。[1] 对比这两种方式,其实集中式的规定更可取一些,不仅对于一般例外来说可以涵盖更广泛的公共利益,还方便对各种例外条款涉及的条约解释和东道国国家责任等通用问题作出总体性规定,避免对每种例外都重复作出说明。

(三)条约解释避免国际习惯法的排他适用或优先适用

如前文所述,在例外条款的解释方面,实践中仲裁庭经常运用国际习惯法之"必要性抗辩"或者援引 GATT/WTO 下专家组对例外条款的解释来对投资协定中的例外条款的相关问题进行类比解释,最典型的如 *CMS* 案、*Enron* 案和 *Sempra* 案,这些案件的仲裁庭在解释"必要性"的问题时均采取了国际习惯法上的解释标准,实际上等于对投资协定中的例外条款进行了严格的限制解释,使该条款很难有适用的空间,也不利于维护东道国的外资规制权;同时,参照国际习惯法的解释标准也违背了条约解释的一般原则,没有优先适用作为特别法的投资协定来解释条约。其实实践中仲裁庭解释例外条款时,通常都存在究竟是援引国际习惯法还是 GATT/WTO 中的相关规定对例外条款进行解释的适用困境。因此,在以后例外条款的条款设计中,最好直接明确投资协定在解释其协定中的相关条款方面的优先适用性,排除国际习惯法等外源法在解释协定条款时的优先适用或排他适用。

---

〔1〕 参见曾建知:《国际投资条约一般例外条款研究——兼论我国的选择》,载《武大国际法评论》2015 年第 1 期。

二、具体建议

除总体构建思路外,中国国际投资协定中每一种例外条款在实践中的具体适用也是较为复杂的,各条款本身也还存在一些具体问题,本部分针对这些具体的问题提出了相应的构建建议。

(一)中国国际投资协定一般例外条款的具体构建建议

1. 以条款注释形式明确"必要的"措施的判断标准

既然排除了国际习惯法对条约的解释与适用,那么条约本身就需要对例外条款的重要问题作出明确规定。例如,在一般例外中措施的"必要性"判断上,应考虑在条款的注释中作出规定以判断一项措施是否"必要",具体应考虑以下因素:(1)因果关系,即缔约方采取的措施应和拟维护与实现的目标或利益具有明确的因果关系,且这种因果关系应是客观真实的;(2)最低限制措施,即缔约方为维护既定目标而采取的措施应是众多可以备选的措施中对另一缔约方投资者权益限制最少的措施。另外,联合国贸易和发展会议在2012年的《世界投资报告》中提出过针对东道国采取措施与追求的价值之间的关联性要求的修改意见,认为可以考虑将"必要的"措施改为"相关的"措施;同时,认为可以将一般例外条款修改为自判性的条款,即可将采取的措施是否具有"必要性"交给采取措施的缔约方自行判断。[1] 然而,这一做法给予东道国非常大的自由决定权,无形中增加了该条款被滥用的风险,不利于对投资的保护和利益的平衡。

2. 以条款注释形式界定一些重要的主观性概念

如前文所述,一些公共政策目标如公共秩序、公共道德都是比较主观的

---

[1] See UNCTAD, World Investment Report 2012: In order to facilitate the use of exceptions by States, the provision may adjust the required link between the measure and the alleged policy objective pursued by this measure. For example, instead of providing that the measure must be "necessary" to achieve the policy objective, the IIA could require that the measure be "related" to the policy objective... To avoid review of the relevant measure by a court or a tribunal, the general exception can be made self-judging (i. e. the necessity/ appropriateness of the measure is judged only by the invoking State itself).

概念，在仲裁实践中的界定一直缺乏一致性，争端双方之间容易发生分歧，因此进行条款设计时也应对这类概念的界定作出一些说明，如在条款中可对公共道德的界定进行注释说明："公共道德"应是一个公共团体或国家所采纳和坚持的关于明辨行为是非对错的标准，其界定应考虑一系列因素，包括大众普遍接受的一些社会、文化、宗教价值等，并且应根据行为国本国领土内盛行的社会价值观来定义和适用"公共道德"。[1] 另外，"公共秩序"的概念也一直存在解释上的分歧，条款注释中也可以作如是规定："公共秩序"应是社会的某一最根本利益，包括最基本的法律准则、社会安全和道德等因素，且这一最根本的利益须受到实质侵害或者足够严重的威胁时，才能援引公共秩序例外。[2]

3. 以非穷尽列举的方式扩大公共政策目标的保护范围

在国际投资协定实践中，一般例外条款涵盖的公共政策目标非常广泛，常见的包括公共秩序、公共道德、人类及动植物生命健康保护、有生命或无生命的可用竭自然资源保护、与条约不相抵触的法律或法规的遵守、具有艺术或历史或考古价值的国家宝藏和自然资源的保护、信息的披露等，一些国际投资协定中还增加了对环境与劳工权益的保护，以及对其他公共政策目标的关切。另外，联合国贸易和发展会议制定的《可持续发展投资政策框架》还提出一般例外条款的公共政策目标可以包含一国的"发展目标"。[3]

中国各方面都在快速发展，公共政策目标保护的需求和范围很大。为了发展的目标和现实的需求，中国在一般例外条款的构建中宜采取非穷尽式列举的方式，以类似"包括但不限于"的措辞，涵盖更为广泛的公共政策目

[1] 参见2004年美国博彩案专家组和2009年中国出版物与声像产品案专家组对"公共道德"的界定。See *US-Measures Affecting the Cross-border Supply of Gambling and Betting Services*, Panel Report, WT/DS285/ R, 10 November 2004, para. 6.465; *China - Measures Affecting Trading Rights and Distribution Services for Certain Publications and Audiovisual Entertainment Products*, Panel Report, WT/DS363/R, 12 August 2009, para. 5.11.

[2] 例如，2013年中国—哥伦比亚BIT第12条和2010中国—东盟FTA第16条一般例外中对"公共秩序"的注释。

[3] See UNCTAD, World Investment Report 2012: …allow for broader safeguards, including on developmental grounds (to address host countries' trade, financial and developmental needs).

标。另外,考虑到中国是一个有着丰富历史文化和传统的国家,所以公共政策目标中也应重视文化产业方面的保护。[1] 例如,2014 年中国—加拿大 BIT 第 33 条的一般例外就专门纳入了对"文化产业"的保护。同时将联合国贸易和发展会议的《可持续发展投资政策框架》提出的"发展目标"纳入正当的公共政策目标范围内,以便适应中国目前的发展需求。

（二）中国国际投资协定安全例外条款的具体构建建议

1. 以非穷尽式列举模式界定"根本安全利益"

由本章前述对中国缔约实践中的安全例外条款的研究可见,中国以往在"根本安全利益"的界定上都是采用穷尽式列举的方式,2009 年中国—新加坡 FTA 第 106 条和 2010 年中国—东盟 FTA 第 17 条首次将"根本安全利益"从传统的理解扩展至对关键公共基础设施的保护方面,这体现了一定程度的进步。但在国际社会对"根本安全利益"的理解不断更迭的情况下,穷尽式列举的方式仍然对"根本安全利益"作出了较大限制。一般而言,根本安全利益在安全例外条款中都已被明确列举出来,其范围也就仅限于此,未来仲裁庭在案件中对根本安全利益的范围是否会做出不同解释也不确定。[2] 因此,中国未来在该条款的构建中,应考虑采用非穷尽式列举的模式,一方面列举几项国际投资协定普遍认可的"根本安全利益"情形;另一方面在条款主干部分规定"包括但不限于"所列的以下这些情形,使仲裁庭在具体裁判时能从合理性的角度,根据情况产生的具体效果合理判断"根本安全利益"的情形。

2. 勿全面排除仲裁庭审查,避免安全例外条款被滥用

中国的安全例外条款都是自判性的条款,这一做法保障了国家在维护本国根本安全利益问题上的行动自由。然而近些年,自判性安全例外条款

---

〔1〕 See Shan WH & Gallagher N., *Chinese Investment Treaties: Policies and Practice*, Oxford University Press, 2009, p. 398 – 400.

〔2〕 See Nono GM, Advancing SDGs in International Investment Agreements: Building Peace and Justice through General Exceptions Clauses, Centre for International Governance Innovation-New Thinking on SDGs and International Law, Policy Brief No. 5, 2019.

似乎有被滥用的风险，某些国家以国家安全审查为由拒绝外资进入本国，或者以保护本国根本安全利益为由对外资无端地施加限制，这些做法都限制了投资，阻碍了投资自由的发展。另外，如前文所述，还有一些国家在条约实践中将自判性的安全例外条款明确排除在仲裁庭的审查范围外。中国也已出现了类似的缔约倾向，2014 年中国—加拿大 BIT 在第 34 条附件第 2 款就规定，关于是否准许投资的国家安全审查决定不适用本协定第 15 条和第三部分的争端解决规定。

当然，在条款中明确排除仲裁庭审查和适用争端解决的做法虽然保障了东道国的行动自由，但却使东道国的行为缺乏中立性和公平性，会导致该条款在实践中被极大地滥用，加之“根本安全利益”概念的外延不断扩张，如此规定极有可能导致东道国行为的合法性无从谈起，投资协定项下的权利义务形同虚设。因此，自判性安全例外条款最好不要全面排除仲裁庭的审查，至少应该接受仲裁庭对东道国是否善意履约的审查，此时善意原则仍然对东道国外资规制权设置了必要的限制，使该条款不致被滥用。

（三）中国国际投资协定金融服务例外条款的具体构建建议

1. “与金融服务有关”的措施与“合理的”措施

在中国的金融服务例外条款实践中，关于允许缔约方基于审慎原因而采取的措施的范围，仅有 2014 年中国—加拿大 BIT 第 33 条中的审慎措施例外将措施规定为“合理的措施”（reasonable measures），其他如 2010 年中国—秘鲁 FTA 第 197 条、2014 年中国—日本—韩国 TIA 第 20 条、2013 年中国—哥伦比亚 BIT 第 13 条均采用“与金融服务有关的措施”（measures relating to financial services），但却未在条款中明确何为“与金融服务有关”。2012 年美国 BIT 范本也将基于审慎原因而采取的措施限定为“与金融服务有关”，但也未作出具体界定。根据前文所述，条约未明确界定“与金融服务有关”，使该短语含义不清，在仲裁实践中极易出现广义与狭义两种极端的解释，无论哪种解释，都会对东道国和投资者造成不必要的负担。

目前，中国正处于国内改革的关键时期，内外资公平竞争也是大势所趋,尤其是中国国内金融开放的水平也在逐步扩大,如何做好金融监管问题也将成为一项重大挑战。综合考虑来看,金融服务例外条款更宜采用措施范围更加广泛的加拿大模式,即采用“基于审慎原因采取的合理的措施”,为国家日后制定金融政策预留充分的空间。

2. 采用列举加注释的方式尽可能明确“审慎原因”的概念

“审慎原因”是判断金融服务例外下采取措施的主要依据,而在中国缔约实践中,只有2013年中国—哥伦比亚BIT第13条以条款列举加注释的方式解释了“审慎原因”。这种做法与美国BIT范本中的规定最为相似,只是比美国BIT范本增加了对财务和运营的稳健性的保护。2014年中国—加拿大BIT第33条第3款虽然未注释何为“审慎原因”,但却也在条款中列举了几种属于“审慎原因”的具体情形。然而“审慎原因”的概念是变化发展的,会随着缔约国金融行业的发展和金融监管实践的变化而变化,且“审慎原因”也会随着不同国家金融行业的结构和发展水平的变化而发生变化。因此在该问题上,中国可以在借鉴美国范本的基础上,采取列举加注释的方式,先将国际上公认的属于“审慎原因”的情况进行明确规定,再根据本国实际情况,非穷尽式地增加对“审慎原因”的列举,如此做法虽然不能穷尽所有的“审慎原因”,但也能在仲裁实践中为仲裁庭界定“审慎原因”提供一个合理的参考范围。

3. 设置自裁决性质的金融审慎例外条款

回顾历史,从以往金融危机的严重性来看,只有当事国最清楚本国金融危机对国家生死存亡产生的严重影响,所以也只有当事国最有权根据本国自己的判断基于审慎的原因采取其认为必要的措施来管控本国金融行业。因此也有国家建议将金融审慎例外设置为自判性的条款,由当事国自行决定本国出现的危机情况是否属于审慎原因。[1] 虽然国际投资协定实践目前并未将金融审慎例外条款规定为自判性的条款,但基于以往阿根廷金融危

〔1〕 美国国务院曾针对2004年BIT范本的修改问题提出了一份报告,该报告认为范本中的金融审慎例外条款应当修改为类似于安全例外条款中规定的自裁决式的措辞。参见陈欣:《论国际投资条约中的金融审慎例外安排》,载《现代法学》2013年第4期。

机和美国金融危机的严重影响与中国对外开放及金融业也逐渐开放的发展趋势,是否要将该条款设置为自判性是非常值得考量的一个问题,这对国家保留金融监管的灵活性和政策空间非常重要。

4. 完善金融服务例外条款的程序性规定

包括中国在内的很多国家在金融服务例外问题上仅对实体问题进行了规定,而未规定争端解决等程序性事项。

2014 年中国—加拿大 BIT 是目前中国签订的较为完备的双边投资条约,其中规定了较为详细的金融服务例外的争端解决程序,另外美国 BIT 范本也规定了极为详细的程序性事项。通过对比可见,2014 年中国—加拿大 BIT 与美国 BIT 范本中都规定了仲裁的前置程序,强调两国金融主管机关应进行协商并出具意见,供仲裁庭适用,并且都强调仲裁员应具备金融领域方面的专业知识或经验。不同的是,2014 年中国—加拿大 BIT 没有严格区分投资者—东道国争端与国家—国家争端,仲裁庭在案件发生时应先向缔约双方寻求关于援引金融服务例外合理性问题的书面报告,在收到书面报告后,或者在较短的 60 日后仲裁程序继续进行。对比而言,美国 BIT 范本的争端解决程序十分复杂,不仅成本高,效率也低。

因此,中国在该条款程序性事项的构建上,可以在参考 2014 年中国—加拿大 BIT 简洁和美国 BIT 范本完备的规定模式的基础上,结合自身情况,并关注仲裁成本与仲裁效率问题,制定恰当的争端解决程序。具体而言,可以考虑:(1)设置必要的仲裁前置程序,由缔约双方金融主管机关就审慎例外条款能否和在何种程度上对投资者的诉请构成有效抗辩达成共同决定,该共同决定对仲裁庭具有拘束力;(2)双方金融主管机关在规定时限内(如 60 日)未就该问题达成共同决定的,则投资者—东道国间仲裁庭可对该问题进行裁判,并继续仲裁;(3)仲裁庭的所有成员均应在金融服务法律或实践方面具有专业知识或经验。这种“共同决定”实际上是仲裁庭对适用金融服务例外条款进行裁判的先决问题,将这部分先决问题交由具备金融行业专业知识的实体作出一个初步判断应该更为合适。

（四）明确例外条款对东道国补偿责任及责任范围的规定

如前文所述，以往的国际投资协定实践在例外条款能否免除东道国补偿责任的问题上选择了回避，而学术界与仲裁实践却对此存在争议，学者们围绕阿根廷系列案件和对条款本身的剖析阐发了各自不同的观点，对东道国是否存在补偿责任的问题产生了明显的对立。甚至近年在某些案件的仲裁裁决报告中，就是因为投资协定中的例外条款没有明确规定是否给予投资者补偿，同时在仲裁过程中东道国并未解释不给予补偿与其采取的旨在保护某些公共利益的措施之间有什么必然联系，一定程度上影响了仲裁庭对东道国政府作出不利裁决。[1] 因此，在以后的仲裁实践中再次面临这个问题时，仲裁庭该如何处置，是否会遵从一些不确定的先例，还是发挥其自由裁量权，情况将无法预见。鉴于此，中国在构建新一代国际投资协定中的例外条款时完全可以尝试对此问题予以规范。

例外条款下，基于国家根本安全利益、各类公共政策目标及金融安全等利益的保护，对于投资者遭受的损失，实际上东道国和投资者均无过错。如果成功适用例外条款可以完全排除东道国的任何补偿责任，似乎对遭受损失的投资者不公平；而即便例外条款被成功适用，东道国仍要对损害进行赔偿，又似乎对东道国不公。这两种极端的情况都不可取。以利益平衡为价值考量的新一代国际投资协定例外条款的构建不宜一味地强调东道国监管的自由，也应适当兼顾条款适用下投资者的救济问题，以真正落实该条款利益平衡的目的。在国际投资协定对该问题集体“失声”的情况下，中国如此规定不仅能体现中国“负责任投资”与“可持续投资”的价值取向，还能增强外国投资者对中国投资环境的信心，表明中国促进与保护投资的态度。

另外，对于如何构建该条款，在条约未作出明确规定的情况下，国际习惯法之《草案》第 27 条作出了如是规定，即排除行为违法性的情况不妨碍国家对行为造成的任何实质损失的补偿。并且 ILC 在对第 27 条的评论中指

---

〔1〕 See Bear Creek Mining Corporation v. The Republic of Peru, ICSID Case No. ARB/14/21, Award, Nov. 30, 2017, para. 477.

出,第 27 条并不试图规定在任何情况下都应予以补偿,在特定案件中,可以由行为国与受损害的国家就补偿的可能性及范围达成协议。但《草案》及对第 27 条的评论均未规定“实质损失”的具体范围,仅在评论中规定所谓的“实质损失”比《草案》其他任何条款所涉及的损害的范围都要狭窄(The reference to “material loss” is narrower than the concept of damage elsewhere in the articles)。所以《草案》对国家危急情况下排除行为违法性后的补偿问题的规定非常谨慎,是否存在补偿是不确定的,可由两国协商确定,补偿的范围也由两国协商确定,且仅对遭受的“实质损失”进行补偿,且“实质损失”的范围应是一种最狭窄、最有限的存在。

中国国际投资协定中的例外条款在东道国补偿责任问题上的构建,可以在《草案》的基础上作出适当的调整,将条款设计如下:(1)缔约方在适用本条的情况下,若对另一缔约方投资者造成损害,争端双方可就是否给予补偿及补偿的形式和范围等进行协商;(2)原则上,缔约方仅对另一缔约方投资者遭受的“实质损失”进行补偿,且该“实质损失”不应被扩大解释,仅包括直接损失,不包括间接损失或预期利益等;(3)最惠国待遇不得适用于本条规定。

综上所述,根据以上提出的例外条款的具体构建建议,本书尝试提出了一个中国国际投资协定例外条款的建议文本(详见附录一),以期使本书的理论研究成果能够发挥一些实用价值,为中国开展新一代国际投资协定实践提供一些规则性的创新和尝试。

本章小结

例外条款在中国国际投资协定中的实践情况是,该条款目前仅被包含在中国极少数的国际投资协定中,根据对中国 124 个 BIT 和 24 个其他投资协定的逐一排查,统计得出目前只有 20 个左右的国际投资协定存在不同形式的例外条款。例外条款在中国条约实践中有一个发展过程。20 世纪八九十年代早期其被称作“禁止与限制”条款,只出现在 4 个 BIT 中,条款内容很简单。所以,中国早期缔结的 BIT 主要还是通过限制准入后的国民待遇和限制 ICSID 仲裁管辖的方式来确保东道国对本国外资的管控,很少或几乎未采用例外条款的方式来维护东道国外资规制权,但这种方式缺乏透明度和可预见性,也不符合国际投资协定的缔约目的和宗旨。所以,进入 21 世纪后,伴随国际投资体系改革的呼声,面对投资自由化与利益平衡的缔约理念,中国开始在国际投资协定中逐渐纳入各类例外条款。2000 年后与芬兰、新西兰、智利、秘鲁、哥伦比亚、加拿大等一些国家缔结的新一代 BIT 或 FTA 都开始引入例外条款,并且 2006 年后签订的绝大部分 FTA 都有例外条款。然而对比中国对外缔结的 BIT 和 FTA 的基数而言,包含例外条款的投资协定仍然只占少数。

通过对中国国际投资协定中各类例外条款的现状分析和问题评估,发现中国的例外条款在条款数量、内容和形式三个方面均存在不同程度的差异。一般例外条款在投资协定中的详细程度均不同,且大部分都是以将 GATT 和 GATS 一般例外条款纳入的方式概况性援引其中的规定,这也是一般例外在中国国际投资协定中的主要表现形式;而安全例外的类型大都比较相似,仅在国家根本安全利益的列举方面稍有不同,表现在除常规的几项外,2009 年中国—新加坡 FTA 第 106 条和 2010 年中国—东盟 FTA 第 17 条中还包括了一项对关键公共基础设施的保护;而金融服务例外的相关规定仅出现在少数几个投资协定中,条款设计都很简单,而且除 2014 年中国—加拿大 BIT 外,其余都不包含程序性事项,同时还有 2 个投资协定是以概括性援引 GATS“金融服务附件”的形式规定了金融服务例外。

这些情况都反映出了中国国际投资协定中例外条款的一些问题。总结起来,一般性的问题主要是:首先,绝大多数投资协定没有例外条款,需要及时进行更新和修订;其次,例外条款的文本内容不一,缺乏统一性;再次,照搬和模仿 GATT 和 GATS 的痕迹明显;最后,对例外条款能否免除东道国补偿责任存在条款空白。东道国补偿责任这个问题比较敏感,理论和仲裁实践对此问题存在争议,条约实践也统统回避了这个问题。有些学者认为,例外条款可以免除东道国对投资者的条约义务、国家责任和补偿责任;有些学者却认为例外条款可以推迟这种补偿，但不能永久剥夺投资者获得补偿的权利。2017 年 *Bear Creek v. Peru* 的一部分仲裁庭推理也是基于投资协定的例外条款没有明确赔偿性问题，以及东道国未能解释是否给予赔偿或补偿与措施追求的价值目标之间有什么必然联系，进而在一定程度上影响了仲裁庭的裁决结果。因此，中国国际投资协定新实践在例外条款的设计上明确这种补偿责任问题也是非常必要的。

CHAPTER 07 >>

第七章

研究结论与展望

一、研究结论

在国际投资协定体系发展过程中，美国等发达国家不断扩大“投资”定义的范围、提升投资者保护标准，同时又在其投资协定范本中精心设计例外条款，如美国范本中的安全例外和金融服务例外，通过全面细致地设计这些例外条款，美国做到了在促进与保护投资的同时，还能留权在手，确保本国灵活运用管制政策的空间。中国过去的国际投资协定实践往往忽视例外条款，虽然以往没有发生太多国家被诉的情况，主要是因为中国在第一代和第二代双边投资条约时期国内的投资市场和金融市场开放程度有限，协定文本也主要通过限制对外资授予国民待遇和限制提交ICSID仲裁的争端范围来保留对外资的规制权，但这种方式缺乏透明度和可预见性，也不符合国际投资协定的缔约目的和宗旨以及国际社会的通行做法。进入21世纪后，中国国际投资协定实践中才逐渐开始纳入例外条款，并且从中国近几年签订的国际投资协定实践来看，例外条款有朝着国际投资协定必备条款方向发展的趋势，然而从目前中国签订的协定的总体数量来看，包含例外条款的投资协定仍只占少数，中国的例外条款仍然存在一些亟待调整和完善的问题。本书以分析国际投资协定中例外条款的概念和条约实践为铺垫,以探析例外条款的理论基础和适用效果为研究前提,阐释了国际投资协定中三类主要的例外条款的内容、仲裁实践及存在的问题,并在此基础上,从综合角度与技术角度整体评估了中国国际投资协定中的例外条款,最后提出了构建新一代中国国际投资协定例外条款的整体思路与具体构建建议。通过这些研究,笔者得出以下主要结论:

第一,纳入例外条款是国际投资协定中利益平衡、留权在手与风险预防的必要手段。

在国际投资协定体系改革背景下,如何平衡东道国与投资者利益成为各国条约实践与学术研究的重点关注问题,例外条款可以在特殊情况下通过限制甚至排除东道国条约义务的方式,维护东道国出于保护国家安全利益和公共利益而行使的国家外资规制权的政策空间,为东道国预留一定的行动自由,防止其合理利益受到过分侵蚀。通过分析发现,实践中虽然各类例外条款存在不同程度的条款缺陷和仲裁适用上的困境,例如,仲裁庭对"必要性措施"问题的解释存在较大分歧,对"根本安全利益""公共秩序""审慎原因"等重要概念的理解也见仁见智,导致相关条款适用的困境,致使有些学者因此认为例外条款的实际作用可能有限,但笔者认为,纳入例外条款仍是利益平衡、留权在手和风险预防的重要手段和现实选择。

例如,有学者就认为一般例外条款在实践中被仲裁庭审查与适用的机会很少,仲裁庭对一般例外的解释具有不确定性与不一致性,且即使没有一般例外条款,国际习惯法上的警察权力理论也能够对保障东道国外资规制权发挥必要的补充作用,因此一般例外条款作用似乎有限。然而笔者认为,一般例外条款的实践价值虽然被学者质疑,但绝不应被低估,尤其该条款近年来在国际投资协定中的出现呈上升趋势的现象在一定程度上反映出国际社会对该条款价值的肯定。同时国际习惯法上的警察权力理论虽然确实能够对保障东道国政策空间起到一些补充作用,但这种补充作用有限,只能阻断东道国的一般性管制措施构成间接征收这一问题。然而东道国承担的投资保护义务是多样的,只有一般例外条款能够全面地排除这些条约义务,同时还能避免仲裁庭对投资条约义务的过度解释,因此它对东道国规制权的维护和利益平衡的保障是全面的、彻底的。而安全例外条款虽然存在条款设计上的一些缺陷,如“根本安全利益”在条约实践中未有明确界定,以及仲裁实践中仲裁庭往往类比适用国际习惯法之危急情况来解释安全例外条款,导致其适用上的困境,但是当今世界各国对国家安全问题的重视程度高涨,加之阿根廷系列案件带来的深刻教训,各国都非常强调在国家安全问题上的自主权力。尤其是美国同时作为主要的资本输入国和资本输出国,不仅注重提高投资者保护标准,也注重保护东道国国家安全利益,其在双边投资条约范本中规定了全面的安全例外条款,这使该条款在国际投资领域备受重视。至于金融服务例外条款,虽然具体条款中不免也存在一些含糊之处,但金融监管与金融安全涉及一国重要利益,该条款能够为东道国维护国家日常金融秩序提供明确的依据和例外,为国家制定金融政策预留充分的空间。尤其是中国,目前正在逐步加大金融市场的开放力度,未来对本国金融市场的监管也将面临前所未有的挑战,中国对该条款也存在巨大的需求。因此总体来看,纳入例外条款确是国际投资协定中利益平衡、留权在手与风险预防的必要手段和东道国重要的现实选择。

第二,例外条款功能的发挥有赖于进一步调整与完善条款自身的不足。

国际投资协定实践中三类不同的例外条款在条约实践和仲裁实践中确实存在不同程度的缺陷与不足之处,这会在一定程度上影响例外条款发挥其利益平衡、留权在手和风险预防的条款功能,但不能因此否定例外条款的价值及其存在的必要。妨碍例外条款充分发挥条款功能的问题,可以通过矫正与完善条款自身缺陷和不足的方式来解决,同时还要注意例外条款适用带来的一些问题。例如,例外条款在免除国家赔偿责任的同时,是否也免除国家补偿性质的责任,该问题在理论与实践中存在争议,在条约实践中也是一片空白。因此该问题目前不存在一个权威的解答。以后在条约实践中可以考虑对国家补偿责任问题予以明确规定,具体规定是否存在补偿责任以及补偿的具体范围;否则,在条款无明确规定的情况下,仲裁实践中可能导致国际习惯法之《草案》第 27 条被适用,这将会增加东道国国家责任范围问题的不确定性。另外,由于例外条款适用下对于投资者遭受的损失,实际上东道国和投资者均无过错,而例外条款能够完全免除东道国赔偿责任,却回避是否存在某种形式的补偿责任,这样似乎对遭受损失的投资者不公平,以利益平衡为价值考量的新一代国际投资协定例外条款不应一味强调东道国政策空间与行动自由,同时应适当兼顾投资者的救济问题,以后的缔约实践有必要对该问题作出具体规定,以真正发挥例外条款利益平衡的作用。

中国国际投资协定中的例外条款也同样面临一些亟待完善的问题。进入21世纪后,中国才开始在国际投资协定实践中纳入例外条款,总体上这些条款呈现一些特点,在条款数量、形式与内容方面的差异性显著,这些造成了中国例外条款的规定形式与文本内容混乱的问题,是例外条款构建时要考虑的整体性问题。在总体构建思路上,需要从协定缔约宗旨的角度明确国家监管主权的问题,在条约解释方面明确排除国际习惯法的排他适用或者优先适用地位,并且将例外条款以一种更加协调和统一的方式予以规定。在具体的构建建议上,就需要考虑每一种例外条款的差异性,针对性地提出具体的方案和建议文本。首先,在构建一般例外条款时,需要注意对"必要性措施"的判断标准的明确,同时考虑中国的现实需求,囊括更为广泛的"公共政策目标"范围;其次,对安全例外条款的构建,主要应明确"根本安全利益"的内涵和外延问题,并且要注意慎重考虑仲裁庭的审查范围,避免完全排除仲裁庭审查,导致该条款被滥用的风险;最后,金融服务例外条款应选择2014年中国—加拿大BIT中"合理的"措施的措辞,并明确何为"审慎原因",同时还可以考虑将金融服务例外设置为自判性的条款,并且弥补程序性规定的条款缺失等。

二、研究展望

中国目前已进入国内改革与发展的新时期,以后也将更加开放投资市场,更加注重内资与外资的公平竞争,更加注重自然资源、环境及公共利益保护等可持续发展目标的实现,同时伴随"一带一路"倡议的推进,中国对外投资的规模和范围也将会更大,加之在推动形成全面对外开放新格局的号召下,中国也在逐步加大国内金融市场的开放力度,金融行业的监管也将面临全新的挑战。

但是在中国目前的国际投资协定体系中,大部分协定都签订于20世纪八九十年代,这一时期的投资协定条款大都比较原则性和简单,基本都未包含例外条款,所以,中国国际投资协定实践滞后于现实需求,在维护东道国外资规制权方面亟待完善相关协定条款,中国国际投资协定体系也亟待更新,否则在新时期面临的被诉风险将无法掌控。中国如今兼具资本输入国与资本输出国的双重身份,面临的国际和国内环境也在发生深刻的变化,国际上期待中国进一步开放市场和平等对待外资,中国国内也处在改革与发展的关键时期,因此,无论是从中国面临的内部环境还是从外部环境来看,在促进与保护投资和维护东道国外资规制权这两方面,中国都存在重大的国家利益,尤其是在提升东道国外资规制权空间方面,中国更是面临极大的现实需求。随着全球性投资规则的演进,以及与美国、欧盟等发达国家和地区双边投资条约谈判工作的进行,中国应抓住新一轮全球投资规则重构的契机,更新中国国际投资协定,提出中国方案,精心设计中国国际投资协定文本,构建合理且与时俱进的协调投资者利益与东道国利益的机制和条款,开启全新的中国国际投资协定实践。这也是本书对例外条款这一利益协调与平衡机制进行分析研究并尝试提出中国国际投资协定例外条款建议文本的初衷,以期使新时期的中国国际投资协定达到利益平衡、风险预防和留权在手的目的,否则在如今全球性的国际投资协定体系改革的背景下,一旦大幅提高投资者保护标准,中国极有可能面临被大量投资者申诉的风险,因此,在投资协定中精心设计例外条款是中国不可回避的现实选择。

附录一

中国国际投资协定中的例外条款建议稿

序　言

缔约双方依据可持续发展的原则促进和保护投资，并共同认可投资保护不应妨碍缔约双方为保护其领土范围内的国家安全、金融安全、环境、公共健康、公共道德及文化多样性等合法的公共目的而采取措施的权利。

例　外

一、只要相关措施不以武断或不合理的方式适用，或者在投资者及其投资之间构成不合理的歧视，或者不构成对国际投资的变相限制，本协定中任何规定均不得被理解为阻止缔约一方采取或维持必要的[1]措施，包括但不限于：

（一）保护公共道德[2]或维持公共秩序[3]；

（二）保护人类、动物或植物生命或健康；

（三）确保遵守与本协定条款无不一致的法律法规；

（四）保护具有艺术、历史和考古价值的国家宝藏；

（五）保护有生命的或无生命的可耗尽的自然资源；

（六）保护环境的相关措施；或

（七）保护缔约一方的发展目标。

二、本协定中任何规定均不得被理解为：

（一）要求缔约一方提供其认为如披露会违背其基本安全利益的任何信息；

（二）阻止缔约一方采取其认为必要的措施保护其基本国家安全利益，包括但不限于：

1. 与直接或间接为军事机关提供供应的交易有关；

2. 与裂变和聚变物质或衍生此类物质的物质有关；

3. 在战时或国际关系中的其他紧急情况下；或

4. 为保护关键的公共基础设施，包括重要通信设施免受故意破坏，防止这些设施丧失或降低功能；

（三）阻止缔约一方为履行其根据《联合国宪章》规定的维护国际和平与安全的义务而采取的其认为必要的任何行动。

三、本协定任何规定均不得被理解为：

（一）阻止缔约一方基于审慎原因[4]采取或维持其认为合理的措施，包括但不限于：

1. 保护存款人、金融市场参与者和金融市场投资者、投保人、索赔人或金融机构对其负有信托责任的人的措施；

2. 维持金融机构的安全、稳健、完整或其财务责任的措施；

3. 确保缔约方金融体系的完整性和稳定性的措施；或

4. 增强市场竞争，包括所有权控制与限制措施。

（二）本协定中任何规定均不得适用于公共实体[5]为实施货币和相关信贷政策或汇率政策而普遍适用的非歧视性措施。

（三）如果第（一）项和第（二）项的措施与本协定条款不符，则其不应被缔约一方作为逃避条约义务的手段。

（四）1. 当缔约一方投资者向投资者与国家间仲裁机构提起请求且缔约另一方援引本款第（一）项或第（二）项进行抗辩时，投资者与国家间仲裁庭不得就上述条款能否以及在何种程度上对投资者构成有效抗辩进行裁定，此仲裁庭应先向缔约双方金融主管机关寻求关于此问题的书面报告。

2. 缔约一方投资者此时应向缔约双方金融主管机关提出书面申请，请求对上述条款能否以及在何种程度上对投资者构成有效抗辩提供书面报告，缔约双方金融主管机关应在60日内就本款第（一）项或第（二）项能否以及在何种程度上对投资者构成有效抗辩达成共同决定，并应准备一份表明双方共同决定的书面报告。该书面报告对仲裁庭具有拘束力，此仲裁庭在收到该书面报告后方可继续仲裁。

3. 若缔约双方金融主管机关在60日内未就上述问题提供书面报告，则此仲裁庭可在60日届满后对上述问题进行裁判，并继续仲裁。

4. 仲裁庭的所有成员均应在金融服务法律或实践方面具有专业知识或经验。

四、（一）缔约方在适用本条第一、二、三款的情况下，若对缔约另一方投资者造成损害，争端双方可就是否应给予补偿及补偿的形式和范围等问题进行协商。

（二）缔约方原则上仅对缔约另一方投资者遭受的“实质损失”进行补偿，且该“实质损失”不应被扩大解释，仅包括直接损失，不包括间接损失或预期利益等。

（三）最惠国待遇不得适用于本条规定。

注释：

[1]判断一项措施是否“必要”，应考虑以下因素：(1)因果关系，即缔约方采取的措施应和拟维护与实现的目标或利益具有明确的因果关系，且这种因果关系应是客观真实的；(2)最低限制措施，即缔约方为维护既定目标而采取的措施应是众多可以备选的措施中对另一缔约方投资者权益限制最少的措施。

[2]“公共道德”应是一个公共团体或国家所采纳和坚持的关于明辨行为是非对错的标准，其界定应考虑一系列因素，包括大众普遍接受的一些社会、文化、宗教价值等，并且应根据行为国本国领土内盛行的社会价值观来定义和适用“公共道德”。

[3]“公共秩序”应是社会的某一最根本利益,包括最基本的法律准则、社会安全和道德等因素,且这一最根本的利益需受到实质侵害或者足够严重的威胁时,才能援引公共秩序例外。

[4]“审慎原因”应理解为包括维持单个金融机构的安全、稳定、完整和金融责任,维持支付和清算系统的安全以及财务和运营的稳健性。

[5]“公共实体”系指缔约方的中央银行或货币管理机构,或缔约方拥有或控制的任何金融机构。

附录二

中国、美国及其他国家和组织例外条款主要缔约实践汇总

生效年份	BIT 或 FTA 或其他 IIAs	具体条款
1986	中国—新加坡 BIT(已终止)	第 11 条　禁止与限制
1987	中国—斯里兰卡 BIT	第 11 条　禁止与限制
1989	中国—新西兰 BIT	第 11 条　禁止与限制
1997	中国—毛里求斯 BIT(已终止)	第 11 条　禁止与限制
2006	中国—芬兰 BIT	第 3 条　投资待遇
2006	中国—智利 FTA	第 99 条　一般例外 第 100 条　安全例外
2007	中国—马达加斯加 BIT	第 3 条　公平公正待遇
2007	中国—印度 BIT(已终止)	第 14 条　例外(安全例外)
2008	中国—新西兰 FTA	第 200 条　一般例外 第 201 条　安全例外 第 203 条　审慎措施
2009	中国—新加坡 FTA	第 105 条　一般例外 第 106 条　安全例外
2010	中国—东盟 FTA	第 16 条　一般例外(包括审慎措施) 第 17 条　安全例外

续表

生效年份	BIT 或 FTA 或其他 IIAs	具体条款
2010	中国—秘鲁 FTA	第 193 条　一般例外 第 194 条　安全例外 第 197 条　审慎措施
2011	中国—哥斯达黎加 FTA	第 159 条　一般例外 第 160 条　安全例外
2013	中国—哥伦比亚 BIT	第 12 条　例外(包括一般例外和安全例外) 第 13 条　金融部门审慎措施
2014	中国—日本—韩国 TIA	第 18 条　安全例外 第 20 条　审慎措施
2014	中国—坦桑尼亚 BIT	第 10 条　健康、安全和环境
2014	中国—加拿大 BIT	第 33 条　一般例外(包括一般例外、安全例外和审慎措施)
2015	中国—澳大利亚 FTA	第 9. 8 条　一般例外
2015	中国—韩国 FTA	第 12. 14 条　安全例外
2022	RCEP	第 17. 12 条　一般例外 第 17. 13 条　安全例外
1991	美国—巴拿马 BIT	第 10 条　非排除措施
1990	美国—塞内加尔 BIT	第 10 条　非排除措施
1989	美国—刚果 BIT	第 10 条　非排除措施
1991	美国—摩洛哥 BIT	第 9 条　非排除措施
1990	美国—土耳其 BIT	第 10 条
1989	美国—喀麦隆 BIT	第 10 条　非排除措施
1989	美国—格林纳达 BIT	第 10 条
1992	美国—埃及 BIT	第 10 条　非排除措施
1989	美国—孟加拉国 BIT	第 10 条
1994	美国—波兰 BIT	第 12 条
1993	美国—突尼斯 BIT	第 9 条
1993	美国—斯里兰卡 BIT	第 9 条　非排除措施
1994	美国—阿根廷 BIT	第 11 条　及议定书第 6 条

续表

生效年份	BIT 或 FTA 或其他 IIAs	具体条款
1992	美国—捷克 BIT	第 10 条
1992	美国—斯洛伐克 BIT	第 10 条
1994	美国—哈萨克斯坦 BIT	第 10 条
1994	美国—罗马尼亚 BIT	第 10 条
1994	美国—保加利亚 BIT	第 10 条
1997	美国—厄瓜多尔 BIT	第 9 条
1994	美国—吉尔吉斯斯坦 BIT	第 10 条
1994	美国—摩尔多瓦 BIT	第 9 条
1997	美国—爱沙尼亚 BIT	第 10 条
1997	美国—牙买加 BIT	第 10 条
1997	美国—蒙古国 BIT	第 10 条
1996	美国—乌克兰 BIT	第 9 条
1996	美国—特立尼达和多巴哥 BIT	第 14 条
1999	美国—格鲁吉亚 BIT	第 14 条
1994	NAFTA	第 2102 条　国家安全
1996	美国—拉脱维亚 BIT	第 9 条
1998	美国—阿尔巴尼亚 BIT	第 14 条　非排除措施
2001	美国—洪都拉斯 BIT	第 14 条
2001	美国—克罗地亚 BIT	第 15 条
2001	美国—阿塞拜疆 BIT	第 14 条
2003	美国—约旦 BIT	第 14 条
2004	美国—立陶宛 BIT	第 9 条
2001	美国—玻利维亚 BIT	第 14 条
2001	美国—巴林 BIT	第 14 条
2004	美国—智利 FTA	第 23. 2 条
2004	美国—新加坡 FTA	第 21. 2 条

续表

生效年份	BIT 或 FTA 或其他 IIAs	具体条款
2006	美国—摩洛哥 FTA	第 21.2 条　根本安全
2006	美国—巴林 FTA	第 20.2 条
2005	美国—澳大利亚 FTA	第 22.2 条
2009	中美洲共同市场—多米尼加 FTA	第 21.2 条
2006	美国—乌拉圭 BIT	第 18 条
2006	美国—哥伦比亚 FTA	第 22.2 条
2009	美国—阿曼 FTA	第 21.2 条
2012	美国—韩国 FTA	第 23.2 条
2012	美国—巴拿马 FTA	第 21.2 条　根本安全
2006	美国—卢旺达 BIT	第 18 条
2016	TPP	第 9.16 条
1998	印度—德国 BIT	第 12 条　禁止与限制
2000	印度—澳大利亚 BIT	第 15 条　禁止与限制
2003	新加坡—欧洲自由贸易联盟 FTA	第 33 条和第 34 条
2003	日本—韩国 BIT	第 16 条
2004	日本—越南 BIT	第 15 条
2003	新加坡—澳大利亚 FTA	第 21 条和第 22 条
2006	印度—匈牙利 BIT	第 12 条
2005	新加坡—约旦 BIT	第 18 条
2005	新加坡—印度 CEPA	第 6.11 条和第 6.12 条
2006	日本—马来西亚 FTA	第 10 条　一般和安全例外
2005	泰国—澳大利亚 FTA	第 1601 条
2006	新加坡—韩国 FTA	第 21.2 条
2002	新加坡—日本 EPA	第 83 条
2008	匈牙利—约旦 BIT	第 13 条　一般例外

续表

生效年份	BIT 或 FTA 或其他 IIAs	具体条款
2008	印度—墨西哥 BIT	第 31 条　安全例外
2011	哥伦比亚—欧洲自由贸易联盟 FTA	第 4.16 条
2014	海湾合作委员会—欧洲自由贸易联盟 FTA	第 6.2 条
2009	加拿大—约旦 BIT	第 10 条　一般例外
2012	加拿大—捷克 BIT	第 9 条　一般例外
2011	加拿大—罗马尼亚 BIT	第 17 条　一般例外
2010	东盟—澳大利亚—新西兰 FTA	第 15 章第 1 ~5 条
2010	印度—韩国 CEPA	第 10.18 条
2009	加拿大—欧洲自由贸易联盟 FTA	第 24 条
2012	加拿大—斯洛伐克 BIT	第 9 条　一般例外
2013	澳大利亚—马来西亚 FTA	第 12 章第 12.18 条　一般例外
2016	欧盟—乌克兰 FTA	第 141 条　一般例外 第 143 条　安全例外
2016	欧盟—南部非洲发展共同体 EPA(已签订未生效)	第 97 条　一般例外 第 98 条　安全例外
2017	加拿大—欧盟 CETA	第 8 章第 8.9 条

案例表

ICSID Cases

Bear Creek Mining Corporation v. The Republic of Peru, ICSID Case No. ARB/14/21, Award, Nov. 30, 2017.

Philip Morris v. Oriental Republic of Uruguay, ICSID Case No. ARB/10/7, Award, July 2016.

Ping An Life Insurance v. The Government of Belgium, ICSID Case No. ARB/12/29, Award, Apr. 30, 2015.

Occidental v. The Republic of Ecuador, ICSID Case No. ARB/06/11, Award, Oct. 5, 2012.

El Paso v. The Republic of Argentina, ICSID Case No. ARB/03/15, Award, 31 Oct. 2011.

Sempra v. The Republic of Argentina, ICSID Case No. ARB/02/16, Decision on Annulment of the Award, June 2010.

Enron Corporation v. The Republic of Argentina, ICSID Case No. ARB/01/3, Annulment Decision, July 30, 2010.

Continental Casualty v. The Republic of Argentina, ICSID Case No. ARB/03/9, Award, Sept. 2008.

CMS v. The Republic of Argentina, ICSID Case No. ARB/01/8, Annulment Proceedings, Sept. 25, 2007.

Enron Corporation v. The Republic of Argentina, ICSID Case No. ARB/01/3, Award, May 22, 2007.

Sempra International v. The Republic of Argentina, ICSID Case No. ARB/02/16, Award, Sept. 28, 2007.

Fireman's Fund Insurance v. United Mexican States, ICSID Case No. ARB/02/01, Award, July 17, 2006.

LG & E v. The Republic of Argentina, ICSID Case No. ARB/02/1, Decision on Liability, Oct. 3, 2006.

ADC v. The Republic of Hungary, ICSID Case No. ARB/03/16, Award, 2 Oct. 2006.

CMS v. The Republic of Argentina, ICSID Case No. ARB/01/8, Award, May 12, 2005.

Tecnicas Medioambientales Tecmed, S. A. v. United Mexico, ICSID Case No. ARB(AF)/00/2, Award, May 2003.

Feldman v. United Mexican States, ICSID Case No. ARB(AF)/99/1, Award, 16 Dec. 2002.

Santa Elena v. The Republic of Costa Rica, ICSID Case No. ARB/96/1, Award, 17 Feb. 2000.

UNCITRAL Cases

Yukos v. The Russian Federation, UNCITRAL, PCA Case No. AA227, Final Award, July 18, 2014.

Chemtura Corporation v. Government of Canada, UNCITRAL, Award, Aug. 2, 2010.

Saluka. v. The Czech Republic, UNCITRAL, Partial Award, Mar. 17, 2006.

Canfor Corporation v. United States of America and Terminal Forest Products Ltd. v. United States of America, UNCITRAL, Decision on Preliminary Questions, 6 Jun. 2006.

Methanex Corporation v. United State of America, UNCITRAL, Final Award, Aug. 3, 2005.

Lauder v. Czech Republic, UNCITRAL, Final Award, Sept. 2001.

S. D. Myers, Inc. v. Government of Canada, UNCITRAL, Partial Award, Nov. 13, 2000.

WTO Cases

European Communities-Measures Protecting the Importation and Marketing of Seal Products, Panel Report, WT/DS400/R, WT/DS401/R, 25 November, 2013.

China-Certain Measures Affecting Electronic Payment Services, WT/DS413, July 16, 2012.

China-Measures Affecting Trading Rights and Distribution Services, Panel Report, WT/DS363/R, 12 August 2009.

US-Measures Affecting the Cross-border Supply of Gambling and Betting Services, WTO Appellate Body Report, WT/DS285/AB/R, 20 April 2005.

Korea-Measures Affecting Imports of Fresh, Chilled and Frozen Beef, WTO Appellate Body Report, WT/DS161, 169/AB/R, 10 January 2001.

Thailand-Restrictions on Importation of and Internal Taxes on Cigarettes, Panel Report, WT/DS10/R Oct. 5, 1990.

Canada-Import Restrictions on Ice Cream and Yoghurt, Report of the Panel adopted at the Forty-fifth Session of the Contracting Parties on 5 December 1989 (L/6568 - 36S/68), 27 September 1989.

ICJ Cases

Islamic Republic of Iran v. United States of America, Judgment, ICJ Reports 2003.

Islamic Republic of Iran v. United States of America, Counter Memorial of the United States, ICJ June 23, 1997.

Gabcıkovo-Nagymaros Project (*Hungary/Slovakia*), Judgement, ICJ Reports 1997 ,p. 7.

Nicaragua v. United States of America,ICJ Judgment,June 27 ,1986.

Netherlands v. Sweden,1958 ICJ 55, 90 (Judgment of 28 November) (sep. op. of J. Lauterpacht).

Other Cases

Handyside v. United Kingdom,24 ECHR Judgment,1976.

参考文献

1. 曾华群:《共同发展:中国与"一带一路"国家间投资条约实践的创新》,载《国际经济法学刊》2019 年第 1 期。

2. 蒋小红:《试论国际投资法的新发展——以国际投资条约如何促进可持续发展为视角》,载《河北法学》2019 年第 3 期。

3. 黄琳琳:《论国际投资条约的可持续发展转变及其困境》,载《上海对外经贸大学学报》2019 年第 4 期。

4. 钱嘉宁、黄世席:《国际投资法下东道国监管权的改革——基于可持续发展原则的分析》,载《北京理工大学学报(社会科学版)》2018 年第 4 期。

5. 柯静:《中国双边投资协定实践分析与新一代双边投资协定战略定位》,载《国际关系研究》2018 年第 2 期。

6. 何芳:《国际投资协定利益平衡化改革及中国的应对》,载《甘肃社会科学》2018 年第 4 期。

7. 董静然:《国际投资规则中的国家规制权研究》,载《河北法学》2018 年第 12 期。

8. 张庆麟、郑彦君:《晚近国际投资协定中东道国规制权的新发展》,载《武大国际法评论》2017 年第 2 期。

9. 刘京莲:《从"利益交换"到"利益平衡"——中国双

边投资条约缔约理念的发展》,载《东南学术》2014 年第 3 期。

10. 张光:《中外双边投资协定中公共利益保护条款之立法设计》,载《国际经贸探索》2014 年第 3 期。

11. 梅傲:《公共利益保护失衡:国际投资仲裁的“阿喀琉斯之踵”》,载《经济法论丛》2012 年第 2 期。

12. 余劲松:《国际投资条约仲裁中投资者与东道国权益保护平衡问题研究》,载《中国法学》2011 年第 2 期。

13. 陈安:《区分两类国家,实行差别互惠:再论 ICSID 体制赋予中国的四大“安全阀”不宜贸然全面拆除》,载《国际经济法学刊》2007 年第 3 期。

14. 陈安:《中外双边投资协定中的四大“安全阀”不宜贸然拆除——美、加型 BITs 谈判范本关键性“争端解决”条款剖析》,载《国际经济法学刊》2006 年第 1 期。

15. 张生:《国际投资法制框架下的跨境数据流动:保护、例外和挑战》,载《当代法学》2019 年第 5 期。

16. 吴智、钟韵漪:《中外双边投资协定中的“一般例外”条款研究——以“一带一路”倡议为视角》,载《中南大学学报(社会科学版)》2017 年第 4 期。

17. 衣淑玲:《国际投资协定一般例外条款探析》,载《河南财经政法大学学报》2016 年第 3 期。

18. 曾建知:《国际投资条约一般例外条款研究——兼论我国的选择》,载《武大国际法评论》2015 年第 1 期。

19. 梁丹妮:《国际投资协定一般例外条款研究——与 WTO 共同但有区别的司法经验》,载《法学评论》2014 年第 1 期。

20. 陈正健:《国际投资条约中不排除措施条款的解释》,载《法学论坛》2013 年第 6 期。

21. 林一:《简论新一代国际投资协定中的一般例外规则》,载《甘肃政法学院学报》2012 年第 6 期。

22. 彭岳:《中美贸易战中的安全例外问题》,载《武汉大学学报(哲学社会科学版)》2019 年第 1 期。

23. 葛辰:《论国际投资条约下自裁决式根本安全利益条款的审查进路——兼论中国的选择》,载《东北大学学报(社会科学版)》2017 年第 6 期。

24. 陈辉萍:《中美双边投资条约谈判中的国家安全审查问题》,载《国际经济法学刊》2015 年第 1 期。

25. 梁丹妮:《论双边投资条约中的不排除措施条款——以 ICISD 专门委员会撤销 Sempra 案与 Enron 案裁决为视角》,载《西北大学学报(哲学社会科学版)》2011 年第 5 期。

26. 刘京莲:《国际投资条约根本安全例外条款研究》,载《国际经济法学刊》2010 年第 1 期。

27. 刘京莲:《阿根廷经济危机后的"国际投资法律危机"研究——兼及对中国的借鉴意义》,载《太平洋学报》2006 年第 6 期。

28. 韩秀丽:《论国际投资协定中的"根本安全利益"与"公共目的"》,载《现代法学》2010 年第 2 期。

29. 杨福学:《国际能源投资相关条约中的"非排除措施"条款研究》,南京大学 2014 年博士学位论文。

30. 李小霞:《国际投资法中的根本安全利益例外条款研究》,华东政法大学 2011 年博士学位论文。

31. 王楠:《危急情况之习惯国际法与投资条约中的不排除措施条款——兼论 CMS 案和 LG & E 案》,载《比较法研究》2010 年第 1 期。

32. 葛辉、彭岳:《审慎例外条款实证分析——以中国自贸协定为例》,载《国际商务研究》2019 年第 3 期。

33. 温树英、李俊星:《国际投资协定中的审慎例外条款研究》,载《武大国际法评论》2016 年第 2 期。

34. 徐昕:《区域贸易协定中的金融审慎例外条款研究》,载《上海对外经贸大学学报》2015 年第 2 期。

35. 陈欣:《论国际投资条约中的金融审慎例外安排》,载《现代法学》2013 年第 4 期。

36. 龚柏华:《中美双边投资协定谈判中的金融服务条款》,载《法学》

2013 年第 10 期。

37. 彭岳:《例外与原则之间:金融服务中的审慎措施争议》,载《法商研究》2011 年第 3 期。

38. 姚梅镇:《国际投资法》(第 3 版),武汉大学出版社 2011 年版。

39. 余劲松、吴志攀主编:《国际经济法》(第 2 版),北京大学出版社、高等教育出版社 2005 年版。

40. 杜江、邹国勇:《德国"利益法学"思潮述评》,载《法学论坛》2003 年第 6 期。

41. 吕世伦、孙文凯:《赫克的利益法学》,载《求是学刊》2000 年第 6 期。

42. 王晓燕:《国际私法的利益平衡论》,载《武大国际法评论》2006 年第 1 期。

43. [德]菲利普 · 黑克:《利益法学》,傅广宇译,载《比较法研究》2006 年第 6 期。

44. 熊建军:《紧急状态下国家自我保存权问题思考》,载《北京航空航天大学学报(社会科学版)》2016 年第 4 期。

45. 祁欢、阎聪:《2012 美国 BIT 范本对中美 BIT 谈判之影响的再研究》,载《山西大学学报(哲学社会科学版)》2015 年第 1 期。

46. 李玲:《中国双边投资保护协定缔约实践和面临的挑战》,载《国际经济法学刊》2010 年第 4 期。

47. 曾华群:《论双边投资条约范本的演进与中国的对策》,载《国际法研究》2016 年第 4 期。

48. 胡斌、程慧:《中国双边投资协定的实践与发展》,载《国际经济合作》2013 年第 6 期。

49. 杜娟:《"一带一路"贸易投资便利化之中东欧国家法律环境评析》,载《西安交通大学学报(社会科学版)》2017 年第 6 期。

50. 单文华、[美]娜拉 - 伽拉赫:《中外投资条约研究》,魏艳茹、李庆灵译,法律出版社 2015 年版。

51. UN Human Rights Council, Business and Human Rights: Towards

Operationalizing the“Protect, Respect and Remedy” Framework, Report of the Special Representative of the Secretary-General on the Issue of Human Rights and Transnational Corporations and Other Business Enterprises, 22 April 2009, A/HRC/11/13.

52. Shan WH & Gallagher N., *Chinese Investment Treaties: Policies and Practice*, Oxford University Press, 2009.

53. Public Statement on the International Investment Regime, Osgoode Hall Law School (Aug. 31, 2010), http://www.osgoode.yorku.ca/public_statement.

54. Van Duzer T., Simons P. & Mayeda G., Book Review: Integrating Sustainable Development into International Investment Agreements: A Guide for Developing Country Negotiators, *The Journal of World Investment and Trade*, 2014.

55. Shan WH, An Outline for Systematic Reform of the Investment Law Regime, *Columbia FDI Perspectives*, No. 170, March 28, 2016.

56. Bartels L. & Paddeu F., *Exceptions in International Law*, Oxford University Press, 2020.

57. Henckels C., Scope Limitation or Affirmative Defence? The Purpose and Role of Investment Treaty Exception Clauses, in Bartels L., Paddeu F. eds., *Exceptions in International Law*, Oxford University Press, 2020.

58. United Nations, Charter of Economic Rights and Duties of States, A/RES/29/3281, 12 December 1974.

59. Henckels C., Permission to Act: The Legal Character of General and Security Exceptions in International Trade and Investment Law, *International & Comparative Law Quarterly*, 2020, 69(2).

60. Lee J., The Coronavirus Pandemic and International Investment Arbitration: Application of “Security Exceptions” Clauses in Investment Agreements, *Contemporary Asia Arbitration Journal*, 2020, 13(1).

61. Subedi Surya P. ,*International Investment Law*: *Reconciling Policy and Principle*, 4th ed. ,Hart Publishing,2020.

62. Mantilla Blanco S. & Pehl A. , *National Security Exceptions in International Trade and Investment Agreements*: *Justiciability and Standards of Review*,Springer,2020.

63. Kabra R. , Return of the Inconsistent Application of the "Essential Security Interest" Clause in Investment Treaty Arbitration: CC/Devas v. India and Deutsche Telekom v. India,*ICSID Review*,2019,34(3).

64. Sefriani,The Urgency of Non-Precluded Measures Clause in Indonesian Bilateral Investment Treaty,*Padjadjaran Journal of Law*, 2019,6(2).

65. Nono GM, Advancing SDGs in International Investment Agreements: Building Peace and Justice through General Exceptions Clauses, Centre for International Governance Innovation-New Thinking on SDGs and International Law,Policy Brief No. 5,2019.

66. Pathirana D. & McLaughlin M. , Non-Precluded Measures Clauses: Regime,Trends and Practice, in Chaisse J. , Choukroune L. , Jusoh S. eds. , *Handbook of International Investment Law and Policy*,Springer,2019.

67. Henckels C. , Investment Treaty Security Exceptions, Necessity and Self-Defence in the Context of Armed Conflict,in Fach Gomez K. ,Gourgourinis A. ,Titi C. eds. ,*International Investment Law and the Law of Armed Conflict. European Yearbook of International Economic Law*,Springer,2019.

68. Manjiao C. , *Integrating Sustainable Development in International Investment Law*,Routledge,2018.

69. Crawford JA & Kotschwar B. , Investment Provisions in Preferential Trade Agreements: Evolution and Current Trends, Staff Working Paper for WTO Economic Research and Statistics Division,2018.

70. Kim J. , Balancing Regulatory Interests Through an Exceptions Framework under the Right to Regulate Provision in International Investment

Agreements, *The Geo. Wash. Int'l L. Rev.* 2018.

71. Mitchell AD & Munro J., Importing WTO General Exceptions into International Investment Agreements: Proportionality, Myths and Risks, editedin *Yearbook on International Investment Law & Policy* 2016 – 2017, Oxford University Press, 2018.

72. Lester S. & Mercurio B., Safeguarding Policy Space in Investment Agreements, Institute of International Economic Law Issue Brief, 2017.

73. Sauvant K. & Ong M., The Rise of Self-Judging Essential Security Interest Clauses in International Investment Agreements, *Columbia FDI Perspective*, No. 188, Dec. 2016.

74. Sornarajah M., *Resistance and Change in the International Law on Foreign Investment*, Cambridge University Press, 2015.

75. Desierto D., Regulatory Freedom and Control in the New ASEAN Region Investment Treaties, *The Journal of World Investment & Trade*, 2015.

76. Nowrot K., How to Include Environmental Protection, Human Rights and Sustainability in International Investment Law? *The Journal of World Investment & Trade*, 2014.

77. Chaisse J., Exploring the Confines of International Investment and Domestic Health Protection—Is a General Exceptions Clause a Forced Perspective? *American Journal of Law & Medicine*, 2013.

78. Newcombe A., The Use of General Exception in IIAs: Increasing Legitimacy or Uncertainty, *Improving International Investment Agreement*, 2013.

79. Newcombe A., General Exceptions in International Investment Agreements, Draft Discussion Paper Prepared for BIICL Eighth Annual WTO Conference, May 2008, London.

80. Rodrigues EB Jr., *The General Exception Clauses of the TRIPs Agreement: Promoting Sustainable Developmen*, Cambridge University Press, 2012.

81. Spear SA, The Quest for Policy Space in a New Generation of

International Investment Agreements, *Journal of International Economic Law*, 2010,13(4).

82. Burke-White WW & Staden AV, Investment Protection in Extraordinary Times: The Interpretation and Application of Non-Precluded Measures Provisions in Bilateral Investment Treaties, *Virginia Journal of International Law*,2008,48(2).

83. Mann H., Investment Agreements and the Regulatory State: Can Exceptions Clauses Create a Safe Haven for Governments? Background Papers for the Developing Country Investment Negotiators' Forum, Singapore, 2007.

84. Yannaca-Small K., Essential Security Interests under International Investment Law, edited in International Investment Perspective, Paris, OECD, 2007.

85. Houde MF, Novel Features in Recent OECD Bilateral Investment Treaties, edited in International Investment Perspective, Paris, OECD, 2006.

86. Dodge W., Investor-State Dispute Settlement between Developed Countries: Reflections on the Australia-United States Free Trade Agreement, *Vanderbilt Journal of Transnational Law*,2006,39(1).

87. Gordon K. & Pohl J., Environmental Concerns in International Investment Agreements: a survey, OECD Working Papers on International Investment, 2011.

88. Brown C., *Commentaries on Selected Model Investment Treaties*, Oxford University Press, 2013.

89. Roman B., State of Necessity as a Justification for Internationally Wrongful Conduct, *Yale Human Rights and Development Law Journal*, 2000 (3).

90. Travers T., *The Law of Nations Considered as Independent Political Communities*, Nabu Press, 2012.

91. Charles GF, *International Law*, Century Company, 1924.

92. Alvarez A. , The State's Right of Self-Preservation, *Saint Louis Law Review*, 1919, 113(3).

93. James AG, Self-Preservation, Max Planck Encyclopedia of Public International Law (Mar. 10, 2009), https://opil. ouplaw. com/view/10. 1093/law: epil/9780199231690/law - 9780199231690 - e403.

94. Crawford J. , *State Responsibility: The General Part*, Cambridge University Press, 2013.

95. Lowe V. , Precluding Wrongfulness or Responsibility: A Plea for Excuses, *European Journal of International Law*, 1999, 10(2).

96. *Gabcıkovo-Nagymaros Project* (*Hungary/Slovakia*) Judgement, ICJ Reports, 1997.

97. Lissitzyn OJ, The Treatment of Aerial Intruders in Recent Practice and International Law, *American Journal of International Law*, 1953, 47(4).

98. Desierto D. , Necessity and "Supplementary Means of Interpretation" for Non-Precluded Measures in Bilateral Investment Treaties, *University of Pennsylvania Journal of International Law*, 2010, 31(3).

99. Sohn LB, Baxter BB, Draft Convention on the International Responsibility of States for Injury to Aliens, *American Journal of International Law*, 1961, 55(3).

100. OECD, "Indirect Expropriation" and the "Right to Regulate" in International Investment Law, OECD Working Papers on International Investment, 2004/4, OECD Publishing.

101. Alvarez JE & Khamsi K. , The Argentine Crisis and Foreign Investors, in Karl P Sauvant ed. , *Yearbook on International Investment Law and Policy* 2008 - 2009, Oxford University Press, 2009.

102. Juan Du, Balancing State's Regulatory Autonomy and Investor's Interests in IIAs: Is Exception Clause a Gateway for Government? *Научные труды Ә ділет*, 2015(4).

103. *Thailand-Restrictions on Importation of and Internal Taxes on Cigarettes*, Panel Report, WT/DS10/R Oct. 5, 1990.

104. *Korea-Measures Affecting Imports of Fresh, Chilled and Frozen Beef*, WTO Appellate Body Report, WT/DS161, 169/AB/R, 10 January 2001.

105. *US-Measures Affecting the Cross-border Supply of Gambling and Betting Services*, WTO Appellate Body Report, WT/DS285/AB/R, 20 April 2005.

106. *US-Measures Affecting the Cross-border Supply of Gambling and Betting Services*, Panel Report, WT/DS285/ R, 10 November 2004.

107. Kulick A., *Global Public Interest in International Investment Law*, Cambridge University Press, 2012.

108. Case Concerning the Application of the Convention of 1902 Governing the Guardianship of Infants (*Netherlands v. Sweden*), 1958 ICJ 55, 90 (Judgment of 28 November) (sep. op. of J. Lauterpacht).

109. OECD Draft Convention on the Protection of Foreign Property, Text with Notes and Comments, 1968.

110. Marwell JC, Trade and Morality: The WTO Public Morals Exception after Gambling, *New York University Law Review*, 2006.

111. *China-Measures Affecting Trading Rights and Distribution Services for Certain Publications and Audiovisual Entertainment Products*, Panel Report, WT/DS363/R, 12 August 2009.

112. *European Communities-Measures Protecting the Importation and Marketing of Seal Products*, Panel Report, WT/DS400/R, WT/DS401/R, 25 November, 2013.

113. *Canada-Import Restrictions on Ice Cream and Yoghurt*, Report of the Panel adopted at the Forty-fifth Session of the Contracting Parties on 5 December 1989 (L/6568 - 36S/68), 27 September 1989.

114. Dolzer R. & Schreuer C., *Principles of International Investment Law*,

2nd ed. ,Oxford University Press,2012.

115. Lowenfeld AF, *International Economic Law*, Oxford University Press,2003.

116. Sornarajah M. , *The International Law on Foreign Investment*, Cambridge University Press,2004.

117. Legum B. & Petculescu I. ,GATT Article XX and International Investment Law, in Roberto Echandi,Pierre Sauve eds. , *Prospects in International Investment Law and Policy*,Cambridge University Press,2013.

118. Levesque C. ,The Inclusion of GATT Article XX Exceptions in IIAs: A Potentially Risky Policy,in Roberto Echandi,Pierre Sauve eds. , *Prospects in International Investment Law and Policy*,Cambridge University Press,2013.

119. Newcombe A. , General Exceptions in International Investment Agreements,in M. C. Cordonier Segger,M. Gehring and A. Newcombe eds. , *Sustainable Development in World Investment Law*,Kluwer,2010.

120. *Oil Platforms* (*Islamic Republic of Iran v. United States of America*), Counter Memorial of the United States,June 23,1997.

121. *Oil Platforms* (*Islamic Republic of Iran v. United States of America*), Judgment,ICJ Reports 2003.

122. Draft Declaration on Rights and Duties of States with Commentaries, *Yearbook of the International Law Commission*,1949.

123. Codification of International Law,Jurisdiction with Respect to Crime, *American Journal of International Law* (*Supplement*),1935.

124. United Nations Convention on the Law of the Sea,Dec. 10,1982.

125. Burke-White WW, The Argentina Financial Crisis: State Liability under BITs and the Legitimacy of the ICSID System, *Asian J. WTO & Int'l Health L & Pol'y*,2008(3).

126. Alvarez JE & Khamsi K. ,The Argentine Crisis and Foreign Investors, in Karl P. Sauvant ed. , *Yearbook on International Investment Law and Policy*

2008 - 2009, Oxford University Press, 2009.

127. Waibel M., Two Worlds of Necessity in ICSID Arbitration: CMS and LG & E, *Leiden Journal of International Law*, 2007.

128. Mitchell AD & Henckels C., Variations on a Theme: Comparing the Concept of "Necessity" in International Investment Law and WTO Law, *Chicago Journal of International Law*, 2013, 14(1).

129. *China-Certain Measures Affecting Electronic Payment Services*, WT/DS413, July 16, 2012.

130. Vandevelde KJ, *U. S. International Investment Agreements*, Oxford University Press, 2009.

131. Bismuth R., Financial Sector Regulation and Financial Services Liberalization at the Crossroads: The Relevance of International Financial Standards in WTO Law, *Journal of World Trade*, 2010, 44(2).